高校体育教学理论与实践研究

王俊鹏　著

吉林科学技术出版社

图书在版编目（CIP）数据

高校体育教学理论与实践研究 / 王俊鹏著. -- 长春：吉林科学技术出版社，2019.10
ISBN 978-7-5578-6174-2

Ⅰ. ①高… Ⅱ. ①王… Ⅲ. ①体育教学－教学研究－高等学校 Ⅳ. ①G807.4

中国版本图书馆 CIP 数据核字（2019）第 232648 号

高校体育教学理论与实践研究 GAOXIAO TIYU JIAOXUE LILUN YU SHIJIAN YANJIU

著　　者　王俊鹏
出 版 人　李　梁
责任编辑　朱　萌
封面设计　刘　华
制　　版　王　朋
开　　本　185mm×260mm
字　　数　260 千字
印　　张　11.5
版　　次　2019 年 10 月第 1 版
印　　次　2019 年 10 月第 1 次印刷

出　　版　吉林科学技术出版社
发　　行　吉林科学技术出版社
地　　址　长春市福祉大路 5788 号出版集团 A 座
邮　　编　130118
发行部电话 / 传真　0431—81629529　81629530　81629531
81629532　81629533　81629534
储运部电话　0431—86059116
编辑部电话　0431—81629517
网　　址　www.jlstp.net
印　　刷　北京宝莲鸿图科技有限公司

书　　号　ISBN 978-7-5578-6174-2
定　　价　58.00 元

前　言

体育教育的目标是培养学生强健的体魄，因此也必须走体育教育与健康教育相结合之路，使学生能够明确学校体育健康教育在学校教育和全民健身战略中的地位和作用，正确理解学校体育健康教育工作的目标，提高学生的综合素质。这样，才可以更好地为今后开展学校的体育教育和健康教育工作服务，真正实现学校体育课程改革的目标和要求。

坚持以人为本，以体育健身为主。教育的本质是育人，所以不论在哪一方面都要坚持以人为本。在学校的范围内就是教师与学生，因此教师在教学时一定要以学生为主，特别是对于中专的学生。这个时候正是青春期思想最放松、最难约束的阶段，所以老师在教育学生时应该考虑学生的心理。体育教育在我看来是比较容易进入学生心里的一种教育，它以身体上的感觉传达给心理，当人在极度难过时可以通过体育运动来放松、舒缓自己。体育还可以协调人的肢体，运动得多了，身体的灵活性也就增强了。

教学实践证明：精心创编和合理运用体育游戏，可以丰富体育教学内容，激发学生学习、训练的自觉性和积极性，从而不断地增强学生身体素质、熟练掌握基本技术、提高训练水平，达到良好的教学效果，保证教学任务的完成，是一种积极有效的手段。

不论是教学还是教育，都是教师与学生共同努力才可以做到的，不论是中专还是其他院校，对于体育的认识都应该更加深入。在体育教育中一定要顺应时代的发展，使体育成为一种吸引人的科目，让学生在游戏中、在运动中成长，让体育快乐地行走。

目 录

第一章　普通高校体育教学环境研究

第一节　体育教学环境

一、绪论

环境是人们比较熟悉的词，任何事物的存在和发展，都离不开环境，会直接受到环境变化的制约和影响。美国学者蕾切尔·卡森（R"Carson）在《寂寞的春天》中指出环境是一个有机的整体，人对环境施加影响，又会转移到人类自身。同时，人的发展离不开环境，人与环境存在着相互影响、相互制约的密切联系。

环境是人类生活的一切外部条件的综合。人类生活在世界上，离不开环境的影响，同时又影响和改造着环境。教育是一种社会现象，是随人类社会的产生而产生的，是社会生存和发展的不可缺少的重要组成部分，是培养造就人才的事业教育，也是一种人类活动，因此，教育存在于环境之中，也同样离不开环境的影响。教育是一项事业，事业的意义就在于奉献；教育是一门科学，科学的意义在于求真；教育是一项艺术，艺术的真正意义在于创新；教育是一种启示，开启人类智慧的法门。教育是一个逐渐发展的过程，有着文化、政治、经济等社会功能，社会的发展离不开教育。它担负着实现民族发展、兴旺的历史使命，教育是全世界、全民族关注的焦点。

由此可见，教育是培养人的重要社会活动，教学则是实现这一活动的途径之一。教学作为人类特有的活动，自然也不能脱离环境而独立存在。教学总是在一定的环境中进行的。教学环境作为一种现实的存在，它一经形成便对教学产生一定的影响，成为后续教学赖以存在和发展的基础。

周润智在《分化与整合——走向和谐的课堂教学管理》一书中说：“任何一种教学活动都必须在一定的环境中进行。因此，教学环境应该被认为是教学活动必须凭借而不能摆脱的一个重要因素。”学者给予教学环境明确的定位。

体育教学环境作为一种特殊的环境，是体育教学活动存在、发展的前提，从一定程度上影响体育教学的质量，进而会对体育课程改革产生一定的影响。体育教学环境作为一种特殊的教学环境，是体育教学系统的要素之一，体育教学环境对教学的影响是不可忽视的，因此，体育教学环境研究也成为体育教学理论研究中的重要课题之一。

新世纪，国际竞争日益激烈，我国综合国力不断增强，科技不断进步，社会生活节奏加快，面对这样的社会发展状况，社会对人才培养提出更高的要求，而高校作为培养社会需要高素质人才的最后阶段，担负着培养德智体全面发展人才的重任。学校教育是培养良好道德观念、传授知识、增进健康的重要场所，是培养高素质人才不可缺少的重要环节。高校作为与社会接轨的重要基地，应该担负起培养适应当今社会快速发展、身心健康、能较好适应社会的优秀人才的重任。学校体育作为学校教育的重要组成部分，与德育、智育、美育、劳动技术教育紧密结合，肩负着培养全面发展人才的历史使命，同时学校体育又是培养学生终身体育意识、良好人格、良好人际关系、良好社会适应能力等身心健康的重要场所。任何事物的存在和发展，都离不开环境，学校体育活动也不例外，要保证学校体育的正常进行，必须以良好的体育教学环境为前提。

普通高校体育教学环境是以全面促进学生的身心发展为目的，在国家的教育方针、学校的培养目标等的指导下设计、建设和组织起来的育人环境。同时，要使普通高校体育教学中主客体达到追求真理、知识与技能，进而发展身心等目的，我们必然要对各种环境因素都进行选择、净化、提炼和加工等纯化处理，使普通高校体育教学环境成为体育教学活动赖以进行的依托和舞台，以确保体育教学环境以及各要素的教育、导向、激励功能等发挥，为更好地培养社会需要的人才服务。

1. 教学环境在教学系统要素中必不可少

张立昌所著《教育哲学》中的“要素说”认为：要素是作为一个系统是否存在的依据和规定，即要素存在，系统就存在，要素不存在，系统作为特定的系统就不存在了；作为基本单元的要素，在系统中是相互独立的，即各要素相互对应并处于同一层次上。该书还对教学过程“七要素说”进行了解释，认为体育教学环境的七要素应在同一层次上，各要素之间相互对应。本文基于“要素说”，认为既然体育教学环境与其他体育教学要素同属于体育教学系统，体育教学环境和其他体育教学系统要素一样，应该具有相同的地位。教学环境作为教学系统的组成要素之一，在体育教学实践中发挥着不可估量的作用。在各个教学要素都无差异性的情况下，教学环境不同，造成的教学活动效果也会不同。

查尔斯·赫梅尔在 1977 年第 35 届国际教育会议上说：“在世界各地，改革都是教育界最迫切关注的问题。”改革是今天关于教育问题讨论的主题之一。2002 年，我国颁布了新的《全国普通高等学校体育课程教学指导纲要》。新的《指导纲要》对课程从思想到理念，从内容到形式，从组织到评价，都提出了指导性意见，是进行体育课程改革的依据。站在未来的角度，用发展眼光审视体育课程改革，体育课程改革的出发点毋庸置疑。新世纪中国体育高校体育课程的改革和发展，关系到整个大学体育教育改革，是高校课程改革的重要环节，也是一项复杂、长期而艰巨的任务。所以，体育课程改革也包括体育教学环境的改革。因此，在新一轮体育课程改革的推动下，对体育教学环境进行研究是符合实际的，也是本文的逻辑起点。

2. 教育教学环境得到国家与政府的重视与支持

在教育领域关注教育教学环境由来已久，国际国内对此予以了高度重视，为学生的健康发展提供适合的教育教学环境已经成为世界各国的共识。

1989 年联合国通过《儿童权利公约》，第 3 条第 3 款规定："缔约国应确保负责照料或保护儿童的机构、服务部门及设施符合主管当局的标准，尤其是安全、卫生、工作人员的数目和资格以及有效的监督等方面的标准。"

2001 年九个人口大国全民教育部长级会议通过《九个人口大国北京宣言》，承诺："提供安全和关怀的学校环境，使得学生健康、安全，从而更为有效地学习和全面参与所有教育活动。"

第 46 届国际教育大会的结论和行动倡议："在学校创造一种宽容和互相尊重的气氛，以利于民主文化的发展；学校的运行方式应鼓励学生参与决策。"《中华人民共和国宪法》第 46 条规定："中华人民共和国公民有受教育的权利与义务。国家培养青年、少年、儿童在品德、智力、体质等方面全面发展。"而符合学生身心发展特点的学校教育教学设施、生活设施，对于学生增强综合素质、实现全面发展，具有不可替代的作用。因此，在我国现行教育法律、法规中，对学校建筑都有相应的规定。

《中华人民共和国教育法》第 27 条规定，学校必须有"符合规定标准的教学场所及设施、设备等"，这是学校成立的前提基础；第 43 条规定，学生享有"使用教育教学设施、设备、图书资料"的权利。第 64 条规定："地方各级人民政府及其有关部门必须把学校的基本建设纳入城乡建设规划，统筹安排学校的基本建设用地及所需物资。"

《中华人民共和国未成年人保护法》第 16 条规定："学校不得使未成年学生在危及人身安全、健康的校舍和其他教育教学设施中活动。"在这些文件中，规定的教学设施、生活设施、教学场所及设施、设备、图书资料等都是教学环境的范畴，因此，学校管理者等也需要对教学环境进行研究，以使这些教学环境的指标达到国家规定的标准，更好地促进教学顺利、高质量的进行。

1999 年 6 月 13 口，中共中央、国务院颁布《中共中央、国务院关于深化教育改革全面推进素质教育的决定》。《决定》认为，教育在综合国力的形成中处于基础地位，国力的强弱越来越取决于劳动者的素质。因此，我们必须不断更新教育观念、转变教育体制、改变教育教学结构、整合教育内容、优化教育教学环境、更新教育方法，以推进素质教育全面发展。实施素质教育，就是要全面贯彻党的教育方针，以提高国民素质为根本宗旨，以培养学生的创新精神和实践能力为重点，造就德智体全面发展的一代新人；全面推进素质教育就是要面向全体学生，为学生的全面发展创造相应的条件，依法保障学生的学习权利，尊重学生的身心发展规律，促进学生生动活泼、积极主动地发展。教学环境是教学中不可或缺的要素，在《决定》中，也提到素质教育的改革也包括对教学环境的改革。同时也说明，教学环境的改革是教学改革中不可或缺的。

在2002年教育部颁布了《全国普通高等学校体育课程教学指导纲要》。《指导纲要》中提出了五项领域目标，这就是：运动参与、运动技能、身体发展、心理发展和社会适应。

总之，从国家颁布的文件看，对教学环境的要求更加全面了，从重视硬件环境到软硬环境一起抓，说明人们对教学环境的研究也是一个逐步认识的过程，对其认识得越深入，我们利用教学环境这一教学因素就会更加游刃有余，使教学环境能更好地为教学服务。同时，以上重要的政策法规为我们进行体育教学环境研究提供了重要的理论依据。

3. 教学环境受政治、经济、文化发展的制约

教学环境受社会政治、经济、文化发展的影响。21世纪，我国发生了翻天覆地的变化，主要体现在：科学信息化、技术数字化、经济一体化、政治多极化、文化多元化。经济的飞速发展，为我国进行教育投入提供基础。

政治环境是影响人们思想和行为的社会政治活动、政治制度、政治设施等因素的总和。政治活动是围绕着一定的经济利益而展开的社会实践活动。

经济环境是对人的思想行为产生影响的经济活动、经济关系和经济制度等因素的总和。经济活动是人们的物质生产活动，是人们存在和发展的物质前提。经济基础决定上层建筑。当经济发生变化之后，必然也导致政治环境的变化。文化环境是由生产方式决定的观念形态所构成的因素的总和。文化环境既包括世俗形态的风俗习惯、行为方式和交往规则，也包括哲学、法律、道德、文化、艺术、宗教等社会意识形态。在上述三种环境中，经济环境是最终起决定作用的环境因素。

因此，在国际、国家支持，我国政治、经济、文化等高度发展的大背景下研究体育教学环境对于满足我国教育改革的需求，提高教育教学质量具有重要的意义，且是合乎实际的。

4. 教学环境影响学生的培养质量

环境可以塑造人，也可改变人。环境影响着人的生长发育、智力水平、情感态度、思维方式、行为方式等，教学环境也不例外。教学环境是学生学习活动赖以进行的主要环境，在表面上看，教学环境是相对静止的，处在教学活动的外围，但实质上它却潜在地干预着学生的学习活动，影响着学生学习的效果。尽管它对教学活动的影响是看不到的，但它对学习活动产生的影响确是不容忽视的。

教学环境还影响学生的动机水平，学习动机即学生学习的一种内驱力，它通过学生学习的需要、愿望或兴趣等形式表现出来。它有着指引方向、集中注意力和增强活力等功能，影响着学生的学习过程、学业成绩。人的动机是一个复杂的心理构成物，它受多种条件的制约和影响，在特定的条件下，学生学习动机受教学环境各因素的影响。除此之外，教学

环境各因素还影响学生的课堂行为、学习成绩等。因此，在体育教学工作中，我们应该积极创造一个有利的、能推动学生学习活动的良好教学环境，进而使教学环境更好地为学生学习活动服务。

5. 研究者对于教学环境的不同观点

国内外学者对教学环境有不同的描述，学者们从不同的角度，提出自己的观点。如：

李秉德教授的《教学论》认为："有一个常被人们忽略的教学因素，那就是教学环境。""教学环境以其自身特有的影响力潜在地影响着学生学习活动的过程、活动的效果。"他强调了教学环境的重要性。但在教学环境的研究领域，关于教学环境的研究比较薄弱，教学环境在教学系统中，处于辅助要素。

周润智认为："教学环境虽然不能直接地加入教与学的过程，但是它作为特定教学所必不可少的条件，对教学过程和结果具有十分重要的作用。""教学总是在一定的环境中进行。教学环境作为一种现实的存在，它一经形成便成为后继教学存在和发展的基础。特定的教学内容和方法只有纳入一定的教学情景，才能成为教学的积极因素。"因此，教学作为人类特有的活动，自然也不能脱离环境而独立存在。

正如美国教育心理学家本杰明·布卢姆所认为："教学环境是一种重要力量，能够塑造、强化学生行为。"

田慧生在《教学环境论》中的观点："任何一种教学活动都必须在一定的环境中进行。因此，教学环境应该被认为是教学活动必须凭借而不能摆脱的一个重要因素。"

从以上学者们的观点中，我们可以看出，教学环境是教学要素中不可缺少的因素，尽管它容易"被人们忽视"，或是"起辅助作用"，或是"对教学的影响是潜移默化的"，但是任何的教学活动都不能脱离教学环境。因此，教学环境的地位已非常明确。

从以上学者的用词中，我们还可以看出，教学环境在教育领域常常被人们看成可有可无的因素，以导致对教学环境的研究进展没有什么突破。新一轮体育课程改革的内容更加全面，体育教学环境的改革也包括其中。因此，基于增强人们对教学环境认识为目的的前提，对它进行系统研究，可以使我们深入了解教学环境这一要素在教学活动过程中所起的作用，对体育教学环境进行研究不仅可以丰富体育教学理论的研究成果，而且可以为当今体育教学改革起到推动作用，加速体育课程改革的步伐，也希望能为体育教学管理者、体育教师、学生等提供参考依据。

二、国外关于体育教学环境的研究

唯物主义辩证法即马克思主义辩证法认为：任何事物都处在永不停息的运动、变化和发展的过程中，整个世界就是一个无限变化和永恒发展着的物质世界。我们要坚持唯物辩证法这个观点，要把事物如实地看成一个变化发展的过程；要明确事物处于怎样的阶段和地位；要坚持与时俱进，培养创新精神，促进新事物的成长。教学环境的发展也符合这一规律，根据不同时期的特点将教育环境研究的发展过程，大致分为萌芽、沉寂、发展、活跃、再发展五个阶段。

起步期：国外关于教学环境的研究起步较早，始于 20 世纪 20 年代。如德国的学者泽曼和波拍等人试图建立一门“教学环境学”，他们被誉为“教学环境的拓荒者”。但此时他们仅是试图建立一门新的学科，为教学环境的研究开辟一个新的领域。

国外关于教学环境比较正式的研究是从 20 世纪 30 年代开始的。直到 20 世纪 30 年代中期，心理学家托马斯和勒温的研究为教学环境的研究拉开了序幕。从心理学的角度对人的行为与环境的关系进行了深入研究，他提出了一个著名的行为公式，即：B=f（PE）。B 代表行为；f 代表函数；P 代表人；E 代表环境。勒温是从心理学领域对教学环境进行研究的第一人，因此，他被称为教学环境研究的先驱。

在这一时期，美国的一些学者提出：教学环境只是社会环境的一种形式。是中外教育史上极有影响的思想之一，对这一思想进行研究的学者，具有代表性的有著名教育家杜威和华勒（Waner），他们的观点基本一致。他们较为科学地剖析了教学环境的某些因素及其作用，强调教学环境的重要性，以及学校环境与外界环境的相互关系。华勒和杜威都论证了安排好学校环境对达到教育教学目的的作用。他们对教学环境研究的发展起到积极的影响，因为在他们的思想观点中已经涉及到了教学环境研究的主要内容。

沉寂期：20 世纪四五十年代，国外关于教学环境的研究成果较少。因为这一时期是二次世界大战及战后恢复建设时期，受战后迅速恢复和发展经济这一特定社会需要的制约，扩展教育体系和规模，革新教学内容和教学方法，发展新的教学技术和教学手段，成为这一时期教育理论与实践发展的主流，而关于教学环境问题的研究则受到人们的忽视和冷落。尽管在这一时期关于教学环境的研究成果较少，但是关于教学环境的研究没有因此得到终止，有个别专家学者继续在这方面进行一些研究，例如安德森（H"H"Anderson）和布鲁威尔（H"M"Brewer）1946 年关于教师和学生课堂行为的分类研究，威肖尔（J"Withall）1949 年对课堂社会情感气氛的测量技巧的研究等以外，这一时期对教学环境的研究工作进入沉寂期。

繁荣期：从 20 世纪 50 年代以后，进入了教学环境研究的高峰期，大量研究成果来自美国、加拿大和西欧诸国，非西方国家关于这方面的研究被人们忽视了。其中主要研究内容包括：

（1）以美国为首的学者进一步发展了教学环境研究，探讨了教学环境的有关因素，诸如教育机构分析、教育制度的结构与功能，教师及其社会地位等。这些问题在教学环境研究中是不可忽视的。且在这一时期开始形成相对独立的教学环境研究领域。

（2）学者基于人与环境的关系，于 20 世纪 60 年代开始研究教育环境对个人的影响及其相互作用，突破了国际上关于教学环境研究的理论，强有力推动了教学环境理论的发展。

（3）这一时期的研究主要以实证研究为主，研究形式为专家学者的个人研究，大规模的团体合作的研究。SER 研究是由美国密西根大学（The University of Miehigan）的建筑研究实验室主持、福特基金会等机构赞助的一项关于教学环境的大型的研究项目——“学校环境研究”（School Environment Research）。

成熟期：20 世纪 70 年代以来，随着社会的发展进步，较以前的研究这一时期的研究更加广泛，更有理论深度，更加科学，这是这一研究领域逐步走向成熟的表现。这一时期关于教学环境的研究具有以下特点：

（1）研究范围扩大。

这一时期的研究比较注重从环境的各方面入手，力求取得客观全面的突破。对教学环境要素关注更加全面，不仅对自然条件进行深入的研究，还进行如班风、校风等的研究。如乔纳森·金的《教育环境及其影响》、H.J. 沃尔伯格的《物理环境与学习过程——目前研究状况概览》、B.J. 弗雷泽的《课堂环境》成果的相继出现。标志着教学环境研究趋于成熟。

（2）研究更加深入，表现在这一时期还进行教学环境有关理论的构建。如：美国评价发展研究中心于 20 世纪 80 年代末出版的《热门课题丛书》（*Hot Topics Series*）中的《学校气氛》（*School Climate*），它是用这一时期有关学校气氛研究的 30 篇主要研究报告、论文汇集而成的，并其在书中对学校气氛这一热门课题作了详细的介绍。

（3）有关教学环境要素的工具开始出现。一些学者在对教学环境进行深入研究的过程中，为研究的方便制定了一些关于教学环境研究的工具。如 B.J. 弗雷泽、G.J. 安德森和 H.J. 沃尔伯格三人合作编制的《学习环境调查表》（LEI）和《我的班级调查表》（MCI）成为最有影响的测量教学环境的量表，许多有关教学环境的实证研究都是凭借这两份量表完成的。

（4）有关教学环境研究的著作开始出现。著名教学环境问题专家 H.J. 沃尔伯格主编出版了《教育环境及其影响》一书。

（5）关于教学环境与其他教学要素的研究开始出现。20 世纪 80 年代年代后北美和英国的中小学教学改革比较活跃，一些新的教学方法、教学组织形式在中小学得到应用，如何根据这些新方法、新教学形式的需要设计新的教学环境就成为这一时期许多研究者关注的问题。1981 年有人提出教学环境是构成教学的基本要素之一。并认为教学环境包括社会制度、科学技术水平、家庭条件、学生的亲友、教学设备、班级的学风、教学制度、师生关系等，以上这些研究是学者们把教学环境地位提升的研究。1982 年有人认为教学环境同教学过程中的教学目标、教师、学生、课程教法等要素相互联系构成一个密不可分的整体。

总之，在这一时期，理论研究偏重于学校硬件环境的研究，缺少对软件环境的深入研究，教学环境的理论与实践获得了同步发展。这一时期教学环境研究的理论成果对学校实践产生了相当的影响，注意到了理论的普及工作。

再发展期（20 世纪 90 年代年代初期至今）：20 世纪末，随着信息化社会的来临，科技不断进步，全民教育、终身教育等教育理念的推广，世界各国开始新一轮的教育改革热潮，教学环境研究也进入了一个更高的阶段。产生教学环境再发展的原因主要有以下几点：

（1）学校的概念变化，为教学环境的研究提供了新的切入点

伴随着社会的发展，国外学校得以发展，到了20世纪80年代学生人数大量减少，教育建筑也随之变化，发达国家在进行教育改革的过程中，出现了许多新类型学校，比如校中校、社区学校、多地点学校等。

（2）学校办学方式的改变，给教学环境的研究提供了新的视角

实现企业、商业组织与学校联合办学，是社会发展到一定阶段的产物。学校教育办学方式的改变，为教学环境的研究提供新的视角。如1991年美国在响应1989年召开的教育峰会的基础上，提出了"建立私利非营利机构，负责为21世纪创建崭新的、打破传统模式的基础教育设计"的思想，而成立了新美国学校发展公司对各种教育改革方案进行资助和评审。

例如美国涌现出如亨利福特博物馆和韦恩县的地方服务机构联合建立地方高中、加利福尼亚的林肯高中、普罗维登斯州的迈特学习中心、菲尼克斯市的鹿谷高中等一大批新型学校，要实现教学环境与该类学校的融合，就必须通过改革建立新的学校制度与教学环境的关系等进行研究，以实现开放式学校，与社区融为一体，实现社区学习中心发展。

（3）在研究规模方面，社会各界都关注教学环境的研究

这一时期，教学环境研究不仅仅是教育理论家、心理学家、建筑理论学家的工作，社会各界，如企业家、居民、家长等，进行大量的实验，为学校发展提供了更为宽广的平台。

综上所述，教学环境的研究是一个动态的发展过程，是一个在研究的过程中不断加大深度、扩大研究范围、理论构建逐渐完善、社会关注度逐渐提高的发展过程，是一个逐步完善的过程，是一个从起步到成熟到完善的过程，是伴随着社会的发展，对教学环境的研究视角在逐步变化的过程。同时也说明，教学环境在人才培养过程中的作用更加受社会各界的关注，更加值得人们、社会对其进行深入的研究。

三、国内关于教学环境的研究

在国内，自20世纪80年代以后才开始零星出现关于教学环境的研究，21世纪初开始增多。在中国期刊网全文数据库中搜索，根据研究成果的出现数量，或研究成果内容的性质变化，本文将教学环境的研究也分为以下几个阶段：

1. 萌芽阶段（起步阶段，1979～1990年）

在这一时期，关于教学环境的文章只有一篇，主题是绿化校园，美化教学环境。到了1985年以后，几乎全是描述性的研究，对教学环境的研究不深入。从研究内容看，在这一时期有代表性的有：有学者于1981年提出构成教学的基本要素包括教学环境，并提出教学环境包括的基本要素。到了1982年，又有人提出教学环境与教学目标、教师、学生、

课程教法等要素是密不可分的整体的论断。1988 年有人开始关注教学环境的美化问题；1989 年李秉德提出教学环境是教学七要素之一。

2. 发展阶段（1991 ～ 1995 年）

在这一阶段关于教学环境的研究主要是理论的建构，或者是从不同的专业角度出发，对教学环境进行研究。例如在英语、数学、计算机等专业中都有涉及。在这一时期出现的文章比过去十几年的发展相对较快，随着人们对教学环境的认识，对教学环境的研究也在逐渐增多；也说明了人们已经开始重视教学环境的研究。关于教学环境研究进入理论的建构阶段，如相继出现了田慧生《教学环境论》《教学环境的历史、现状及发展趋势》等成果。还有一部分是关于教学环境对教学影响的研究，如田慧生的《论教学环境对教学活动的影响》。陶广生的《教学环境对教学方法的制约》强调，教学环境如学校的校风、校容、校貌，学校的物质条件（教室、实验室及教学仪器等），以及班级的组成规模等，所有这些因素对教学方法的选择、运用和创新都起着直接的制约作用，将教学环境与教学系统其他要素的研究联系在一起。

3. 繁荣阶段（1996 ～ 2011 年）

随着信息划时代的到来，在中国期刊网全文数据中进行搜索，从研究成果的数量上来看，教学成果的增加突飞猛进。

在大量优秀硕士论文中，关于教学环境的研究基本上集中于多媒体、网络、信息、计算机等专业教学环境的研究；基于教学环境的研究较多。

总之，在这一时期，国内关于教学环境的研究已经达到了顶峰，教学环境的研究在较多的研究领域都得到了深入的发展。

第二节　体育教学环境的基本理论

一、环境的定义

1. 在工具书中环境一词的解释

“环境”是我们比较熟悉的一个词语，任何事物的存在和发展，都离不开环境。也就是说，环境是任何事物存在、发展的温床。任何事物的发展直接受环境变化的制约和影响。“环境”一词在我们的日常生活中使用频率很高，我们必须对环境有清楚、确切的认识。

环境的英文翻译为 environment，意为“环绕”或“包围”。

《汉语大词典》中环境的含义如下所释：（1）周围的地方。（2）环绕所管辖的地区。（3）周围的自然条件和社会条件。

《社会学大辞典》对环境的解释："环境是从物质上、精神文化上或制度上影响人们并使之感受其力量而力求与之相适应的周围的境况。人们周围的境况有两种形态：自然环境和社会环境。"

《社会学百科辞典》对环境的解释："我们平常所说的环境，主要指以人为物质主体，围绕在人周围并与人产生相互影响的客观外界事物。环境包括自然环境、生活环境、人口环境、文化环境等多个侧面。"从以上对环境的界定可知，环境是围绕在事物周围，对事物产生影响的因素的总和。换句话说，个体以外所面临的、所感受到的一切，就是环境。

二、不同学科对环境概念的界定

"环境"一词的使用范围广，在不同的学科领域有自己独特的定义，这就决定了环境的界定会出现"横看成岭侧成峰，远近高低各不同"的局面。研究者从学科领域的角度出发，对环境做出如下的界定。

（1）哲学中的环境是指与某一中心或主体相对的客体。即与某事物有关的所有周围事物，这即是中心事物的环境。随着中心或主体变化的时候，环境即相应的客体也会不断发生变化。"环境"是一个相对的概念，随着中心事物的变化，环境的含义也就随之不同，因此，我们在研究环境问题时，要确定中心或主体是研究的关键之所在。

（2）环境科学中，将围绕着人群的空间并可以直接或间接影响人类发展的各种自然因素的总体称之为环境。

（3）心理学中环境的概念：指在人的心理意识之外，对人的心理、意识的形成发生影响的全部条件，包括个人身体外部的客观现实和身体内部的运动和变化。

（4）教育学中的环境定义：直接或间接影响人个体的形成与发展的全部外在因素，具体包括：先天环境即胎内环境、后天环境即自然环境和社会环境等。

从以上学者们对环境的界定看，对环境的理解包括以下几个方面的要点：首先，环境是相对于一定的人、事物或活动的外部条件。如果把一定的事物或活动视为一定中心项的话，其外部的影响因素就构成了相关的环境。

其次，环境是所有外部因素和条件的总和。由于外部的因素不是单一的，而是多样的，必然导致环境构成要素的复杂多样性，且环境各因素之间存在着相互联系、相互制约、相互影响的关系。

最后，环境适与某个人或某事物。也就是说，任何环境都是一定事物的环境，一定的事物也必然有自己相应的环境体系。一定的事物在相应的环境中存在，并通过环境表现自己的特征；环境也构成了该事物存在的条件和基础。

（5）国际环境教育界对"环境"提出了更为新颖科学的定义，在定义中涉及两个主要基本观点：一是，人以外的一切就是环境，即将人作为环境的中心，而人以外的一切就称之为环境；二是，每个人都是他人环境的组成部分，即指出个人以外的所有一切包括人都是个人的环境。国际环境教育界对环境的定义与前面哲学角度给予的定义具有一致性。或者说国际环境教育界的定义是对环境哲学定义的解释。

从前面关于环境的五种定义看，人要在环境中生存与发展，一方面，环境塑造了人类的一般特性，环境能对人的身心产生一定的影响，且为人的生存与发展提供了空间，因此，环境使人与人之间形成了共同的生理特征、一定的价值观念和心理状况等；另一面，不同的环境主体在环境面前表现出来的个性差异，将人与人之间区分开来。

三、环境的分类

人类与环境存在着相互影响的作用。一方面，人类活动对环境产生综合性的影响；另一方面，环境系统也从不同的方面反作用于人类，其效应也是综合性的。而人与其他生物的区别主要是在第一个方面，人类能不断通过自己的劳动来改造环境，使当前的自然环境转变为新的生存环境。在环境转变的过程中会使环境向正向或负向发展，就是在这一反复曲折的过程中，人类的生存环境逐渐形成庞大的、结构复杂的、多层次、多组元相互交融的动态环境体（Hierarchical System）。环境的复杂性决定了分类的复杂性，故而采用不同的分类标准，对环境进行不同分类。

总之，环境是一个综合、复杂的系统，根据人们对环境的认识角度、认识程度不同，以至于产生如上的分类方式；且在不同的研究领域人们对环境的分类也不尽相同，因此，我们需要更好地认识环境，希望能更好地利用环境为人类服务。

四、环境要素的属性

环境是一个复杂多变的系统，是由多个因素组合而成的，环境中的各个要素对于维持环境质量发挥着不可忽视的作用，因此，我们有必要了解环境要素的属性。我们理解了环境要素的属性，便于我们在以后的生活中，更好、更有效地控制环境。

1. 教学环境的基本理论

有效教学通过一定的教育活动，使学生的学习达到预期的最佳效果。在教学中，教学环境对于提高教学的效果、增强教学的有效性等发挥不可估量的作用，是一个不可忽视的因素。在以往学者的研究中就有如此结论。如邓金和彼德尔总结了半个世纪以来几千个有关教学研究的报告以后，在这三个变量之外，增加了环境变量。他们认为，在体育教学中，除了体育教师、学生、内容等因素外，要达到体育教学预期所能达到的最佳效果，还需要环境要素的加入。1971 年安德森在美国国家教育研究会（The National Society for the Study of Education）年鉴中写道：“一所学校的教学环境在学生们的学习进程中是一个极其重要的因素，这一点几乎是不言而喻的。”因此，有很多的学者开始转向研究教学环境。

而在教学实践中，对教师来说，他所面临的任务是要对环境因素进行选择，以使该环境因素适合学生的学习活动。而且对教学环境的研究存在一定的难度：在某一时间内我们的研究只能考虑环境的某些方面，还有研究证明某一环境的其他方面是否同时出现，决定这一种环境的某个方面可能产生不同的影响。通过以上的观点和相关专家的阐述来看，人们已经开始认识教学环境对教学的影响。

因此，在此之后关于教学环境的研究不断出现，如对教学环境概念、分类等进行研究，尽管研究得出的观点存在着不同、某一研究也存在着一定的缺陷，但从总体上看，人们对于教学环境的研究是不断深入，也是不断完善的。

2. 教学环境的定义

教学环境相对于环境而言，是个体与一般的关系，其本质也围绕在教学周围，并对教学产生直接或间接影响的因素的总和。人们对教学环境的研究起步较晚，到现在为止还没有确定的概念。一般来说，研究者通常以自己的研究目的、研究内容等出发给教学环境下适合自己的定义。

总之，国外关于教学环境的概念尽管存在着以上的缺点，但是学者们的观点为我们今后研究教学环境提供了参考。他们已经对教学环境的概念有了充分的认识。他们一致认为教学环境对教学活动能产生影响，除此之外，他们认为教学环境是各种因素的综合。总之，国外学者关于教学环境概念的界定，为我们今后界定教学环境的概念提供了参考。

3. 教学环境的分类

为了更好地把握其内涵，我们有必要对教学环境的内容要素进行分类。由于教学环境所涵盖的因素比较繁杂，要对其进行统一标准的严格分类实属不易。

以上研究从不同的角度对教学环境进行了分类，有其合理的一面，这给我们的研究提供了参考，但同时在一定程度上也存在不足。比如：有些分类缺乏明确的标准，有些分类在使用概念方面显得模糊不清，有些分类不够全面。我们认为教学环境是由许多复杂的因素组成，彼此之间互相联系，共同影响着教学活动的整个过程。但是由于本研究的对象是体育教学环境，其本身具有一定的特殊性和局限性。本文更倾向于将教学环境分为硬件环境和软件环境。

五、体育教学环境的基本理论

1. 体育教学环境的概念

体育教学环境作为一种特殊的、相对微观的教学环境。许多学者试图对体育教学环境给一个明确的定义，但是到目前为止，一直没有达成一致的意见。

本文借用哲学观点，即环境是与某一中心或主体相对的客体，对体育教学环境的概念给予界定，体育教学环境的主体是体育教师和学生，因此，体育教学环境就可以定义为：

与体育教师、学生相对的体育教学中客体的综合。关于体育教学环境的定义有广义、狭义之分。从广义上说，体育教学环境包括社会制度、体育法律法规、科学技术、家庭条件等，这些因素是与体育教师、学生相对的客体，一定程度上制约着体育教学活动的成效。而从狭义上看，体育教学活动中与体育教师、学生相对的客体的综合，这也是本文所要研究的内容，即狭义的体育教学环境。

总之，国内关于体育教学环境的分类研究不计其数，本文只是将具有代表性的观点进行统计。从总体上看，学者们的分类方法各有各的优点和缺点，但是到目前没有一个统一的分类标准。场思维是一种整体观，它着眼于事物的整体格局，整体观是场思维的基本观点之一，整体实际上是蕴含于场之中的，蕴含于相互作用之中的。体育教学环境是一个复杂的系统，是体育教学系统的要素之一，所以体育教学环境的建设也是体育教学系统改革的重要内容。任何体育教学活动都不能脱离一定的体育教学环境而独立地存在。体育教学环境以各种形态表现出来，有物质的和精神的，有形的和无形的，自然的和社会的，宏观的或微观的等形态。本文从哲学的角度出发将体育教学环境定义为：在体育教学中，与体育教师、学生相对客体的综合。

关于体育教学环境分类，本文更倾向于石振国、田雨普、毛振明等的观点，将体育教学环境分为硬件环境和软件环境。即本文根据各种体育教学环境要素所具有的物质和非物质性，将体育教学环境分为硬环境和软环境两个方面。

2. 体育教学环境构成要素

总之，本文将关于体育教学环境构成要素具有代表性的观点进行统计，我们不难看出，国内关于体育教学环境的构成要素的研究很多，学者们的观点也不尽相同。我国关于体育教学环境的定义、分类的研究都没有一个统一的标准，学者们根据自己的研究需要，得出不同的结论，结果必然导致体育教学环境概念、分类的混乱、模糊不清，但他们的观点各有千秋，为体育教学环境的研究开阔了思路，丰富了体育教学环境的内涵。

3. 体育教学环境诸要素分析

体育教学环境评价指标体系因素分析是以系统分析等一系列理论、方法为工具，对构成体育教学环境的各构成要素进行全面系统的分析。体育教学环境评价指标体系是一个多因素，多层次的复杂的系统，必须采用系统分析的理论和方法进行全面的、整体的分析研究，才能科学地把握体育教学环境的运作规律。

系统是由多种要素构成的相互联系、相互作用的有机整体。体育教学环境是一个由具有多层次结构、多因素构成的系统，决定其评价体系的多维性、多层次性等特征，每个维度又包含多个要素，而每一要素又具有一定结构的系统，子系统之间进行着非线性的相互作用，并不断与外界进行交流信息，逐渐形成和维持着的时空有序结构。体育教学环境是由体育教学硬件环境、体育教学软件环境及其子要素等组成的相互联系、相互影响的统一体。

（1）对体育教学中的硬件环境要素的分析

体育教学中的硬件环境是指硬件设施，即由传播活动所需要的那些物质条件、有形条件之和构筑而成的环境。

世界是由物质和意识组成的。物质是不依赖于人的意识，并能为意识所反映的客观实在。客观实在性是物质的唯一特性。辩证唯物主义认为物质是基础，物质是世界的本原。根据马克思的辩证唯物主义来分析，体育教学中的硬件环境是物质的，物质是基础，即体育教学中硬件环境是体育教学活动顺利进行的物质基础，是体育教学活动顺利完成的保障。

从物质的表现形式上看，体育教学中的硬件环境是看得见、摸得着的。它的这一特性决定了体育教学中硬件环境的特性。随着社会的发展、科学技术的进步、经济实力的增强等社会生产力的发展，体育教学中的硬件环境也随着生产力的发展而发展，不同社会的形态下，体育教学中硬件环境是不一样的。另外，因为我国是一个多民族的国家，人口众多、区域广泛等一些特征导致了我国的体育教学中的硬件环境也存在区域不平衡性的特点，例如，在东部发展较快，在西部地区发展较慢；城市发展较快，农村发展较慢等。

体育教学中的硬件环境也是一个多因素组成的复杂的系统，这些因素是体育教学活动能够顺利进行的物质保证。体育教学总是在一定的环境中进行的，受具体的现实条件的制约。教学环境显然不能直接地加入到教与学的过程，但是它作为特定教育场中不可缺少的条件，对教学过程和结果具有十分重要的意义。体育教学中的硬件环境也不例外，是不能直接地加入教与学的过程，但是体育教学活动中不可缺少的物质条件，因此，我们有必要对体育教学中的硬件环境中的各要素进行分析。

良好的教学硬件环境——是课堂教学有效性的重要物质条件。对于除体育学科之外的其他学科而言，教学硬件环境对课堂教学有效性不起决定作用，或者起决定作用的比重较小，因此，就出现了“教学物质环境无用论”。但是体育学科有其自身的特点，它对体育物质环境的依赖性较强，体育学科开设的很多教学内容都必须有一定的物质条件做基础，离开了体育教学物质环境，体育教学就不能顺利地进行，就不能达到体育教学的目标。因此，教学硬件环境是有效教学的必要条件。但是由于学科不同，导致对教学硬件环境的要求、依赖程度不同，也从一定程度决定了教学硬件环境地位不尽相同，伴随并出现了对教学硬件环境的不同看法，对教学硬件环境的重视程度不同。

然而，体育教学对体育教学物质环境的依赖性较强，没有体育教学的物质环境，为达到体育教学的目标、目的而设置的体育教学内容就很难实施，很难顺利开展，因此，从很大程度上也会影响体育教学的效果。很难想象，一节篮球体育课，没有篮球或场地等如何进行该项目的学习，又如何能够提高体育课堂教学的有效性，更别说要提高体育教学的质量。

（2）对体育教学软件环境要素的分析

体育教学环境以各种形态表现出来，有物质的和精神的，有形的和无形的，自然的和社会的，宏观的或微观的等形态。这里说的精神的、无形的等都是对体育教学中软件环境特征的描述。体育教学中的软件环境是存在于体育教学活动过程中的，并对体育教学活动产生潜移默化的影响。体育教学软件环境时时刻刻存在在体育教学活动的周围，尽管它摸不着、看不见，但是体育教学中的软件环境能通过体育教学环境中人的要素行为等表现出来。因此，体育教学软件环境会对体育教学活动产生影响。然而，人们对于体育教学软件环境的认识，还不够深入，影响到体育教学的效果。到目前为止，人们对于体育教学软件环境的认识只停留在宏观层次，而对于微观层次的研究相对较少，即对于体育教学软件环境的要素构成及可操作性指标体系的构建尚无人问津。因此，在现在的体育教学活动中要认识到体育教学软件环境对体育教学的影响是不容忽视的，而且要从微观层次对于体育教学软件环境进行认识，这是我们的当务之急。同时，体育教学软件环境是一系列要素的有机结合，共同影响着体育教学的效果。因此，我们应该对影响体育教学质量的因素进行详细的分析，以试图找出体育教学软件环境的构成要素。

体育教学环境分为体育教学硬件环境和体育教学软件环境。体育教学软件环境是体育教学中重要的教学环境，它对体育教学产生的直接或间接的影响已经远远超过了体育教学硬件环境，也能从一定程度上影响体育教学的效能，因此我们应该高度关注体育教学软件环境。体育教学软件环境主要是由体育教学中的人——体育教师、学生、体育教学中的关系要素——个体之间的关系、个人与团体之间的关系、团体与团体之间的关系组成的。从体育教学软件环境要素数量来看，体育教学软件环境的内容相当丰富。因此，本研究分别从体育教学环境中人的要素和体育教学软件环境中的关系要素两个层面分析体育教学环境，尽力将各种要素考虑在内，但是依然未能尽述。

体育教师、学生分别是体育教学的系统要素之一，也是体育教学过程中的主体，是体育教学的过程因素，同时也是体育教学环境的主体，依据本文所定义的体育教学环境的定义，体育教师和学生在体育教学中是互为体育教学环境的。即师生在体育教学环境中互为他人。他人行为是指体育教学过程中体育教师、学生的行为，师生互为他人。体育教师的教学行为会影响学生的学习行为，当体育教师的教学行为发生改变时，学生的学习行为也会随之发生改变。相反，学生学的行为发生改变，体育教师教的行为也会做出相应的调整。无论是体育教师还是学生，他们各自积极的反应行为，都会成为对对方行为的激励条件，成为师生新行为的致因。从一定意义上讲，师生各自的行为和对方行为的关系可以简化成一种因果关系，且是下意识的实现的。而随着体育教学理念、体育教学观念等的变化，体育教师和学生在体育教学中地位也在不断地变化，而体育教师和学生地位的变化，就会从根本上影响体育教师、学生在体育教学中的行为变化，故而会导致体育教学环境的变化。因此我们很有必要在此对体育教师和学生在体育教学的地位变化进行回顾，进而为体育教学环境的变化打好基础。

体育教学过程中，体育教师和学生的作用和地位问题，是人们认识和评价体育教学质量无法回避的问题，也是评价体育教学环境无法回避的问题。对这一问题的不同认识和理解，会形成不同的体育教学软件环境，在评价体育教学环境中也会出现不同的评价结果。在历史上根据对这些问题的回答分别形成两种极端的观点：体育教师中心论和学生中心论。目前在教育理论领域，单一的体育教师中心论或学生中心论观点已经不复存在，但是在体育教学实践中如何处理好体育教师和学生的作用与地位的问题上仍然存在相当程度的困惑。主要表现在，在体育教学中以学生为中心逐渐成为人们的共识，也是新一轮体育课程改革的基本观念，但如何认识体育教师在体育教学中的作用，是超越主体的权威，还是主体服务的辅助，还是什么其他的角色，特别是在新一轮体育课程改革中，体育教师被赋予多种角色。由此问题进一步引申为如何认识体育教学过程中体育教师和学生之间的关系问题，成为体育教学中必须回答的问题，同时也成为对体育教学环境进行评价的重点。

就我国而言，对体育教学中体育教师和学生的作用与地位争论一直就没有停止过。20世纪70年代末80年代初开始，有人把哲学中“主体”概念引入到教育中来研究教师和学生的地位和作用，并给予“主体”新的定义，是指认识活动和实践活动的承担者。作为认识活动的主体，一般来说，主体是人，是有主动选择的意识和能力，有明确活动目的，能自主选择活动方式、方法，确定活动的进程，能自我监督，自我控制，自我调节等具有主动性的人。因此，在体育教学中，体育教师、学生都可以作为主体来看待。

在不同的时代、不同教育理念、教学思想等影响下，师生的地位和作用也随之发生着变化。而这些变化不但是符合时代发展要求的，而且是符合体育教学发展规律的。同时也是师生在体育教学中主体性得到发挥的表现。特别是“以人为本”“以学生为中心”等基本理念的提出的大背景下，确定了学生在体育教学中的主体地位，反映了人们开始认识到体育教学中学生学习的重要性，人们已经关注了学生的学习，关注了学生的主体性。同样，在新一轮体育课程改革的背景下，体育教师的地位得到了进一步的提升，体育课程改革给体育教师留出了足够的发展空间，让体育教师的地位由原来的被改革的对象变成了体育课程改革的主体。足见国家、教育界等已经认识到体育教师在体育教学中的作用，认识到体育教师的主体性，认识到教师的力量，证明了教师是学校发展的重要资源。因此，体育教师的教学无论受何种条件的制约，在具体的体育教学活动中，教师都有自我选择权。这一点也决定了体育教师是体育教学中的主体。因此，只有建立了教师的主体地位，才能在体育教学中充分发挥教师的主体能动性。

（3）体育教学中硬件、软件环境要素关系分析

辩证唯物主义论的观点：世界是物质和意识的统一体，物质决定意识，先有物质后有意识；意识是物质世界发展到一定阶段的产物，是客观存在在人脑中的反映。从辩证唯物主义观点看，体育教学环境也是物质和意识的统一体，即硬件环境和软件环境复杂的统一

体，但是体育教学活动是生命与生命的交流，因此把体育教学活动的主体纳入到体育教学软件环境之中。因此本文将体育教学环境分成了体育教学硬件、软件环境。

在根据辩证唯物主义的观点，事物是普遍联系的。那么作为体育教学环境的各要素之间是普遍联系的，即三者是有联系的。体育教学中人的要素对硬件、软件体育教学环境产生适应、改造的作用，而硬件、软件的体育教学环境也会对体育教学环境中人产生影响。即根据人类活动论，人能对硬件的体育教学环境产生适应，还能对体育教学中的硬件环境进行改造，从而使改造的体育教硬件环境更加能适应体育教学，能更好地为体育教学服务。因为体育教学硬件环境是体育教学的物质基础，它能对体育教学内容、体育教学方法、体育教学组织的选择等起到限制作用。而作为体育教学环境中人能能动地适应、改造体育教学环境。通过具有能动性的人适应、改造体育教学硬件环境，使其能更好地为体育教学服务。而体育教学硬件环境的改变，进而会影响体育教学环境中的人，体育教学环境中的人根据体育教学硬件环境的变化，选择适用的体育教学内容、方法等。同时，体育教学环境中人的活动发生了变化，必然引起体育教学软件环境发生改变。而体育教学软件环境与体育教学硬件环境相比，相对的比较抽象、没有那么的具体，没那么的好测量等，但是体育教学软件环境对体育教学的影响是无处不在的。人作为体育教学环境中最活跃的因素，是体育教学软件环境的载体，许多的体育教学软件环境都是通过体育教学环境中能动的人才得以体现。而反过来体育教学软件环境发生改变也会影响人的活动。总之，两者之间存在着相互影响、相互作用的关系。

六、普通高校体育教学环境概述

新世纪，国际竞争日益激烈，我国综合国力不断增强，科技不断进步，社会生活节奏加快，面对这样的社会发展状况，社会对人才培养提出更高的要求，而高校作为培养社会需要高素质人才的最后阶段，担负着培养德智体全面发展的人的重任。学校教育是培养良好道德观念、传授知识、增进健康的重要场所，是培养高素质人才不可缺少的重要环节。而高校作为与社会接轨的重要基地，应该担负起培养适应当今社会快速发展的身心健康、能较好适应社会的优秀人才的重任。而学校体育作为学校教育的重要组成部分，与德育、智育、美育、劳动技术教育紧密结合，肩负着培养全面发展人才的历史使命，同时学校体育又是培养学生终身体育意识、良好人格、良好人际关系、良好社会适应能力等身心健康的重要场所。任何事物的存在和发展，都离不开环境，环境是任何事物存在、发展的温床。学校体育活动也不例外，要保证学校体育的正常进行，必须以良好的体育教学环境为依托。

任何体育教学活动都必须在一定的体育教学环境下进行，脱离了体育教学环境，体育教学活动也就不复存在了。普通高校体育教学环境作为一种特殊的教学环境，是由一个多因素构成的复杂系统。“普通高校体育教学环境”相对体育教学环境而言，是个别与一般的关系，或者是体育教学环境在普通高校中特定的存在方式。鉴于我国普通高校体育教学环境的研究现状，本论文从整体的角度来研究体育教学环境，重点从实用、可操作性和应用性原则入手，对普通高校体育教学环境进行深入研究，逐步实现普通高校体育教学环境的优化，为提高高校体育教学质量服务。

依据众多学者对体育教学环境的分析，体育教学环境包括的内容相当庞大、呈现包罗万象的状况；包含的层面相当广泛，有社会大环境、学校大环境、狭义的体育教学环境等。因此，为了完成本论文的研究任务，本文仅将狭义的体育教学环境作为本研究的重点。主要包括普通高校体育教学中的体育教学硬件环境、体育教学软件环境。以下的研究工作都是围绕着这两个维度展开的。

1. 普通高校体育教学环境的特性

①规范性。

②纯化性。

③教育性。

④可塑性。

⑤系统性。

⑥时代性。

⑦差异性。

⑧动态性。

⑨客观性。

2. 普通高校体育教学环境的功能

普通高校体育教学环境通过自身功能不断地对体育教学活动、个体发展等所产生影响。因此，我们认为良好的普通高校体育教学环境具有以下功能：

①导向功能。

②凝聚功能。

③陶冶功能。

④激励功能。

⑤健康功能。

⑥美育功能。

⑦诠释功能。

⑧化育功能。

3. 体育教学环境的作用

（1）体育教学硬件环境的作用

体育教学硬件环境是体育教学的主体曾经或正在作用于其上的一切客体的总和。主要包括体育教学场地、设备等。体育教学硬件环境是体育教学环境得以体现的外在标志。与体育教学软件环境相比，物质环境是一个与“文明因素”（物质技术因素）密切联系的概念。体育教学硬件环境作为体育教学环境的实然状态，既是体育教学环境建设的物质基础，是学校精神文明建设的载体和反映，同时也是体育教学环境中的物质载体。作为体育教学环境中的有形部分，也作为校园文化的有形部分，是校园中看得见、摸得着的物质形态。从体育教学环境形态的内部结构来看，物质环境是在现在的意义上，映照着整个学校体育文化发展积淀的时代特征、地域风格等，折射着体育教学环境主体——体育教师、学生的价值倾向和审美意象，是体育教学存在和发展的基础。

（2）体育教学软件环境的作用

体育教学环境以各种形式表现出来，有物质的和精神的，有形的和无形的，自然的和社会的，宏观的或微观的等形态。这里说的精神的、无形的是对体育教学软件环境属性的描述。它存在于体育教学活动的周围，尽管它摸不着、看不见，但是体育教学中的软件环境能通过体育教学环境中人的行为等表现出来。

有学者提出：在当前，提高体育教学的效能不仅仅依靠体育教学硬件环境，更多的是依靠发挥体育教学软件环境作用，因此在提高体育教学效能方面更加注重体育教学软件环境的作用。体育教学软件环境是存在于体育教学活动过程中的，并对体育教学活动产生潜移默化的影响。体育教学软件环境主要是由体育教师、学生、体育教学管理者等人的环境要素、班级气氛、班级中学生间、师生间、教师与教师间等的关系组成，尽管这些软件环境是无形的，但是能被体育教学的主体——体育教师和学生感觉到，从而无形间影响到体育教师的教学行为、体育教师的职业能力、体育教师的职业道德、学生的学习行为、学生们间的人际关系等，进而影响体育教师的有效教学行为、学生的有效学习行为，最终影响有效体育教学行为，影响体育教学的质量。因而，1994 年叶斓教授提出：把课堂还给学生，让课堂充满生命活力；把班级还给学生，让班级充满成长的气息；把创造还给教师，让教育充满智慧挑战；把精神发展主动权还给师生，让学校充满勃勃生机。说明学校应该努力营造一种教学环境，一种由师生共建的、同时又能成为进一步促进师生工作学习的教学环境。

（3）普通高校体育教学环境的地位

教学环境是教学活动重要的要素之一，任何教学活动都是以一定的教学环境为依托，离开了教学环境，体育教学活动就不复存在。体育教师、学生是体育教学活动的主体，虽然这种主体有时会偏离中心值，但是他们必须以体育教学环境为舞台进行体育教学的各项活动。因此，如果缺乏体育教学环境的依托，师生的活动就不存在。然而，体育学科有其自身的特点，即体育教学环境对体育教学产生的影响更直接、更适时、更显性。因此，体育教学环境对于普通高校体育教学活动的顺利进行具有重要意义。

普通高校体育教学环境是体育教学活动中重要的客观条件，普通高校体育教学环境中的各种因素均以不同的形式渗透、参与到体育教学活动的各个环节，并且以自身特有的方式干预着体育教学活动的进程与效果，进而对体育教学活动产生潜移默化的影响。普通高校体育学科自身的特点，对体育教学环境提出更高的要求。从普通高校体育教学活动的要素构成来看，普通高校体育教学环境与普通高校体育教学活动的各个要素都发生密切联系和相互作用。体育教学环境处在体育教师、学生的周围，影响着他们的行为，如教师教学方法的选择、教师的评价、学生的学习行为、学生的学习目的等，除此之外，还为课程的实施、体育教师与学生之间关系的发展提供时空条件。体育教学活动的其他要素均不能脱离体育教学环境而独立存在，因此体育教学环境是教学活动的空气、阳光，即体育教学环境是体育教学活动中不可缺少的要素。

第三节　普通高校体育教学环境评价标准

体育教学环境是体育教学系统要素之一，体育教学环境的好坏，从一定程度上影响体育教学的质量。对体育教学环境进行评价的目的是通过评价体育教学环境，发现体育教学环境存在的优势、缺点；发现体育教学环境的发展与教学的一致性与否，为体育教师、体育教学管理者提供及时、准确的反馈信息，使体育教学与体育教学环境相互协调，我们就可以根据体育教学环境的现状适当的调整体育教学活动，或者根据体育教学的现状调整体育教学环境；发现体育教学环境中哪些要素是相对较为方便优化的，使体育教学环境评价具体化。同时，通过对体育教学环境进行评价，能指示评价主体或教师应该去评价什么，重视什么或忽视了什么，因此本文试图建立体育教学环境的评价标准，希望该评价标准能对我国体育教学环境进行客观的评价，通过评价我们能清楚地了解我国普通高校体育教学环境的现状，希望为改善或优化我国普通高校的体育教学环境提供参考，以实现体育教学环境功能的最大限度发挥。

一、体育教学环境评价标准构建的理论依据

1. 体育教学环境评价体系

体系是指若干相关事物或某些意识互相关联而构成的一个整体，是具有特定功能、相互间有机联系和配合中构成的以系统运行和存在的和谐整体。体系是由两个或两个以上的元素之间相互联系、相互作用组成的，强调了在这一整体中，各元素的地位、各元素之间的相互联系，只有各元素之间相互协调，才能称得上是一个完整的体系。体育教学环境评价体系是指在体育教学环境中具有两个或两个以上有机联系和相互作用的要素组成的，依据一定的标准对体育教学及影响教学的相关因素进行评价，从而对体育教学环境进行监控和反馈调节，使体育教学环境的各要素通过在教学的过程中，不断地得到控制、调整，使其更好地服务于体育教学；另一方面就是依据体育教学的现状，调整、设计体育教学环境，

避免盲目地创设体育教学环境，造成人、财、物的浪费。根据本文关于体育教学环境的定义“与体育教师、学生相对的客体的综合”来看，只有实现体育教学和体育教学环境各要素的相互协调，才能使体育教学环境的功能得到真正的发挥。按照系统论、要素论等，我们得知，体育教学环境是一个由多因素相互联系、相互作用而形成的有机整体。体育教学环境是一个由体育硬件环境和体育软件环境及其各子系统相互联系、相互作用形成的复杂系统，从整体上调节、控制体育教学环境的各要素，使体育教学环境中各要素及各子要素能够满足体育教学的需要，且能够根据体育教学的现状调整体育教学环境的要素及其子要素，以提高体育教学的效果，实现体育教学环境与体育教学的协调发展。

2. 构建体育教学环境评价体系的理论基础

体育教学环境是体育教学系统要素中不可缺少的要素之一，在体育教学环境评价体系还不太完善的情况下，我们应该利用相关理论，从体育教学环境的研究现状、研究存在的问题出发，不断探索与实践，以确定体育教学环境评价体系的指标，使体育教学环境的评价指标体系更加公正、全面、有效、可操作，以发挥体育教学环境的优势，使体育教学环境真正为体育教学服务，以提高体育教学的质量。构建体育教学环境评价体系的理论基础有：

①系统论。

②水桶效应理论。

③整体论。

④熵论。

⑤“教学对”理论。

3. 体育教学环境评价指标体系构建基本原则

体育教学环境评价标准的确定是保证准确、全面、有效地进行评价的基础，也是使评价功能得以正常发挥的前提条件，在确立体育教学环境评价标准时，应遵循以下几个原则:

（1）客观性原则

构建体育教学环境评价标准，是在相关构建理论的基础上，以我国学校体育教学环境研究的现状及体育教学环境研究中存在的问题为主要内容，总结出体育教学环境所涉及的要素、指标等，并从系统、整体、全面客观的分析评价指标中所存在的问题，使体育教学环境的各组成要素具有客观性，真正能够有效地促进体育教学环境的改善，使体育教学环境的各要素真正地为体育教学服务，提高体育教学的效率。

（2）可行性原则

评价标准中的指标要符合体育学科和学生身心发展的特点，所制定的标准应该具有可行性。

（3）科学性原则

整体评价指标体系必须完备，才能保证体育教学环境的评价指标体系对体育教学环境评价的全面性，通过评价能发现体育教学环境存在的不足，进而改善或优化体育教学环境。因此，在选择指标时应尊重教学规律、中国的国情、体育教学的实际，符合体育学科的特点，使体育教学环境评价体系内的指标相互独立，避免指标的重叠、混乱等，以保证体育教学环境评价指标体系的科学性。

（4）可比性原则

评价对象的共同属性是通过评价指标体系中的各项指标得以体现的，这就要求评价指标体系具有可测性，即指标作为具体目标，要用具体的可操作性的语言进行定义，通过评价方法的使用，能够观测和了解得出明确的结果，评价指标设置应尽量简明，便于操作，应该具备可比性。

（5）全面性原则

体育教学环境的评价要对评价对象的各个方面做出全面的考察和描述，能够对被评价对象进行综合的评价和全面的考察。对评价指标中各个指标的信息都要收集，最后进行全面的分析，作出恰当的判定。

（6）导向性原则

体育教学环境评价标准可以逐步使评价对象的思想、行为向评价标准靠拢，即渐进集中化，反映出体育教学环境评价指标体系明确的导向性功能，因此，我们在建立体育教学环境评价标准时应把握好以下几个方面：

①现代体育教学环境评价标准应能够体现当前学校体育发展的趋势，能够为体育教学更好的服务。

②体育教学环境评价标准应能够表现出对建立评价体系理论的突破，传统的体育教学理念、思想的突破和超越，体育教学环境能够体现出随着时代精神、思想观念变化等的特点。

（7）有效性

“有效”即一项活动具有达到预期所需的积极或者结果的程度。那么评价的有效性，就应该能从一定程度上反映评价对象的结果。评价的有效性是评价活动进行的基础，因此要最终达到评价的目的，发挥其应有的作用，我们就应该保证评价指标体系的有效性。长期以来，我国在建立评价标准时对评价指标的规范性、客观性考虑较多，而对评价指标有效性的考虑较少。因此，我们在确定体育教学环境评价指标体系要考虑其有效性。

体育教学环境包括体育教学硬件环境、体育教学软件环境。体育教学硬件环境评价标准相对比较简单，体育教学硬件环境标准是比较客观的，而且有相应的关于体育教学硬件环境的文件的保证，为我们确立体育教学硬件环境提供了充分的依据。

体育教学软件环境比较复杂，因为里面涉及体育教学环境的主体——体育教师和学生。任何活动只要涉及人的行为，就存在很多的不确定性，因为人是体育教学环境中相对活跃的因素，人的某一方面发生变化，必然导致与之相关的因素发生变化，因此在体育教学软件环境中，我们应该高度关注体育教学环境中的主体——人的因素。因此确立体育教学环境评价标准时，最主要的是确立体育教学软件环境的评价标准。然而，要想保证体育教学软件环境评价标准的有效性，我们所确立的体育教学软件环境的评价标准必须确定该标准能从一定程度上反映体育教学软件环境的优劣程度。

（8）**开放性**

体育教学环境的优化，取决于体育教师、学生以及其他参与人员的创造性努力程度。因此体育教学环境的优劣对体育教师、学生有着极强的依赖性。对于体育教学软件环境而言，体育教学环境的主体——体育教师和学生，也通过与自己的个性特征等影响着体育教学环境，因此，体育教学软件环境本身也存在着个人依赖性，我们对体育教学环境进行评价不可能用统一的标准来框定体育教师和学生的教学行为，而应该是一个开放的体系。由于体育教学软件环境中的体育教师和学生都具有巨大的创造力，决定了体育教学软件环境的可塑性、不稳定性。因此现代体育教学软件环境评价标准只能是开放性的，为评价者在评价过程中具体掌握标准留有一定的余地，根据不同的情况确定不同特点的评价标准。

4. 建立体育教学环境评价体系的基本思路

体育教学环境是由体育教学硬件、软件环境组成的。因此，构建体育教学环境评价指标体系我们主要是采用分别构建体育硬件环境、体育教学软件环境的评价指标体系的方法。

体育教学硬件环境的特征决定了体育教学硬件环境评价指标的建立相对比较明确、简单。而体育教学软件环境则是一个由多个要素组成的有机统一体，因此，它本身的复杂性就决定了体育教学软件环境评价指标体系的复杂性。因此，要构建体育教学环境的评价指标体系，我们要试图根据系统论、整体论等的观点，逐步突破我国长期以来对教学进行分解研究的局面，以避免因为某一系统被分解为多个部分，而造成整体固有属性丧失的做法。因此，采用一种由苏联心理学家维果斯基提出的单元分析法。这种方法从一定程度上克服了成分分析法的缺陷，为研究体育教学提供了新的思路。我们试图寻找一种方法，来构建体育教学环境评价指标体系，以求体育教学环境更好地为体育教学服务，进而提高体育教学的质量。

5. 建立体育教学环境评价标准的基本策略

考察中外体育教学环境评价的历史，可以发现在确立体育教学环境评价标准时基本上出现了以下几种情况：

①关于体育教学环境评价标准的研究还不够深入。

②关于体育教学环境评价某一要素的研究较多，整体性的研究较少；利用要素指标进

行研究的较多，而从基本的内涵和事物的属性出发研究体育教学环境评价标准的较少，没有可以借鉴的参考。

③关于体育教学硬件环境评价标准可以做到具体的量化，且有国家颁发的相关文件做支持；而体育教学软件环境很难量化，相关的研究只处在描述性评价标准的水平上。

④只要一提到体育教学环境，人们首先关注的是体育教学的硬件环境，而对于体育教学软件环境有所忽视，而且就目前普通高校体育教学环境的建设来看，我国普通高校体育教学环境的建设偏重于体育教学硬件环境的建设，而轻视体育教学软件环境的建设。从普通高校发展的长远利益来看，加强体育教学硬件环境的建设有一定的功效，但是体育教学软件环境的建设，能从根本上增强体育教学环境的实力，能从一定程度上增强体育教学的人文性，增加其文化内涵作用，能形成自己的建设风格，故而具有自己独特的风格，能够使学校无论是在同类学校之间、还是在自己的发展中独树一帜，有利于学校自身的发展。

⑤体育教学硬件环境与体育教学软件环境相比，体育教学硬件环境的建设主要与国家的经济实力等紧密联系，而体育教学软件环境相对体育教学硬件环境而言，是看不见、摸不着的，且它的建设需要一个长期的过程。如果两个学校的体育教学硬件环境相同，体育教学软件环境不一定相同；如果一学校的体育教学硬件环境赶不上另外一所学校的建设的水平，但体育教学的软件环境则不一定差甚至有可能强于另一所学校。也就是说体育教学硬件环境通过观察与测量等，可以直观地判断一所学校体育教学硬件环境的好与坏，而作为体育教学软件环境则判断起来相对比较难。

⑥我们在查阅相关体育教学环境某一要素研究的过程中发现，人们关注体育教学软件环境中的主体——体育教师和学生，其实他们在体育教学中，两者是互为他人，互为体育教学环境的。因此在关于体育教学环境的研究中将人的因素忽视，导致研究体育教学环境中主体——体育教师和学生的研究较少。因为他们忽视了体育教学中或体育教学环境中体育教师和学生的主体性，忽视了体育教师和学生互为环境。那就必然涉及体育教师、学生的行为表现、体育教师、学生的关系等。不要认为关于体育教学环境主体的研究较少，我们就没有什么东西可以借鉴。

二、体育教学环境评价标准

评价指标体系是评价工作的操作规程，它规定了“评价什么”。一般而言，评价指标本身对体育教学环境的优化、体育教学环境的改造等有指导作用，即评价什么指标，教师、体育教学管理者将重视什么指标。因此，指标的确定和选择十分重要，不仅要从某一方面或角度能反映体育教学环境的本质，而且选择的这些指标具有典型性、客观性，能真实地反映体育教学环境，且对体育教学环境的优化等有着举足轻重的导向作用。

根据本文对体育教学环境的定义，体育教师和学生是体育教学环境中的重要要素。因此可以借鉴课堂教学质量评价标准、有效课堂教学中体育教师、学生的评价标准，所涉及的评价指标都是围绕着教师和学生设计的。因此，本文课堂教学质量的评价标准、课堂教学有效性标准中的部分观点，根据本文研究的需要，设计成为体育教学环境的评价标准。课堂教学质量评价标准、课堂教学有效性标准可以作为评价课堂有效性的标准，也可以对体育教师有效教学行为、学生的有效学习行为进行评价。那么，依次类推，体育教学环境评价标准就具有了课堂教学有效性评价的功能，同时也能对体育教学环境进行科学的评价。

体育教学环境是体育教学系统要素中不可或缺的要素之一，对体育教学起着举足轻重的作用，因此，体育教学环境的评价是体育教学评价中的一个重要组成部分，体育教学环境评价指标体系的适用程度，从一定程度上影响体育教学。因此要确定体育教学环境的评价指标体系是相当重要的。

根据本文确定体育教学环境的思路和策略，我们设计体育教学环境评价指标体系本着简明、比较全面地反映体育教学硬件环境、体育教学软件环境的基本状况，是根据评价指标体系的设计原则而建立起来的，并能反映体育教学环境某一具体方面指标的集合。评价指标主要判断或能度量的问题是体育教学环境的主要方面，并通过其总体效应来评价体育教学环境的总体状况。在评价指标体系中，凡是涉及体育教学环境的因素尽可能在指标体系中得以体现，并给予相应的重视程度。指标体系作为一个能整体地、全面地反映体育教学环境主要方面和主要特征的体系，能够全面地反映体育教学环境的内涵，其评价指标的数量也尽可能地进行了压缩、合并等，已达到简便易于操作的目的，避免出现指标繁杂等状况。确立的体育教学环境评价标准只是对体育教学环境的一种描述，没有可操作性，也难以量化，因此本文将体育教学环境评价标准中的描述，转化为问答式的调查问卷，就克服了体育教学环境评价标准的难以操作性、量化等的缺陷，而且确定的调查问卷的问题与体育教学环境评价标准中的内容高度相关，以保证了调查结果的有效性，可测量性。

第四节　我国普通高校体育教学环境的途径优化

一、对我国普通高校体育教学环境进行优化的理论依据

1. 马克思关于人与环境关系的理论

马克思从人与自然、人与社会的关系出发，对人与环境的关系进行了充分的论证。这是我们研究体育教学环境的理论基础。

（1）环境决定人的生存与发展状态

自然先于人类存在，人类是自然界长期发展的产物。自然环境构成了人类存在和发展

的第一空间。但是，人类产生以后，自然就已经分为自在自然和人化自然。人通过自己的实践不断把自在自然转化为人化自然。离开人的实践活动，就无法理解人产生以后的自然。在自然面前，人首先要生存，为此，人们就必须认识自然、改造自然，使自然的特性与人的需要结合起来。“需要形成了人与自然的关系。”人的需要越丰富，人的主观能动性就表现得越充分，人化自然转化幅度就越大。人的需要主要包括生存需要、发展需要和享受需要。其一，环境为人的发展提供物质资源。其二，环境为人的发展提供文化资源。其三，环境为人的发展提供心理条件。

（2）人在认识与改造环境过程中发展

人类社会进步和个体自我发展都离不开环境，人在认识和改造环境的过程中提高自己的认识能力和实践能力，人的发展与环境的变化是同步的。

第一，人通过对环境的认识形成理性、提升理性、不断增强认识世界的能力。

第二，人通过对环境的改造，发展生产力，增强人的本质力量。

第三，人通过对变革社会关系，促进社会的进步，丰富人的社会本质。

（3）人与环境的关系

马克思认为环境决定人，人反作用于环境。人与环境的关系主要表现为统一（人与环境的依赖关系）、矛盾（人的需要的多样性与环境的统一性之间、人的主观世界的多变性与环境的相对稳定性、人的理想的超越性与客观世界的现实性）与转化（客观世界向人的主观世界和人的主观世界向客观世界转化的双向互动过程）三种状态。

（4）从微观角度说明环境与人的发展

从微观角度看，环境在人的发展过程中是不可替代的，人是环境中的人，环境会对人一切行为产生影响。

环境影响人身体的发育成长。环境指的是人生活在其中并给人以影响的客观世界。“人是一切社会关系的总和。”人所生存的社会环境就包括在社会关系中，它也会对人的生理产生一定的影响。在运动人体科学中，环境对人的影响是最有说服力的，例如在《高原低氧环境对人的影响与适应性因素的探讨》中，作者对人神经系统、工作能力、学习、食欲、睡眠等进行试验，从实证的角度证明了人的生存环境对人生理的影响作用。

环境影响人的智力。智力本身是一个人适应和作用于环境的能力，即人对周围环境认识、处理的能力。人的智力发展离不开人生存的社会环境。因此，良好的社会环境可以使人形成良好的智力。学校环境是一种特殊的社会环境，好的学校环境能对学生的智力塑造起到影响作用，因此，我们要重视教学环境对人的影响。

环境影响人的行为。人与环境相互作用的学问——环境行为研究（包括理论的和应用的）是我们深刻了解环境与人行为关系的基础。一是，环境对人的影响，古有“孟母三迁”、墨子的“染于苍则苍，染于黄则黄，所入者变，其色亦变”等；后有马克思的“环境的改变和人的活动或自我改变的一致”。他认为，人的遗传素质给人的身心发展提供了物质基础，为人提供发展的可能性。但后天生存的环境从很大程度上决定了人的身心发展水平，马克思告诉我们人生存环境的重要性，同时也说明人接受环境的影响是一个积极的、能动的过程。二是，人对环境的影响。人作为独立的个体，必须不断对维系自己生存和发展的自然环境、社会环境进行认识。人作为认知的主体，通过不断学习能动的认识、利用、改变、创造环境。所以，环境影响中的人也能够影响环境。

人类与其他动物的区别就在于人的能动性，即人通过“学习”不断提高自身认识自然环境、适应社会环境的能力。人类在“学习”过程中不断与外部环境相互交流，两者相互影响、相互作用。学校作为一种特殊的社会环境，教育是人类学习、获得知识技能最有效的途径，教育的存在环境必然会对其产生影响，因此，为人类的教育学习活动提供良好教学环境是极其重要的。认识到这些，对于我们正确认识普通高校体育教学环境在普通高校体育教学活动中的地位是非常重要的。

教学环境是一个由多种要素构成的复杂的整体系统，它对于学习过程的认知、情感和行为产生潜在的影响，对教学活动的进程和效果施加系统的干预和影响。即体育教学环境的优劣在一定程度上影响体育教学活动的成效，因此，为了最大限度地发掘体育教学环境的正向功能，减小体育教学环境的负向功能，我们就必须对体育教学环境进行优化。

在《中华大词典》中，优化有四种意思：为了更加优秀而“去其糟粕，取其精华”；为了在某一方面更加出色而去其糟粕；为了在某方面更优秀而放弃其他不太重要的方面；使某人或某物变得更优秀的方法或技术等。那么，优化体育教学环境，是指为了创造或改善体育教学条件，对教学环境进行的整体或局部的规划、组织、协调和安排，撷取环境中各种有利因素，实现体育教学环境的最佳状态，使体育教学环境有利于学生的身心健康发展和教学活动的顺利进行。

体育教学环境要素的多样性，决定了体育教学环境的优化涉及的范围很广，它既包括体育教学硬件环境的优化，也包括体育教学软件环境的优化等；既涉及一些宏观的优化工作，也涉及一些微观的优化工作。美国的教育家杜威认为：学校是一种特殊的环境，其特殊性就在于它是一个简化、净化、平衡性、精神化和以人为中心的环境。体育教学环境是体育教学硬件环境、体育教学软件环境构成的。因此，我们应该从体育教学硬件环境、体育教学软件环境两个层面提出对体育教学环境进行优化的途径，以使体育教学环境更好地为体育教学服务，进而提高体育教学的质量。

2. 人的主体性的发挥

主体性是人类的主要特征之一。人类只有具备以下三个方面的条件，才能说人具有主体性，第一，人类具有自觉性，能够进行认识自身及生存的环境，能支配自身活动的能力；第二，人类、环境世界的对立，能自觉地形成与环境世界的分立、对抗关系，并能自觉地通过自己的活动与环境斗争；第三，人类自觉地改造环境，用自己的活动与环境产生的压力抗争。以上三点表明，能动改造性是自觉性、对立性充分发展的形式，也是主体能否成立的根本。

人的主体性主要体现在人的自觉性、对立性、能动改造性等行为。人的主体意识或自主活动意识的唤起即人的主体性觉醒，而主体意识的唤起过程正是主体性的生成之路。人作为历史的主人，其认识到自己是历史的创造者的过程就是主体性觉醒的过程。个体存在的巨大意义将随着时代的发展而愈易突出和重要。个人作为血肉之躯的存在，随着社会物质文明的发展，在精神上将越来越突出地感到自己存在的独特性和无可重复性。用宏大的历史观分析，人是历史的主导，历史是人创造的。唯物史观认为，人（主要是指人民群众）以及人的需要是社会发展的创造力量。因此，从微观的细节观之，个体是自己历史的创造者，正是无数个体的相似及不同的创造，成就了人的历史。在学校内，人的概念就是教师、学生以及管理者，他们是自己历史的创造者，也是学校发展变革的参与者。他们的主动参与、实践以及他们为生活需要得到满足而进行努力，他们的创造发明推动着学校的发展和变革。

3. 高等教育区域均衡发展理论

高等教育区域均衡发展的实质是在公平理念和平等原则的指引下，高等教育机构和教育对象在高等教育活动中拥有平等待遇的一种理想状态，是为保证他们享有机会均等及其保障的一种运行机制，是高等教育的应然状态。高等教育区域均衡发展的实质则是追求教育公平，实现教育公正的实然过程。高等教育区域均衡发展内涵主要体现以下几个方面：

①高等教育区域均衡发展是政府发展高等教育，特别是实施高等教育公平的指导思想；是政府应变或者调整已施行多年的高等教育非均衡发展教育政策，以符合构建均衡高等教育和和谐社会的基本理念。

②高等教育区域均衡发展是一种发展目标，更是一种高等教育改革和发展过程；高等教育区域均衡发展是高等教育发展的目的，更是一种促进高等教育发展的途径。均衡发展本身不是目的，其本质的目标是追求一种理想、公平、高效、优质的高等教育状态。高等教育权利的公平和机会均等是一切高等教育公平的基础，也是高等教育区域均衡发展的核心前提。

③高等教育区域均衡是人们相对于目前现实存在的教育需求与供给不均衡而提出的高等教育发展的美好理想；高等教育区域均衡首先是高等教育资源配置的均衡，高等教育资源配置的不均衡，是导致高等教育发展不均衡的主要原因。高等教育区域均衡的目标是高等教育需求与供给的相对均衡，高等教育资源配置的均衡是高等教育区域均衡的基础。

④高等教育区域均衡是社会均衡和经济均衡互动发展的基础。高等教育区域均衡是一种相对的均衡，一个动态的行为过程，每一个时期和阶段由于社会经济发展等多方面因素的影响有着不同的内涵和表现。

⑤高等教育区域均衡发展是一个长期的、动态的、辨证的历史发展过程。高等教育区域均衡作为社会进步的重要标志，是相对的、具体的、发展的，绝对的，高等教育区域均

衡发展是不可能也是不现实的。均衡发展是一种理想的状态，是相对的均衡发展。唯物辩证法关于事物运动发展的普遍规律揭示，任何事物都是在矛盾运动中寻求暂时的相对的均衡发展，总是处于非均衡-均衡螺旋发展状态，高等教育也不例外。

⑥高等教育区域均衡发展是一个“均衡-非均衡-均衡”不断的螺旋式上升的循环发展的动态过程。非均衡是绝对的，均衡是相对的，在非均衡与均衡两级之间我们只能达到的是相对的均衡，这就是为政策调控和人们主观努力留下了足够的空间，即我们可以通过政策和投资变化将高等教育各个方面的发展调控到均衡与非均衡之间的一个优化状态。

⑦高等教育区域均衡发展必须树立全面、协调、可持续发展的科学发展观，促进各级各类教育持续健康协调发展。教育是一个完整的生态的系统，高等教育是这个可持续发展系统的重要组成部分，因此不仅它内部各要素要求均衡发展，同时它与教育系统的其他组成部分也要均衡发展。

⑧高等教育区域均衡发展，提高整个教育的水平，就是要为所有的公民提供平等而高质量的高等教育条件。高等教育区域均衡的实质是政府作为控制社会运行的中枢和公共资源分配的主体，应该对全区域内的高等教育资源进行合理的配置，以保证受教育群体和个体的权力和机会均等。在高等教育阶段，受教育机会均等应该体现在公民就学平等和受教育条件的平等。政府应办好每一所学校，为每一位学生提供相对均等的高等教育条件，如同高质量的课程、教育、管理和硬件资源的公平、公正、公开的分享。

高等教育的发展，包括学生规模的扩大、系科结构的优化、大学类型的多样化、投资主体的多元化、办学形式的灵活化等，最直接的因素是高等教育供需相互作用的结果，只有这些因素良性运行才能真正地实现高等教育的均衡发展。而高等教育区域均衡发展最基本的要求就是在不同民族之间、不同区域之间、不同群体和阶层之间、在不同高等教育机构之间和不同性别之间，相对公平地分配高等教育资源和份额，达到高等教育需求与供给的相对均衡，并最终落实在政府和高等教育机构对高等教育资源与机会的相对公平分配和使用上。

高等教育区域均衡发展，是一个与高等教育非均衡发展（高等教育不均衡、失衡的普遍状态）相对的概念，属于高等教育和谐发展的一个阶段，就“均衡”作为高等教育区域均衡发展观的价值内核，贯穿在高等教育发展的方方面面。均衡发展实质的一个方面就是各自都获得发展的动力，相互间优势互补，实现资源平等共享，使各自都得到相应的发展，达到“多赢”的效果。体育教育的均衡发展也是一个动态的，逐步实现相对均衡发展的过程。

4. 教育公平理论

胡锦涛总书记在十七大报告中指出，教育公平是社会公平的重要基础，要大力推进教育公平。教育公平是社会公平的一个子系统，根据公平理念所适用的社会领域，广义的社会公平可以分为经济公平、政治公平、教育公平、文化和机会公平等等，可以看出，教育公平不仅是社会公平重要的一部分，也是其他公平的前提和基础，是保障人的发展的起点公平，因此，教育公平是重要的社会公平，是体现社会公平的一面旗帜，没有教育公平，就谈不上社会公平。对社会而言，教育公平是推进社会公平的基础；对于个人来讲，教育公平是社会公平的起点和基础。

教育公平是一个有丰富内涵的重要概念。既有公平又有公道和正义的内涵，教育公平指的是每个社会成员享有同等的教育机会和权利，享受同等的公共教育资源服务，享有同等的教育对待，享有同等的取得就业成就和就业前景的机会。它包括受教育权利和机会的公平、教育过程公平和教育结果公平。

从本质上看，受教育权利和机会均等属于“起点公平”，教育过程平等强调的是整个教育过程中教育制度和安排要平等地对待每一位社会成员，以消除外部经济障碍对社会成员学业的影响。教育结果公平则是通过向社会成员提供使个人在入学时天赋得以发展的各种机会，使不同社会出身的社会成员获得进步，进而获得平等的教育效果，也可视为教育质量公平。起点公平（受教育权利和机会公平）是实现教育公平的基本前提；过程公平（教育对待和公共教育资源享有公平）是实现教育公平的重要保证；结果公平（教育效果和教育质量公平）是实现教育公平的最终目标，三者相辅相成，不可或缺。

5. 底线公平理论

底线公平，首先要对“底线”界定，是指全社会除去个人差异之外、共同认可的一条线，这条线以下是每一个公民的生活和发展中共有的、起码必备的部分，是其基本权利中不可缺少的一部分。因此“底线”并不是最低线，而是表明基本、必不可少的特性，也表明人们在底线要求面前的权利一致性，同时强调一种迫切的重要性。所有公民在这条底线面前具有权利的一致性就是“底线公平”。底线公平是社会公平的基础层次；底线公平理论从提出的那天起就带有明显的价值取向，即为了实现最广泛意义上的社会公平，倡导弱者优先、政府首责。因为底线公平存在于社会的各个领域，在教育领域也不例外，因此，可以作为体育教学领域中的一个重要理论思想，为建立良好的高校体育教学环境提供理论参考。

二、我国普通高校体育教学环境——硬件环境的优化途径

20 世纪 50 年代末以来，“教育经由客观条件进行”（education through things）的主张曾一度成为西方教育界许多教育者的共识。这一主张强调教育对教育物质条件的依赖性，离开了一定的物质条件教育的目标就不可能达成。这一思潮的代表人物、美国学者 H.奥托戴克（Hotto-Dahlke）指出：“人们为了更好地行动或达成自己的各种目的，就必须借助一定的物质条件。而教育为了能真正地进行下去，也必然需要一定的客观物质条件。”但是，这些物质条件只有经过人们的精心设计加工，构成有秩序的学校物质环境时，才能真正发挥出对教育活动的重要影响。正如戴克所指出的：“依据一定的设计原则对学校教学建筑、教学设备及其他物质条件的组织，使这些物质因素之间形成了有意义的联系，使他们开始运行并发挥作用。”以上两位学者的观点清楚地表明了，教学必须依托于一定的物质条件。

在体育教学领域也是一样，体育教学硬件环境是体育教学的物质基础，在一定程度上影响着体育教学的效果，因此对体育教学硬件环境进行优化也是十分必要的。

体育教学硬件环境从一定程度上影响着体育教学效果。具体的主要表现在：体育教学硬件环境对教师的影响；体育教学硬件环境对学生的影响；体育教学硬件环境对体育教学方法的影响；体育教学硬件环境对体育教学组织形式的影响；体育教学硬件环境对体育教学内容选择的影响；体育教学硬件环境对班级规模大小的影响等。体育教学环境直接或间接地影响着体育教学，优化体育教学硬件环境是相当必要的。要对体育教学硬件环境进行优化，必须寻找影响体育教学硬件环境优化的因素，只有找到这些影响因素，我们才能够充分地利用有利因素，减少不利因素，保证体育教学硬件环境向着理想的方面发展，即找到优化体育教学硬件环境的途径。

1. 优化体育教学硬件环境的基本要求

了解优化体育教学硬件环境的因素，根据我国体育教学硬件环境的现状的基础上，对体育教学硬件环境进行优化，我们必须有一个明确的目标，确定体育教学硬件环境优化的方向。因此，在优化体育教学硬件环境的过程中，一般必须考虑到以下几个方面的要求。

（1）优化体育教学硬件环境要与国家的政治、经济、文化的发展水平相一致

体育教学硬件环境的建设或优化受我国政治、经济、文化的影响。我国政治制度的变化必然导致教学制度随之发生变化，对体育教学产生影响，进而能从一定程度上影响体育教学硬件环境的变化。经济基础从一定程度上能决定体育教学硬件环境的优劣。体育教学硬件环境是时代精神的象征，因此，学校的体育教学硬件环境的建设，在一定程度上是与时代精神文化相一致的。

（2）优化体育教学硬件环境要建立在节省经费的基础之上

我国是发展中国家，虽然经济有了一定的发展，但是就我国的经济实力来说，远远落后于其他国家，这也是我国教育经费有限或者缺乏的重要原因。因此，在国家经费有限或者缺乏的情况下，一定要在节省经费的基础上，加强体育教学硬件环境的建设。

（3）优化体育教学硬件环境要以实用性为基础

实用性是体育教学硬件环境主要价值的体现。基于我国经济实力较为落后的现实，如果体育教学硬件环境的实用性差，就造成了体育教育经费的浪费，因此我们站在节省教育经费、避免财力、物力浪费的基础上，应该首先考虑体育教学硬件的实用性。

（4）优化体育教学硬件环境要与当地的地域特点紧密结合

一是，我国教育经费不足，远远低于发达国家的现实，我们要考虑与地域资源相结合，这是减少国家教育经费投入的有效途径之一。二是，我国的地域广阔，有明显的地域差异，而这种差异，能给学校特色的发展创造条件，且能有效地利用地域资源来为体育教学服务。

（5）优化体育教学硬件环境要与当地的经济发展相一致

经济实力是制约我国体育教学硬件环境发展的重要因素。我国教育经费的投入主体主要是中央政府、地方政府，在中央政府经费一定的情况下，如果当地的教育经费投入较多，那么也会在一定程度上影响体育教学硬件环境的建设，因此，在建设体育教学硬件环境时，也要考虑当地经济的发展。

（6）优化体育教学环境的方向要与体育教学的要求相一致

正如：美国学者威廉姆·卡笛尔所说：作为体育教学环境的优化者即设计师、建筑师，应该把教育的要求翻译成建筑学的语言，即把教育的语言和信息转换为建筑学的语言和信息，从而更好地发挥体育教学环境的功能。

（7）优化体育教学硬件环境要符合安全和健康需要

体育教学硬件环境主要是为体育教学服务的，最终目的是通过体育教学使学生的身心得到良好的发展。那么既然体育教学硬件环境是物质基础，是体育教学的必要条件，是为体育教学服务的，那么体育教学硬件环境的建设就应该符合学生身心发展的特点。只有符合学生身心发展的特点，才能从一定程度上增进学生的健康。而体育教学硬件环境的安全问题，是影响体育教学顺利开展的主要保证。因此，在优化体育教学硬件环境时，要符合安全和学生健康发展的需要，以保证体育教学硬件环境价值的体现。

（8）优化体育教学硬件环境要与该校的历史、传统文化相结合

学校的历史、传统文化在一定程度上能影响学校的发展、体育教学的发展，进而能影响体育教学硬件环境的建设。因此体育教学硬件环境的建设只有与学校的历史、传统文化的发展相结合，才能促进两者更好的发展。

2. 我国普通高校体育教学硬件环境存在的问题

①我国普通高校体育教学硬件环境的总体状况，我国普通高校已经按照《普通高等学校体育场馆设施、器材配备目录》中的规定必备类器材进行建设，但仅有少数高校在数量上存在不足的现象，且有些高校在配备类的器材项目上也有了一定的改善。

②从不同省份体育教学硬件环境的调查中，发现我国普通高校的体育教学硬件环境存在着一定的差异。

③从不同类别的高校体育教学硬件环境的调查中，我们看出，不同类别的学校之间体育教学硬件环境存在着差异。

3. 优化体育教学硬件环境的途径

一个学校缺少体育教学硬件环境是不完整的。然而，受学校性质、地区经济等的影响，体育教学硬件环境存在着差异，必然要导致优化高校体育教学环境的途径存在着差异。但

是，无论何种等级的体育教学环境，优化体育教学硬件环境最关键的因素是经费问题。经费是优化体育教学硬件环境的重中之重。我国是发展中国家，经济虽有一定的发展，国家的 GDP 在逐年增长，但是我国在教育经费的投入上明显低于国外。有相关数据证实，我国教育的经费投入不尽人意。因此，国家教育经费的投入不足严重影响了体育教育经费的投入与分配，必然导致体育教学硬件环境差异性的出现。因此，要改变我国体育教学硬件环境的现状、优化我国普通高校体育教学硬件环境，首先考虑的就是经费问题。

（1）获得经费，为优化体育教学硬件环境提供支持

任何高校的发展都需要有一定的教育资源，只有具备了教育资源才能保证高等教育的发展，只有确保了投入才会有产出可言。高等教育资源的主要表现形式是货币，也称为高等教育经费的投入。建设或优化体育教学硬件环境也需要经费的支持。一提经费问题，必然要涉及如何解决经费不足的问题；教育经费如何分配的问题；如何在教育经费不足的情况下，优化体育教学硬件环境的问题。因此，我们探讨体育教学硬件环境的优化途径有以下几条思路：一是，如何解决经费不足，以促进体育教学硬件环境的优化；二是，如何获得更多的教育经费，以优化体育教学硬件环境；三是，如何分配教育经费，以促进不同高校、省份间体育教学硬件环境的相对均衡；四是，在教育经费一定的情况下，如何使用教育经费，以促进体育教学硬件环境的优化。

（2）通过调整我国体育教育资源分配来实现普通高校体育教学环境的优化

高等教育资源配置包含两个基本程序：一是，高等教育资源的形成过程，即社会资源向高等教育事业不同使用方向上的流入；二是，在高等教育部门内的再分配、使用的过程，即高等教育部门将拥有的社会资源用于不同方面。

教育资源的分配从一定程度上能影响教育公平，教育资源的公平分配是国家教育制度的核心。要保证教育资源的公平分配，就要在以下几个方面入手：一是，教育资源分配的原则，即按照什么样的原则公平分配教育资源；二是，教育资源分配的标准问题，即按照什么样的标准对教育资源进行公平的分配；三是，教育资源分配的定位问题，即要达到教育资源的公平，将其定位到教育公平中的起点、过程、结果公平的那个层次。因此，在教育资源分配的过程中，应该从以上三个方面入手，逐步实现体育教学资源的合理分配与配置。

（3）合理使用体育教学经费，以促进体育硬件环境的优化

①合理利用地域资源，以促进体育教学硬件环境的优化。

经济学家俄林提出的“地域分工学说”认为：各地区应该充分利用自己充裕的生产要素进行生产，这样才可以大大降低成本。

体育教学硬件环境中的体育场馆等是一个学校的标志性建筑，从一定程度上反映了一个学校的历史文化、培养目标、教学目标、特色等。也是实现体育教学硬件环境特色最简

单的途径、最有效的方法。地域差异导致的体育教学硬件环境的差异，凸显体育教学硬件环境的特色；同时，体育教学硬件环境与该地域的优越的条件相结合，可以减少教育经费的投入，也是节省教育经费的一种方式。具体的方法是：

根据 SWTO 环境分析法，确定该校相关的优势地域环境，在节省经费投入的基础上加以优化或者建设。

②对体育教学硬件环境的改造，是实现体育教学硬件环境优化的途径之一。

体育教学硬件环境是体育教学的物质基础，没有体育教学硬件环境的存在，就不能保证体育教学的顺利进行，体育硬件设施等的不足，也能对体育教学产生很大的影响。在这些体育教学硬件环境一定、经费不足的情况下，体育教学要想顺利进行，就需要体育教师、学生积极地参与，从一定程度上缓解体育教学硬件缺乏的现状。体育教师、学生是主体性的人，根据马克思的人类活动论、人主体性的发挥，体育教师、学生要不断提高自己的自主性、能动性，树立能动性意识、自主意识，不断改造自己周围的环境。如西安市五十三中的体育教师自制体育器材，自行设计制作了“仰卧起坐器”“转轮”等 51 件体育器械、健力器 500 余个等，基本满足了体育课程的要求。这虽然是中学体育教师主动性发挥的例子，作为高校的体育教师、学生，更有能力和有义务改善体育教学硬件环境，因此，发挥体育教师、学生主动性，改造体育教学硬件环境，是优化体育教学硬件环境的有效途径之一。

③联合建校，节省体育教学硬件环境建设的经费。

20 世纪 90 年代末期，随着我国大众化高等教育的发展，各高校的招生数量不断增加，这势必造成学校规模的不断扩大，办学经费、教育经费的投入增加，而在我国教育经费严重不足的情况下，为了提高高等教育办学效率，相继出现了一批以大学为主体，以城市为依托，以资源共享、功能互补和产学研一体化为主要目标的新兴社区群落的诞生。它是在人类学习、工作、居住、娱乐共存思想的指导下出现的，它的出现从一定程度上促进了我国高等教育事业的发展，同时也大大增强了其所在地区的综合实力。现在各个省份基本上已经建立了大学城，大学城的建立，为学校提供资源共享的机会，在一定程度上节省体育教学硬件环境建设的经费投入，减少国家、教育部门、学校经费的投入压力，从一定程度上也促进了学校的发展。

④大力发展民办教育。

我国高等教育一直是由国家财政独立承担的局面，而民办高校的成长和发展拓宽了资金来源的渠道，也改变了国家教育拨款的方式，也因为民办高校的出现，增强了高等教育的投入和资源供给，推动了高等教育投资体制的改革。我国目前支撑着世界上最大的高等教育体系，在我国教育经费严重不足的情况下，仅靠政府的力量是远远不够的，因此，出现了大量的民办高校。相关的数据显示，民办高校的出现能缓解我国高等教育经费的紧缺状况，这些民办高校既能担当为社会培养人才的重任，还能为国家减少教育经费支出。

⑤合理地购买体育教学器材设施等，以优化体育教学环境。

我国的体育教学经费有限，必然从一定程度限制我国体育教学硬件环境的优化。经费的不足，会影响体育器材等教学设施的购买、体育场馆建设等，因此，能从一定程度上阻碍体育教学环境的优化，那么就必然涉及购买什么样的器材的问题，如具体的器材；买多少；先买什么器材等一系列的问题。体育教学设施、体育场馆、体育器材的实用性，是我们购买体育教学设施、设备和建设场地的基本依据，只有建设的体育教学硬件环境的实用性强，才能实现体育教学硬件环境的价值。

⑥通过合理的安排体育教学，使体育教学硬件环境的功能得到最大程度的发挥。

三、优化我国普通高校体育教学软件环境的途径

20 世纪 80 年代后，教学环境设计的研究工作出现了两个新的特点：一是研究范围继续扩大，学校气氛等心理环境因素成为教学环境设计的研究对象。美国的学者菲利普·J. 斯里曼（Phillip J"Sleeman）和 D.M. 洛克威尔（D"M"Rockwell）主编出版的《设计学习环境》一书，首次列专章讨论了学校气氛的设计问题，并强调了学校气氛设计在教学环境整体设计中的重要性。该书认为："在教学环境设计中只考虑物质环境因素，对于实施良好的环境建设设计是极为不利的。一个各方面都很优秀的学习环境设计方案，如果认识不到良好风气在整个学校环境系统中的各种重要作用，那么在它离开设计图版之前就可能注定了失败的命运"。这段话尽管有点偏激，但它却清楚地表明了一个事实，即八十年代的研究者们已经开始重视教学软件环境的设计问题，并将它纳入到教学环境的设计范畴。二是教学环境的设计更加贴近现实，研究者们能随着实践的发展变化调整自己的研究方向。例如 20 世纪 80 年代后，北美和英国的中小学教学改革比较活跃，一些新的教学方法、教学组织形式在中小学得到应用，如何根据新方法、新教学形式的需要设计新的教学环境成为这一时期许多研究者关注的问题。体育教学软件环境是一个相对特殊的教学环境，因为它具有摸不着、看不见的特征。但是它对教学活动的顺利进行，对师生的身心健康发展，都发挥着不可忽视的重要影响。首先良好的体育教学软件环境是保证体育教学工作顺利开展的基本条件。其次，良好的体育教学软件环境是学生获得人生启迪和人生智慧的重要途径。再次，良好的体育教学软件环境有助于体育教学硬件环境功能的发挥。因此，良好的体育教学软件环境的作用是多方面的。而这些作用能否得以发挥，关键取决于体育教学软件环境的设计、优化。我们知道，环境优化的主要目的是为了创造一种更为理想的环境，体育教学软件环境自然也不例外，所谓优化体育教学软件环境实际上就是在全面了解现实体育教学软件环境的基础上，在主客观条件允许的范围内，提出一种未来的环境建设途径。由于这种优化方案一般是指向未来的，因此它要具有一定的先进性，即要高于现实水平。可见，对体育教学软件环境的优化根本目的就是创造更为理想的教学环境，而要优化体育教学软件环境的途径进行深入的探索，其意义是不言而喻的。本节将针对实现体育教学软件环境优化的途径进行深入探讨。

1. 优化体育教学软件环境应遵循的原则

①可行性原则。

②实效性原则。

③统一性与个别性相结合原则。

④可持续性原则。

⑤可操作性原则。

⑥逐步实现原则。

2. 影响体育教学软件环境优化的因素

①体育教学软件环境自身因素。

②体育教学软件环境各要素的协调、有序、平衡发展等。

③体育教学活动。

3. 优化体育教学软件环境中人——体育教师、学生的途径

(1) 对体育教师赋权，以促进体育教师的优化

“赋权增能”自20世纪80年代以来被广泛应用于管理界，后来被广泛应用于教育领域。“赋权”指赋予权力，“增能”增加效能。“赋权增能”在体育教学领域中，就应该理解为：赋予体育教师权力，以增加体育教师的效能，进而提高体育教学的质量。“教师赋权增能”并不能直接影响体育课堂实践和学生的表现，但是它可以导致体育教学组织发生变更，提高体育教师工作投入感，增强体育教师的自我效能感，进而间接得影响体育课堂教学成效。

教育解释学的“主体”意味是师生都成为理解者。教师由诊断者转变为研究者、由知识管理者变为经验的建构者、由技术行动者转变为实践智慧拥有者作为体育课程改革的核心人物在于体育教师，体育教师应该是教育改革中的主导者、行动者，应该给予体育教师一定的权利，以提高体育课程改革的质量。赋权表现的不仅是一种管理手段，更是一种激励机制，是对教师最好的尊重，是实现教师自身发展的重要途径。赋权管理者与教师共享权力，达成共识。以使教师的积极主动参与、合作更利于决策的形成和高校管理工作的顺利实施。要实现地方高校的发展，教师是关键。联合国教科文组织 1996 年召开的 45 届国际教育大会强调，要建设专业化的教师队伍，实现高校的发展，就要赋予和保障高校教师的专业权力。

新世纪的课程改革对教师提出了新的要求。体育课程改革从思想到理念，从内容到形式，从组织到评价，提出了指导性的意见，是进行体育课程改革的依据。但同时，也存在着不足，例如：理论准备不充分、没有现成的理论、模式等可以借鉴，体育教学改革也是一项复杂、长期而艰巨的任务。对每一位体育教师而言，其冲击力最大的并不是上述四个关系的处理，而是教师角色定位。教师不再像过去那样，单纯作为教学大纲的执行者，而是在课程标准的指导下，成了课程方案的设计者。而正是在角色变化的过程中，使体育教

师特别是工作在第一线的体育教师面临巨大的挑战，因为这种角色变化，要求教师实现教育理念的更新，课程目标的整合，并且具有选择、改造、整合教材、创造性地设计组织教法的能力，从而以实现体育教师角色的重大转变——由执行者向课程设计者角色的变化。“教师赋权增能”要求教育领导者交出一些权力与教师共享，而非将权力加诸员工身上。其背后的理念在于，当教师获得更多做出学校重要决策机会时，便会出现更多具有创意性的解决现存问题的方法。在权力共享的情况下，教师有被承认的地位，能获得所需的知识，并积极参与共同决策，换言之，他们被作为及被尊重为专业人士的环境下工作，这样将有利于增强其主人翁意识，激发其工作的热情和潜能，从而有利于学校的切实改进。

体育教师是课程的主体又是教学的主体。教学主体的变化逐渐成为课程论与教学论共同研究的对象和领域。体育教师在体育教学过程中起着主导作用，是不可缺少的教学要素之一，因此，课程论与教学论必然而且应当研究体育教师在课程与教学活动中的地位、作用及其活动方式。然而，从当前的体育课程改革的看，我国的体育教师存在着以下问题，而赋权增能是解决这些问题的有效途径之一。马尔库塞（Marcuse.H）提出的“单向度的人（One-dimensional man）”的概念，指出教育者的单向度——教师的自我异化，并对造成这些教师异化的原因进行详细的阐述，主要有以下几点：

①教师观念的异化。这些教师抱守着“行动中的理论”不放，致使“合理的倡导的理论（Espoused theories）”成为摆设。

②教师课程开发的自主性，课程实施自主性的缺失，教师缺失反思意识。

体育教师是教育发展与教育改革最重要的内驱力，只有体育教师参与，唯有体育教师突破“异化”的“工人”，摆脱执行课程计划的“技术操作员”的称号，才可能使体育教师得到长足的发展。事实上，体育教师有进行教育改革的权利。可见，要实现体育教师从执行者向课程设计者、由“操作人员”向“专业人员”角色的转变，尤其在这转变的过程中，实现体育教师专业自主意识的真正解放，就显得尤为重要了。而教师赋权增能是实现这一目标的有效途径之一，教师赋权已经成为学校重建和体育课程改革的必要条件。

我国学者范斌把赋权模式分为“个体主动赋权”和“外力推动下的赋权”。由此我们应该从体育教学内部——教师自身、外部——体育教学管理者两方面实现体育教师的赋权。

（2）优化学生的途径

学生是体育教学软件环境中的重要要素之一，对学生的优化程度能从一定程度上影响体育教学软件环境的优化。且从前面第五章的调查结果看，我国普通高校学生存在着一定的问题：学生学习主动性较差；学生参与体育学习的兴趣、动机、信心不足等。学生是体育教师的外环境，因此学生的优化水平从一定程度影响体育教师的教学，进而影响整个体育教学软件环境的优化，因此必须对学生进行优化，以实现体育教学软件环境的优化。

①体育教师带动学生的优化。

在体育教学中，体育教师与学生之间有着紧密的联系，且两者相互作用、相互影响。

根据“教学对”理论，在体育教学中，体育教师的教与学生学习存在共生共存性。从一定程度上，说明了体育教师对学生的影响作用。因此，在体育教学中，体育教师要不断改进自己的教学行为，以保证对学生以及学生的学产生积极的影响；要注重培养学生对体育的兴趣，激发学生的学习动机；培养学生学习的主动性；注重学生学习能力的培养等，以促进学生的优化。

②学生自身的优化。

作为大学生，他们已经有了一定的认知能力，要想获得良好的发展，只靠教师的教是远远不够的，因此需要自身不断地学习，以实现自身的优化。这种学习途径有多种：自身不断地学习，增加体育学习的信心；不断地向教师、同学学习；通过参与体育社团中的各项活动，逐步提高自己的能力；主动了解学校的体育传统与风气，激发自己的学习兴趣。

4. 优化体育教学软件环境关系要素的途径

体育教学软件环境中的关系要素主要是指体育教师与学生、体育教师与体育教师、学生与学生之间关系。在某种程度上能够促进这三对关系的发展，就能在一定程度上，促进体育教学软件环境的发展，进而促进体育教学环境的优化。教育不是“孤军奋战”，而是集体的力量，同样要优化体育教学环境，也需要集体的参与，需要每个人的参与；学校体育教师、学生等应该积极参与，为创造一个良好的体育教学环境而不懈地努力。因为，群体动力学认为，个人在群体中的生活，其行为不仅取决于个人的生活空间，而且也受群体心理动力场（如人际关系、群体决策、舆论、气氛等）的制约。群体作为一种由内在关系组成的系统，其影响力或者作用远大于互不相干的个体。因此，建立有共同的社会目标、价值标准的群体，可以促进团体力量的发挥。学习共同体是一个由学习者及其促进者共同组成的团体，能为参与成员提供不断沟通、交流机会和空间，并分享各种资源，以促进团体任务的完成，在长期的学习中逐渐形成了相互影响、相互促进的人际关系。在这个共同体中每个人的贡献都受到尊重。就是因为这种尊重的存在，促进了共同体成员间关系的发展。学习共同体有众多的功能，而这些功能是促进体育教学软件环境发展的动力。相对于群体或者组织而言，个体的力量是薄弱的，若重视群体的力量，那么会增加其成功的机率。成语有“齐心协力”“同舟共济”等，古语有“众人拾柴火焰高”等，都从不同的层面说明集体的力量、群体的力量是伟大的。因此，我们要优化体育教学环境，就需要建立一个共同体，这个共同体中成员参与合作，实现群体动力的发挥。

建立共同体，必须同时满足以下两个条件：一是，参与成员得朝着共同的组织目标（如完成某一课题，为了实现某种愿望、期待等）而努力；二是，要成功地达到这个目标就得有赖于所有共同体成员都能进行有效的个别参与。因此我们要建立优化体育教学环境的共同体，就要从以下几个方面人手：

（1）**首先要确定学习共同体中的参与成员**

体育教学环境对体育教学产生直接或间接的影响，说明了体育教学环境的重要性，然而体育教学活动是体育教师、学生、体育教学管理者等共同参与的过程，要创建良好的体育教学也离不开体育教师、学生、体育教学管理者乃至体育教师团队、学生团体、体育教学管理者团体的积极参与，他们的参与是推动体育教学环境优化的动力，因此，我们确定优化体育教学软件环境参与成员为体育教师、学生以及体育教学管理者等。

（2）**确定该共同体的主要目标**

共同体的主要目的是优化体育教学软件环境。而在体育教学软件环境共同体发展的目标下，希望这个团体中的参与成员自身以及参与成员之间关系等也得到优化。

（3）**共同体中的所有参与人员都为了实现共同的目标而不断努力**

以上这三点是建设一个共同体的程序，而第三点是最重要的，关键是共同体中的参与人员应该如何做才能实现既定的目标。体育教学管理者应该怎么做？体育教师应该怎么做？学生应该怎么做？

体育教学管理不仅仅是一个物质技术支持下的程序化过程，更与组织成员的个体特征、成员间的交互影响、人际状况等密切相关。不同体育教学过程的参与主体维度，也就是以体育教学中的关键角色来区分，主要涉及体育教学管理者、体育教师和学生。体育教学管理者的管理观念、管理方式、管理行为等均会对体育教师、学生产生直接或间接的影响，进而对体育教学产生一定的影响。然而，在体育教学实践中，在不同的学校，体育教学管理者承担着不同的角色。担当的角色不同，体育教师担当的社会责任也就不同；不同角色的体育教学管理者所从事的主要工作也就不同，造成体育教学管理者管理行为等的不同，进而影响体育教学中其他参与人员的行为。

体育教学管理者的角色主要包括教育者、行政管理者、文化领导者、专业团队成员、个人自己等，不同的角色产生的体育教学效能不同。如体育教学管理者作为一个教育者，它肯定会从教育者的角度，关注学生的学习及其自身不断的发展，这样的体育教学管理者角色关注的焦点是自己本身的发展、学生的学习。教育者型的体育教学管理者能从体育教师的角度出发，考虑体育教师的感受，了解体育教师的心声，能够积极和体育教师之间进行良好的配合，有利于提高体育教学的质量。作为教育者型的体育管理者，他能通过自己的教学行为、学习行为等影响体育教师的教学行为、学生们的学习行为，能进一步通过自己的行为影响体育教学的效果。作为行政管理者型的体育教学管理者，他主要是做好行政计划、协调不同层面人员的分工、协调与合作，对学生的学习、教师的教学进行评价，为体育教师的教学和发展提供条件保障和创造机会等，因此，行政型的体育教学管理者能够对体育教学中各个层面的人员进行有机的管理，有效的管理，是体育教学能够顺利进行的有效保证。行政型体育教学管理者肩负着让体育教学中的每个成员参与并积极投入到体育教学进程中、积极地与他人交往合作形成推动体育教学的合力，并发挥出体育教师群体效应的责任。为此，体育教学管理者应该努力创造一种良好的管理模式，营造一种和谐的组织环境，在这种环境中能够调动体育教学中每一成员的积极性、尊重参与人员的地位及作用，使作用得到良好的发挥；通过对情感交流、创造沟通参与人员之间的人际关系等，以提高团体成员凝聚力。交流，使每一个成员的个交往的机会；协调，能充分发挥团体的群体效应，形成体育教学的合力。只有实现体育教学的有效管理与体育教学活动过程最大程度的配合，才能在一定程度上保证体育教学的效果。因此，在由体育教学管理者、体育教师、学生组成的优化体育教学环境的共同体中，体育管理者的行为、管理方式等均会对其他参与成员产生一定的影响，进而影响团体目标的实现。

体育教学管理者主要是指体育教学中的领导、教师领导者、优秀教师指导者，主要职责是促进教师、学生、教学情境和学习情境等协调地发挥其效能或作用，以致达成或超出体育教学的任务。领导力是将团体中的成员凝聚在一起的力量。领导力起初是源于组织的“高层”和“上级”，但是随着时代的发展，领导力被赋予了新的内涵，人们逐渐视领导力为一种集体的能力，它能将组织中每一参与个体凝聚在一起，不但能促进每一个体成员自身的成长、发展，同时也能促进团体成员之间关系发展、协同合作等。教师领导力也就随之诞生了，教师领导力是一种领导力模型，在这种模型结构中，任何层次的人员都有机会做领导者。这一领导力模型要求必须为所有成员创造一个共同工作和学习的环境，所有成员在这一环境中共同构建起组织的价值体系，深化对该组织的认识，并一起为某个共同的目标而不懈努力。那么在体育教学环境优化的共同体中，体育教师、学生、体育教学管理者都有机会成为体育教学环境优化的领导者。

教师领导力被视为一种集体的行为和实践，主要关注组织中参与个体与团体、个体与个体、团体与团体之间的相互关系。体育教师、学生、体育教学管理者为了构建一个良好的体育教学环境而联系在一起，通过他们之间的相互作用，共同为完成体育教学环境优化的任务而进行一系列的集体行为和实践，如体育教师合作联盟、学生合作化联盟、体育教学管理者合作联盟。

教师领导力模型的关键在于，它认为领导力的性质和目的是“体育教学环境共同体中所有体育教师、学生、体育教学管理者共同努力、相互协作，构建为体育教学服务的体育教学环境”。依照这种看法教师领导力是可塑的和随时可能发生的，而不是固定不变的。领导力的出现，使体育教学环境共同体中出现了多种分工，使参与的主体共同承担完成体育教学环境优化的任务，它使领导力之门向体育教学环境优化共同体中所有参与者敞开，让所有的参与人员能够在各种需要的场合做一个领导者。这也使体育教学环境的优化有了更大的潜力或者潜能去实现，因此教师领导力是建立在所有参与人员互助协作的基础之上的。

体育教学环境优化是体育教师、学生、体育教学管理者参与的活动，任何的参与人员都应该为完成体育教学环境优化的任务而承担责任，因此，领导力为体育教师、学生、体育教学管理者敞开了一道门，让他们在各种需要的场合做一个领导者，而当他们都成为某一场合领导者的时候，他们自身已经有了一个很大的提高，而他们自身的提高能够带动其他成员的发展，能够带动全体参与人员的发展，因此，领导力从一定程度上带动了体育教师、学生、体育教学管理者以及他们之间关系的发展，因此，也就从一定程度上促进体育教学软件环境优化。除此之外，还存在着非正式的教师领导力。所谓非正式的教师领导力是指不论是教师还是担任某种管理者职位或被指派某种任务都能行使的领导力。这也被称为“隐形的领导力”。通过教师领导力来引导体育教学的发展，意味着合作、协作或联盟等新型工作方式开始萌芽。合作联盟的工作方式能够集思广益。通过合作与联盟，组织中的任何一个成员都能够贡献自己的想法，他们同时也可以利用这些集体贡献的智慧，并将其付诸实践中。

总之，为了优化体育教学软件环境，基于群体动力学、共同体理论，我们认为在某学校内部建立体育教师、学生、体育教学管理者的共同体、体育教师共同体、学生共同体、体育教学管理者共同体等；我们可以逐步实现各高校体育教学软件环境的优化，同时也可以促进在共同体中不同参与主体自身的发展。在不同省份、不同类别学校间建立不同参与主体的共同体等，通过不同参与主体共同体的建立，可以逐步实现我国不同省份、不同类别普通高校体育教学软件环境的区域间的优化。因此，建立共同体是实现我国普通高校体育教学环境优化的有效途径之一。

5. 实现体育教学软件环境整体优化的途径

（1）通过体育教学设计，优化体育教学软件环境

体育教学软件环境与体育教学活动之间相互联系，相互影响。良好的体育教学软件环境能更好地为体育教学活动服务，而体育教学活动能影响体育教学软件环境，不同形式的体育教学活动产生不同的体育教学软件环境。而体育教学活动是由教学方法、教学内容、教学手段等通过教师和学生组成的。因此可以通过有目的、有计划的体育教学活动设计，来实现体育教学软件环境的优化。如通过改善教学方法、完善教学过程、优化教学评价等可以起到优化体育教学软件环境的作用。因此，对体育教学活动进行设计，是优化体育教学软件环境的途径之一。纵观我国教学的发展，我国的教育发生了翻天覆地的变化：主要表现在以下几个方面：

办学方式：从单一的全日制——多层次、多形式、多规格的教育转变。

教学模式：从封闭式校园教学——到开放式的教学。

教学形式：从单一的教学形式——到多样性、多元化的教学形式。

教学思想：从一次性教育——终身教育的转化。

教学内容：从使用统一教科书，内容相对固定和陈旧——既保证基础又不断更新、追求世界科技前沿发展。

高校的功能：从单一教育育人功能——教学、科研、技术产业三种功能的发展。

从以上可知，我国的教育发生了较大的变化，体育教学作为学校教育的一部分也不例外。当体育教育也在各个方面发生变化之后，体育教学环境必然也处在不断变化之中。我们可以这么说，教学的办学方式、教学模式、教学思想、教学内容等的变化对体育教学环境产生影响，那么通过以上体育教学的发展，我们也可以优化体育教学环境。

（2）确定弱势体育教学软件环境指标，优先优化

根据 SWOT 环境分析法，找出某高校体育教学软件环境中的弱势因素，在根据其实现的难易程度等，优化弱势指标。

方案的步骤：某高校的体育教学软件环境——（SWOT 环境分析）得出优势、弱势体育教学软件环境——根据对教学的影响程度、实现的难易程度等——确定首先优化的体育教学软件环境指标——寻找优化的途径。

（3）分层实现，协调发展

由于学校软件环境是一个有多种因素构成的较为复杂的环境系统，要想设计好它，就必须对设计的水平、层次及设计的有关因素加以区分。国内学者曾对这一问题进行过广泛研究，提出过一些有启发意义的研究成果。著名的教学环境研究者巴里·J·弗雷泽（Barry J"fraser，1986）认为，教学环境包括学校环境和班级环境两种类型，这两类环境处在两级不同的水平上，因此环境设计也应该依据这两级水平进行。

盖兹尔思 - 塞伦模式（Getzels—Thelen Model）是学校软件环境设计的一个重要模式，该模式将教学软件环境划分为五个层面。这种划分方法为我们考虑学校软件环境的设计水平具有一定的启示意义。体育教学软件环境也是一个复杂的系统，即构成体育教学软件环境的要素也是相当庞大的，其各要素之间存在着相互联系、相互制约的关系。且构成体育教学软件环境各指标之间存在着层次性、叠加性、重叠性关系等特点，把体育教学软件环境指标分属不同层面，有助于我们对体育教学软件环境进行优化。本文基于以上对盖兹尔思 - 塞伦模式软件环境设计的维度，以及本研究中体育教学环境的范围等，我们可以推断出以下两点：一是，可以确定体育教学软件环境的各操作性指标分属于不同的层面；二是体育教学软件环境仅包括盖兹尔思 - 塞伦模式（Getzels—Thelen Model）模式中的二、三层次。了解了体育教学软件环境的不同层次，我们就可以从不同的层面寻找优化体育教学软件环境的途径，且只有这些层面得到平衡、协调、有序的发展，才能实现体育教学软件环境的最优化。因此，我们确定了优化体育教学软件环境的途径：

①确定体育教学环境中的主体因素，首先优化。

体育教师、学生是体育教学环境的主体，体育教师、学生自身的发展，会对他们的行为、他们之间的关系产生一定的影响。体育教师、学生是体育教学软件环境中的关键因素，是体育教学软件环境存在的载体，因此，对体育教师、学生进行优化是体育教学软件环境的有效途径。而体育教师的发展和行为的变化会对学生产生一定的影响，而学生的学习行为和表现等，也会对体育教师的教学行为等产生影响，因此，我们要依据“教学对”理论对体育教学中体育教师和学生的行为等进行优化。体育教学是体育教师和学生共同参与的双边活动，是体育教学将体育教师和学生联系在一起，而体育教师、学生行为的变化主要是在体育教学中互相影响，而逐渐优化的。

②在体育教学软件环境中人的要素优化之后，体育教学软件环境中其他要素的优化逐步实现。

第二章　学校体育课程体系研究

第一节　学校体育课程体系研究的理论

任何研究都是建立在一定的理论基础之上的，课程研究的理论基础是课程在产生和发展过程中赖以存在的基础性学科。这些基础性学科为课程研究提供了方法论指导，同时提供了许多重要的概念和基本原理。目前，学界较为公认的课程研究的理论基础主要包括哲学、心理学和社会学这三大学科。体育课程研究属于课程研究的一部分，体育课程研究同样离不开哲学、心理学和社会学理论的支撑。同时体育课程的研究还依赖于体育的学科基础以及不同社会背景下的相关理论体系。

一、学校体育课程研究的哲学基础

哲学是任何学科研究的根本理论基础。阐明了人们关于整个世界的各个基本问题的认识，指明了人类社会生活的前途和方向，为人们思考和探索各种问题提供了基本的思想前提和方法论，为人们分析和解决各种问题提供了基本的价值、信念和态度。

1. 哲学在课程研究中的作用

（1）哲学是课程研究的知识母体

课程研究根植于人类的知识体系之中，哲学是人类知识的母体，人类知识来源于哲学，存在于哲学，并在哲学范畴中得以发展。

首先，哲学是课程研究最早的知识来源。人类知识的发展过程是一个不断丰富和扩展的过程。在古代，人类知识没有产生分科时，几乎都包揽在哲学当中。例如，孔子关于课程的许多论述，尤其是关于教育目标、学习内容、学习方式的论述，都散见于他的哲学思想之中。柏拉图的关于教育目标、学习内容、课程等的论述，大都存在于他的哲学论著《理想国》中。近代，人类知识进入分化阶段，各个知识领域逐渐独立于哲学之外，形成独立的学科，教育学也在此种情况下形成。捷克教育家夸美纽斯的《大教学论》，德国教育家赫尔巴特的《普通教育学》代表着教育学独立的开端与确立，其中都有关于课程问题的阐述。而20世纪早期，杜威的《儿童与课程》、博比特的《课程》，则标志着课程作为独立的专门领域的诞生。因此，课程研究最早是以哲学为知识来源的。

其次，当今的课程研究仍然处于哲学之中，受到哲学的指导。哲学是关于整个世界最具概括性、最一般、最抽象的知识，为其他各门学科的研究提供思想框架和指导。课程研究中的许多思想、价值观念、信念、方法论等，都来源于哲学。

（2）哲学是课程实践的基础

课程研究以课程实践为现实基础，课程实践的三个基本方面：开发课程、理解课程和实施课程都是以哲学为基础的。课程开发要符合社会对人的需求，要选择最有价值的知识，要指导和评价学生的学习；人们要理解课程的价值观念、思想基础、形成原因等，都建立在哲学基础之上。课程理解最有效的途径是哲学，教师要积极有效地实施课程，就必须深刻、全面地理解课程的各个方面，并理解课程实施与课程决策、课程设计的关系，理解课程实施者的角色和地位，理解课程的文化属性，这些都必须建立在一定的哲学思想基础之上。

（3）哲学为课程研究提供方法论

课程研究要借助于一定的方法论才能进行，哲学作为一种方法论指导人们如何看待课程中的种种问题，如何去对各种问题采取适当的具体的研究方法，选择恰当的研究取向和研究范式，如何选择恰当的思维方法等等。18世纪到19世纪早期的德国流行思辨哲学，赫尔巴特的课程研究受此影响而带有思辨性；19世纪末20世纪初博比特、查特斯、泰勒等人的课程理论受西方哲学界科学主义思潮影响，强调客观性、普遍性、价值中立性和程序化等；后来的人文主义思潮突破了科学主义的观念，强调自然性、具体性、情境性和整体性，因而课程研究的许多领域产生了人文主义倾向。

哲学中的思维方式也深刻影响着课程研究的思维方式。近代西方占重要地位的二元对立思维方式深刻地影响着课程的研究，课程的主体与客体的划分、教师与学生的主客体地位之争、知识与能力之争等，都是这种思维方式的具体反映。这种思维方式在当前的体育课程研究中也具有广泛的影响。另外，系统论从思维方式上看属于一种整体的思维方式，在当前的体育课程研究中也得到了较广泛的运用。

（4）哲学为课程研究提供思想基础

任何学科领域的研究都有其思想基础，其中最主要的是哲学。以一定的哲学观为基础，往往会形成一定的课程理论体系。哲学中人性观、社会观等是确定教育目标的最根本依据；哲学中关于知识的性质、知识的价值、知识的分类观点等是学习内容的重要理论基础；哲学中关于认识的来源等观点问题，是确定学习内容与学习方式的重要理论依据。一种重要的哲学流派诞生，往往都会导致一种相应的课程理论体系产生。

2. 哲学基础在课程研究中的运用

首先，课程研究要融合多种哲学思想。哲学思想对课程研究具有重要的支撑作用，课程研究一般都以一定的哲学思想为基础，根据一种哲学思想建立一种课程体系，这种情况持续了漫长的岁月。然而，坚持一种哲学思想会带有一定的理论偏见和信念偏见，会导致理论与实践上的偏颇。例如，20 世纪初期到中期的美国，人们分别以进步主义教育哲学、改造主义教育哲学、要素主义教育哲学、永恒主义教育哲学和存在主义教育哲学为基础，建立了彼此不同甚至彼此孤立或对立的课程研究体系，造成了课程理论与实践的混乱。由此可以看出，一种哲学思想仅仅是反映事物的某一侧面并加以强调，具有片面性，只有将多种哲学思想融合在一起，才能完整地反映事实和文化的价值，给人以完整的指导。

其次，要将哲学思想融入课程的各个组成部分。课程研究接受哲学的指导，哲学思想也必将融汇在课程的各个构成要素中。课程各构成要素的研究都要以哲学为基础，无论是课程目标、课程内容、课程实施以及课程管理和课程评价都要以哲学思想为指导，才能充分发挥哲学在课程研究中的作用。

最后，要理性地看待哲学本身的问题。课程研究以哲学为基础，但是并不是对哲学毫无判断的照搬，毫无加工的利用，在坚持课程研究的哲学基础的同时，要认识到哲学的局限性，要历史地、发展地看待哲学思想，做到在继承的基础上进行哲学上的改进和创造。

3. 哲学基础在体育课程研究中的运用

哲学是课程研究的起点，为课程研究提供方法论和思想基础，学校体育课程研究同样建立在哲学基础之上，学校体育课程研究要整合各种哲学思想，以马克思主义哲学思想为基本指导，整合中西方历代各流派哲学思想之精华，把握各流派哲学思想之间的共同点和差异性，结合我国体育课程改革背景与实践，充分发挥哲学理论基础的重要作用。体育哲学是体育课程研究的起点，是体育课程构建的基础，为体育课程思想的确定、体育价值观形成、课程的理念和目标的制定、课程的价值判断、课程决策和实施指导等提供重要的理论支撑。进入 21 世纪，体育课程应当增加更多的人文关怀，体育课程的理念和目标更要增加人文关怀，科学人文主义成为体育课程理论的重要哲学根据。

二、学校体育课程研究的心理学基础

古希腊时期的亚里士多德的课程研究的一个具体表现就是教育理想建立在他的灵魂学说基础之上，其灵魂学说将灵魂划分为营养的灵魂、感觉的灵魂和理性的灵魂，以此为基础，提出了德、智、体和谐发展，重视理性能力发展的教育思想。可见，心理学是教育学研究的基础，同样也是课程研究的基础。

1. 心理学在课程研究中的作用

心理学为研究课程主体（学生）的心理提供了依据课程最终要作用于学生的学习，因此，课程一定要适应学生的心理水平。

首先，课程要符合学生学习活动的一般心理学规律。只有掌握了学生心理学的规律，如记忆规律、思维规律等，才能科学地、合理地理解和编制课程，确定课程的难度、抽象的难度等。

其次，课程要符合人的心理发展的年龄特征。一种课程是提供给一定年龄阶段的个体学习的，课程研究必须把握个体心理发展的年龄特征，以提供适合于该年龄阶段的课程。

最后，课程要符合特定学生的个性特征。美国弗雷斯特・W・帕克（F.W.Parkay）等人在其《课程规划——当代之取向》提出，从人的发展角度规划课程要考虑如下问题：课程是否反映了个体内在的差异以及每个学习者的独特性？课程能否使不同的学习者得到不同的发展？课程是否反映了学习中的连续性？课程规划者在规划课程时是否考虑了学生的发展任务，是否考虑到走向成熟的个性发展以及道德发展阶段？课程能否提供那些早期没有很好完成的任务？当这些任务顺利完成时是否还要继续努力？在人的发展的每一阶段，课程能否及时反映出社会和文化的最新变化？该书还就不同的年龄特征作了具体的课程规划。

2. 心理学是课程组成及课程运作各环节研究的基础

首先，无论是教育目标研究，还是课程目标研究，都是建立在心理学基础上的。无论是布卢姆的教育目标分类学，还是美国心理学家加涅的学习结果分类，都以心理学为依据。泰勒在 1949 年出版的《课程与教学的基本原理》一书中明确指出：教育目标的来源之一是学习者本身的研究，对学习者的研究最主要的是心理学研究。加德纳（Howard Gardner）提出的多元智力理论也属于心理学研究范畴。

其次，课程内容的研究要以心理学为基础。如何组织学习内容，选择哪些知识和技能、进行什么样的智力训练可以完成对学习者的教育与培养，等等，这些既需要进行逻辑组织，也需要进行心理组织。

再次，课程学习方式研究的最主要基础也是心理学。加涅的累积学习方式、英国的探究学习方式的诸多成果都是在心理学领域获得的。

最后，课程实施、决策以及课程评价等方面也涉及诸多心理学问题。

3. 心理学流派为课程研究提供了直接的思想和理论基础

课程研究需要具备多方面的思想和理论基础，心理学是必不可少的方面。历史上很多的心理学流派都导致了不同课程论思想流派的产生。近代西方形势教育论的一些教育者以官能心理学为基础，认为选择学习内容的基本原则就是看学习内容对官能训练的价值大小；现代西方的行为主义心理学、认知主义心理学和人本主义心理学都被作为课程研究的理论基础，从而形成了与之对应的课程理论。

三、心理学基础在课程研究中的运用

首先，不同心理学流派之间存在着互补关系，课程研究的心理学基础应注重多种心理学思想的融合。事实上，很多学者已经注意到了这样的问题，例如加涅就是在吸收了行为主义、格式塔心理学、人本主义以及控制论等观点基础上，提出了自己的理论。今天，随着课程研究与心理学研究的多样化、复杂化，更应该融合各种不同的心理学思想作为课程研究的基础。这种融合可以体现在不同的方面：不同的心理学思想可以用于不同的具体领域，如课程行为目标的表述更多采用行为主义心理学思想，而学习风格的研究则多采用认知心理学思想；在同一领域、同一问题上也可以运用多种心理学思想，如关于学习者心理特征的研究；分别依据不同的心理学思想构建不同的课程领域或课程类型，并将其整合在一个和谐的体系中，如以动作技能和简单知识为主要内容的课程构建，可以以行为主义心理学为依据；以理论知识、智慧技能、认知策略思维训练为主要内容的课程构建，则依据认知心理学；以情感体验、人生意义、独创性发挥等为主要内容的课程构建则依据人本主义心理学思想，学校体育课程的研究则是融合了这三种情况的课程构建方式。

其次，注意心理学在不同课程研究领域的运用。当前，课程研究已经发展成一种涉及面广、极端复杂的活动，课程各个基本组成部分和具体问题的研究、课程运作的各个环节、课程研究活动的各个环节等都具有各自的特点和需求，需要不同的心理学理论、心理学知识、心理学方法作为研究的基础和依据。

最后，辩证地看待心理学自身的问题。心理学不是万能的，它的作用不是无限的，要看到心理学的局限性，要历史地、发展地、深入地看待各种心理学思想。心理学在方法上注重实证、经验方法而忽视思辨方法，在内容上注重具体细节而缺乏哲学的广阔视野，许多心理学思想都是历史的产物，其科学性和真理性会随时间变化发生变迁，课程研究对心理学的运用要深入地看到其作为基础的哲学和文化根源，才能更合理地发挥其学科基础的作用。

四、学校体育课程研究的社会学基础

课程是一种社会现象，有着重要的社会职能和社会基础，同时，课程与社会、社会现象之间存在着密切的联系，课程的产生和发展与社会自身发展存在着相互促进、相互制约的关系。

1. 社会学在课程研究中的作用

社会学是课程产生与发展的基础。“人们在现代社会中所创造的历史、社会差异和各种对抗的利益与价值体系，如同它们在现代社会的政府系统或职业结构中被表示出来的一样，也非常充分地反映在学校课程中。同样，课程的争论，无论是暗示的还是明晰的，总是关于社会及其未来社会各种各样可供选择观点的争论。”由此可以体现出社会对课程的重要影响。可以说，一部课程史就是一个社会的发展史，要解读课程、理解课程、发展课程就必须以社会学为基础。

首先，社会学是研究课程的产生的基础。课程是随着学校的产生与规范化、制度化而产生的，它是整个社会文明发展的产物，也是整个社会文明发展的一个主要方面，课程的产生以整个社会的发展为背景和基础，包括生产力的发展、社会结构的发展与制度化、社会分工的发展与制度化、文字和精神文化的丰富等诸多方面。

其次，社会学是课程历史发展研究的基础。课程的根源与动力在于整个人类社会，影响课程发展变迁的社会因素是多方面的，主要有社会经济基础的发展、社会结构的变迁、社会生活方式的变化、文化及文化精神的变迁等，其中每一个要素都包含着极其丰富的具体内涵。要研究不同时期的课程，就必须研究相应时期的整个社会甚至社会在不同历史时期的延续性和继承性。

最后，社会学是当前课程改革的基础。课程改革的自觉而有序进行是建立在课程研究基础上的，其重要的基础之一就是社会学。课程改革是以当前中国社会的发展和整个人类社会为基础和前提的，并要满足当代中国社会发展和国际社会发展的需要。因此，课程改革的研究必须结合中国的社会背景和国际背景，同时还要结合中国传统，既考虑全球化的环境问题、人口问题、道德问题等的影响，也考虑中国传统的优劣势特点。

2. 社会学是课程构成要素和课程运作研究的基础

课程系统内部诸要素包括课程类型、课程知识、课程实施、课程评价等，都打上了社会学的烙印。就课程类型看，潜课程的社会功能在于社会控制；社会如何选择、分配、分类、传递、评价公共教育知识，既反映了社会权利的分配状况，也反映了社会控制的一些原则。课程实施过程中的知识传授进行着社会控制，维系着社会结构；而课程评价是维系社会现状、强化社会制度、准则、价值体系的强有力的机制。

3. 现代教育社会学流派为课程研究提供直接的思想与理论

在西方，教育社会学自20世纪初发展为一门独立学科，并在20世纪50年代后得到迅猛发展，形成了各种流派，最主要的有功能理论、冲突理论和解释理论。

五、社会学基础在课程研究中的运用

首先，课程研究的社会学基础是多种社会学理论的融合。与哲学和心理学基础一样，多种多样的社会学理论的产生（其中包括多种教育社会学理论）在不同方面影响着课程研究的进展，不同流派的教育学社会理论是基于不同的教育和社会现象，或者是同一教育和社会现象在不同时代背景或不同情境中的表现的角度的观点，但其总体上是互相补充和渗透的。比较公认的三大教育社会学流派中，功能理论强调个人对社会适应，是以社会本身的稳定性与合理性为前提的；冲突理论注重社会本身存在的问题和社会变迁；解释理论有助于深刻、全面地连接社会现象及其背后的本质，提供了解释和研究社会现象的有效方法，并提出了深层的社会理念。由此看来，三种理论是从不同的角度来阐释社会的本质与问题，立足点不同，但并不矛盾。

其次，完整课程体系研究的诸要素和课程运作环节离不开社会学的知识与方法。课程目标的制定依赖于社会学中关于社会结构、社会理想、价值观念等方面的知识，课程内容研究需要社会学中文化及文化学、社会生活知识等，学习方式的研究需要社会生活方式、行为模式、科技文化等支撑，评价则需要社会理想、价值观念、社会生活方式等方面提供依据。除此之外，社会结构、社会运行机制、社会秩序、社会权利等都对课程研究的各个领域产生影响。

再次，要以整体社会的视野来进行课程研究。课程的产生与发展演变不能脱离社会而独立存在，课程是社会的一部分，它源于社会，并以社会为基础。进行课程研究时，要始终以整体社会的视野思考课程的社会基础是什么、课程的社会来源是什么、课程体现了什么样的社会条件、课程研究需要什么样的社会背景、课程的形成会对社会产生什么样的效果等问题。

最后，与哲学、心理学一样，社会学不是万能的，它具有基础理论支撑作用，但也具有局限性。社会学的研究受研究者社会立场和价值倾向影响较大，因而社会学的理论知识往往缺乏普遍性，各流派也存在着偏执；社会学的方法存在一定的局限性，它注重调查研究法，但缺乏较高的可靠性，即通过调查的数据有时候是不真实的；一定的社会学知识是对特定社会现实的反映，随着社会不断变迁，容易变得过时、陈旧。

1. 社会学基础在体育课程研究的运用

体育课程作为社会文化的重要组成部分，既受到社会政治、经济等方面的影响，同时对社会发展产生一定的影响，即保存、传递和重建体育文化。

自 20 世纪初，随着教育社会学的功能理论、冲突理论从不同的视角对学校课程进行了解析。强调在社会稳定的前提下，学校通过课程设置使得学生社会化、理解并接受自己在社会中的位置，而社会就是通过学校课程来筛选学生，完成学生的社会角色定位，最终实现学校课程和宏观社会在结构与功能上的一致；冲突理论把价值体系、思想观念和道德标准都看作是为权力集团服务的，学校活动是为了传递特殊的文化。在冲突理论观点下，体育课程也只不过是一种手段和工具，达到服务权力集团的目的。

体育运动能促进人们健康地生活、身心愉悦地工作：通过体育的法规和规则，体育又约束人们的行为，促使个体产生遵守社会规章制度、道德规范的意识。体育运动本身就是一个团体性很强的社会角色演练场所，个体在运动中感受到角色的各种变化，为以后更加顺利地投入到社会提供了平台。因此，体育通过各种运动项目促进了个体的社会化。

2. 学校体育课程研究的体育科学基础

与其他学科相比，体育具有“人体直接参与运动、知识与技能融为一体”的身体运动性特性，使得体育学科成为具有“技艺性”属性的综合性学科，技能的形成直接来源于身体活动。人体首先是一个生物体，是一种具有独立思维能力和创造能力的生物体，因此，人类的活动（包括体育活动）都是建立在以生命系统固有规律为研究对象的生物科学之上，人类的活动要符合生物的特性和发展规律。所以，生物学就成了体育学科天然的理论基础。生物学基础对体育课程研究的作用主要表现在：体育课程研究者必须从生物系统的固有规律角度出发对课程进行研究和设计，彰显体育课程的技艺性属性，突出体育课程的学科特性。例如：人体适应性规律、人体生理机能活动能力变化规律、人的身体发展规律等等。

人体的发展具有规律性，在人体发展的不同阶段，人体的各器官、组织、系统均表现为不同的特征；在人体发展的不同阶段，人体的各组织、器官功能的发展水平和发育速度也是不同的；这种不同主要通过不同年龄阶段的人体的身体形态、机能、素质等方面表现出来，使之具有普遍的规律性。体育运动通过人体参与体育活动来完善人的机体，达到健身锻炼的目的，人的身体发展规律无疑为人们为什么参与体育活动、选择何种体育活动、如何进行体育活动、如何应对活动中的变化等提供了有力的支持，同时，为体育课程目标设置、体育课程内容选择、体育课程实施与评价等提供理论依据。

人体适应性规律是根据生理学的新陈代谢规律提出的。人体在参与体育运动过程中承受一定的运动负荷，导致体内异化作用加强，能量储备下降；经过适当的休息和调整后，体内的同化作用加强，能量储备上升；再进一步合理的调整和休息之后，人体内的能量超过原来水平。这三个阶段可称为“工作阶段”“相对恢复阶段”“超量恢复阶段”，是人体对运动适应的表现之一，也叫作“超量恢复”，这种适应特征为体育课程如何安排练习，有效地提高身体机能水平提供了理论依据。人体适应性规律是一般性的原理，在不同的领域有不同的含义。“超量恢复”的原理，用于运动训练领域，超量是指极限负荷的量；用于普通学生，超量是指已经适应了的量，是指学生的身体机能对某一运动负荷达到适应状态，可以适当地提高运动负荷，从而逐步地提高身体运动能力，提高学生身体机能的适应性。

3. 体育课程的教育学基础

体育是全面发展教育的重要组成部分之一。马克思曾科学地预见：“未来教育对所有已满一定年龄的儿童来说，就是生产劳动同智育和体育相结合，它不仅是提高社会生产力的一种方法，而且是造就全面发展的人的唯一方法。明确指出了体育在全面发展教育中的重要地位。毛泽东早年在《体育之研究》一文中曾指出：“体育一道，配德育与智育，而德智皆寄于体，无体是无德智也。”“体者，载知识之车而寓道德之舍也。”由此说明体育是学校教育的重要组成部分，也是国民教育的构成要素，它与德育、智育紧密结合，肩负着为社会培养全面发展人才的历史使命，对促进社会的精神文明具有积极作用。通过体育既可以使学生接受身体的教育，同时也使学生在德育、美育等方面得到发展，为智育和劳动教育提供健康、强壮的载体。体育的功能及社会对体育的要求决定了体育在国民教育中的地位。体育运动在人的社会化过程中起着极其重要的作用：体育运动中的角色变化帮助学生适应生活，同时承载着体育文化传递和重建的作用。通过体育的规范、规则等来约束人们的行为，强化人们遵守社会公德、遵守生活行为；引导人们形成合理的健康生活方式。从宏观上看，体育对整个社会都具有重要的教育功能，体育运动是一种富于感染、易于传播的精神力量。体育赛场上运动员与国歌、国旗一起代表着国家的形象，体育能激人们国民的爱国热忱，振奋民族精神，凝聚民族力量，教育人们与国家和社会保持一致性，总之，体育在国民教育中占有十分重要的地位。

体育教育的过程是教育者根据教育目的，向学生传授体育运动知识、技能，促进身体正常生长发育，全面发展身体素质和基本活动能力，不断增强学生体质的过程。

首先，体育教育过程是体育与德育、智育相结合的过程。促进学生体质的增强，使学生掌握相应的体育运动知识技能是学校体育教育必须完成的特殊任务，同时，体育作为教育的组成部分，必须服从教育的总目的。体育与德育、智育的结合建立在体育的内容和学生的实际的基础上，体育既是对学生进行德育、智育教育的手段之一，也是对学生进行身体运动教育的必备方式。

其次，体育教育的过程是使学生掌握体育理论与参加体育实践活动相结合的过程。学生对体育运动技能、技巧的掌握，体育行为习惯的形成等都必须建立在体育知识传授的基础上，而体育知识的传授则必须通过体育实践活动来实现。

最后，体育教育的过程是促进身体生长发育与指导运动锻炼相结合的过程，也是加强身体锻炼与利用、创造外部环境相结合的过程。由此可以看出，学校体育教育包括身体与精神、理论与实践、身体发育与运动锻炼、运动锻炼与外部环境等多方面的联系，而这种联系都要通过体育课程的实施成为现实，只有全面理解体育教育的过程，充分认识体育课程的功能与价值，才能使学校的体育课程达到预期的结果，并最终实现教育的目标。

第二节 学校体育课程的性质与特点

一、体育运动是身体认知性知识

在探讨学校体育课程的性质与特点之前，首先要确定一个问题，即“体育运动是不是知识”的问题。因为，课程是知识的载体，也是知识传播与继承的基本途径，课程内容来源于人类知识的体系。没有知识，就失去了课程内容的来源，也就没有课程的存在。体育课程是体育文化知识的载体，是以体育运动为主体的课程，没有了体育运动，体育课程也就失去了意义。

在众多情况下，从来没有人怀疑数学、物理、语文是不是知识，但很多人对体育运动是否是知识的问题存在着大量的质疑，甚至偏激地认为体育运动就是简单的身体活动，与知识有什么关系？只要会活动，就会参与体育运动。体育课程就是活动的课程，“游戏的课程”，“玩”的课程，殊不知“玩”也是需要特定的知识来支撑的。于光远先生有句名言，“玩是人的根本需要之一，要有玩的文化，要研究玩的学术，要掌握玩的技术，要发展玩的艺术。”“玩”都是如此的复杂，何况体育运动？体育运动是规范化的身体活动，是有技术结构要求的身体活动，是具有基本理论支撑的身体活动，而能够出现在体育课程当中的体育运动，更是经过慎重选择之后的内容，绝不是简单的活动、简单的游戏、简单的“玩”，在这个意义上来说，体育运动具有科学性，符合知识的要求。

人的认知可分为三种。一是概念认知，是通过对概念的理解而获得知识的途径。语文、数学、历史、地理、物理、化学等学科是以概念认知为主的学科；二是感官认知，即必须通过感官获得知识的途径（我们无法向盲人解释什么是红色，无法向聋人解释什么是交响乐），音乐、美术是以感官认知为主的学科；三是运动认知，是通过各种身体运动体验来形成知识的途径，也是不能由其他的认知途径来取代的。对体育运动的认知就属于人类认知的第三种类型。由此，可以肯定地说，体育运动是与语文、数学、音乐、美术一样，处于同一平台的身体认知性知识。

二、学校体育课程是具有“技能性”的综合性课程

体育作为教育的重要组成部分，对推动我国教育事业的发展，促进教育改革的顺利进行，并最终完成培养具有个性的全面发展的人的教育目标具有极其重要的作用。体育课程体系是学校体育教育中极其重要的一个环节，对体育课程体系进行全面而深入的研究是当前体育教学改革的关键环节，也是体育教学改革的最终落脚点。正是体育教育的重要地位以及学校体育课程体系的重要作用决定了体育课程的性质和特点。

学校体育课程的性质是学校体育课程理论建设和实践研究最核心的问题，究其原因在于它体现了课程的基本取向，指导着课程建设的方向，主导着课程的实践活动，决定了学校体育课程的理念、目标、内容以及教学过程与方法。学校体育课程的性质是由课程的内涵与外延决定的。

当前，体育课程存在着两种形态，一种是体育专业院校的体育课程，一种是普通学校教育的体育课程，这两种课程有着本质的区别。体育专业院校的体育课程是为了培养符合体育教育目标、具有体育专业素质的专门人才而选定的完整的学科体系，具有专业性；普通学校教育的体育课程则是为了完成教育目标，促进学生全面发展而设立的课程，具有普及性。本论文所讨论的学校体育课程性质指的是普通学校教育体育课程的性质。

关于普通学校教育的体育课程的性质，有以下观点：第一，体育课程属于活动课程，

它是以身体实践活动为基本特征，具有活动课程基本属性的学科；第二，认为体育课程虽然具有较强的实践性，但它又是需要经过严格、系统学习的；第三，体育课程是综合性课程，因为体育课程既具有实践性强等特点，又符合理论与实践相结合的综合型课程形态；第四，体育课程属于学校课程体系中的文化科学基础课程，也称“学术性课程”。

1. 学校体育课程符合活动课程的特点

活动课程又称经验课程，是以儿童从事某种活动的经验为中心而组织的课程。这种课程以发展学习者自身经验为目标，旨在培养具有丰富个性的主体。活动课程具有如下的特点：以学习者的兴趣为出发点，强调课程内容对学习者的吸引力，致力于满足学习者的求知欲望、发展其多样化的兴趣；突破“知识中心”和学科逻辑，从学习者的生活经验和心理发展逻辑出发选择课程内容，打破了以系统化的知识为主体编写教材的方式；在课程实施中主张“从做中学”，让学习者通过活动获得直接经验并积累知识。活动课程有其内在的价值，在我国学校课程体系中，有些课程属于这一范畴，例如烹调、缝纫、木工等。这种课程将生活、经验、社会课题以及其他丰富的内容吸收到学校教育中，对于丰富、创造学校教学内容有巨大的作用；但是这种课程不利于文化知识的系统传授，组织和实施的难度比较大、耗费时间比较多，片面强调主体的自发性。从表面上看，它注重发挥主体性，但事实上却限制了主体的发展。

体育课程的外在特征表现为身体运动实践活动，学生作为实践的主体，主要通过身体运动这种外在形式直接参与到体育课程学习中，与此同时还伴随着丰富的认识活动。学生在练中学、学中练，既有身体实践活动，又有心理活动，是身体运动实践与认识活动相统一的课程。同时，体育活动带有竞争性和一定的冒险性，是学生认识自我与改造自我相统一的活动。体育活动是人类挑战自然界、挑战自我进而战胜自然、完善自我的重要手段，参与体育活动就要承受一定的运动负荷，而适宜的运动负荷，可以使人的身体各器官、系统的机能得到提高，加速新陈代谢，从而促进身体发展。因此，体育活动既可以使学生的身体得到全面、积极的锻炼，也可以使思想、道德、意志、情感、人际关系等方面受到教育。从这些特点上来看，体育课程的某些特点与活动课程的实践性强、开放性大，以及自主性和多样性等特点有密切联系。

但是，不能因为这些相似之处就简单地认为体育学科就属于活动课程的性质。因为从以上分析来看，体育学科还有自身的特点。从活动课程的编排和教学实践来看，体育学科课程与活动课程的性质还不完全一样。特别是活动课程目标的社会性，以及教学组织、对教师和学校条件的要求等方面，有其不好克服的弱点，因此完全按照活动课程模式设计体育课程是不理想的。

2. 学校体育课程符合学科课程的特点

这种观点是从课程分类的角度来探讨体育课程的性质。学科课程是以文化遗产和科学为基础组织起来的各门学科最传统的课程形态的总称。各门学科都有其固有的逻辑性和系统性，是独立地、并列地编成的。这种课程从易到难排列教材，符合儿童发展的阶段特征，并且注重科学的体系。根据这种课程开展的教学，一般称之为“系统学习”，是受广大教师支持的具有悠久传统的科学主义课程的一种。其优点在于：按照学科组织起来的教材，可以系统地授受文化遗产；通过学习逻辑地组织起来的教材，可以最大限度地发展智力；以传授知识为基础，容易组织教学，也容易进行评价。不足之处在于：由于所提供的教材注重逻辑系统，因此在展开教学时，容易重记忆而轻理解；在教学方法上偏重知识传授，而忽视儿童社会性的发展和身心健康；教学方法划一，无法充分实施适应能力、个别化教育。

把学校体育课程确定为学科课程，是把体育作为科学看待，认为体育是一门科学，既涵盖体育的科学理论，也包括运动科学实践活动。在课程设计过程中，以体育的科学理论和实践为依据，根据教育的需求和不同年龄阶段学生身心发展规律与特点，选择和排列适当的教学内容，形成体育学科体系，以达到学校教育的目标。这种课程设计通过长期教学实践，在课程目标、教材分类、内容排列、考核评价等方面不断改进和完善，形成了较为系统的课程体系。

学校体育课程作为学科课程，其优点是：第一，课程计划给予学科课程以重要的保证，新中国成立以来，体育学科的授课时数一直居于重要的地位（小学排语文、数学之后居第三位，中学排语文、数学、外语之后居第四位）；第二，承认体育是一门科学，并按照学科课程模式加以设计，有利于确立体育在学校教育中的地位；第三，学科课程模式对于科学、系统地安排教学内容，保证全体学生掌握基本的和系统的体育知识、技术、技能有重要的作用；第四，多年来形成的体育学科教学论体系，使体育教师已习惯于按学科教学模式组织、实施体育教学。

而不足之处在于：过分强调体育知识、技术的系统性和完整性，造成教学内容偏多，课程设计考虑学生的实际需要与兴趣不够，特别是如何培养学生能力，并与终身体育目标相联系，在教材中也难以体现。

3. 学校体育课程符合综合性课程的特点

将学校体育课程确定为综合性课程，是从体育的科学属性角度来探讨体育课程的性质。

首先，体育具有社会科学的性质。体育是一种社会文化现象，是构成社会文明的重要组成部分，从社会文化角度研究体育，涉及哲学、社会学、文化学、历史学、人才学等社会科学。因此，体育具有社会科学的性质。

其次，体育具有自然科学的性质。体育运动作用于人，要科学地促进人的身体发展，因此要运用自然科学的知识，如人体生理学、人体解剖学、保健学、营养学、卫生学以及运动生物化学、生物力学、体育统计学等。故而，体育又具有自然科学的性质。

体育作为社会文化现象最终作用于人，要运用自然科学、社会科学的理论与方法完成教育任务，因此体育是一门综合科学。

科学与学科既有区别又有联系。学科是为了教学的需要，而把一门科学的内容加以适当的选择和排列，使其适应学生身心发展的阶段和某一级学校教育应达到的水平。这样依据教学理论组织起来的科学知识的完整体系，就称为学科。体育学科是由多门科学综合而成，它本身既包含体育科学理论还包含体育运动实践，因此要根据教育的需要和学生的年龄特点来设计体育课程就十分复杂，从这一意义上说，体育学科又具有综合课程的性质。

4. 学校体育课程属于“技能类”课程

从学校教育的角度来认识体育课程，首先要对学校课程进行合理的划分，然后再确定体育课程的归属。

1986 年，日本信州大学学科教育研究会的专著《学科教育的构想》中，明确地把所有学科分为知识课程和情意课程两类，将大、中、小学的体育课程归于情意类课程之列。

根据德国教育家费尼对基础教育的各种课程分类：

①启智类课程：数学、科学社会、自然；

②沟通类课程：国语、外语、阅读，文学、写作；

③情意类课程：艺术、音乐；

④技能类课程：体育、生活、劳动、保健；

⑤活动类课程：课外活动与社会实践。世界上更多的教育专家则把基础教育阶段的体育课程归纳到技能类课程。

我国基础教育的课程总体，包括：①工具类学科：如数学、语文；②自然类学科：如物理、化学；③人文类学科：如政治、历史；④技艺类学科：如体育、音乐、美术。

5. 学校体育课程符合“学术性课程”的特点

有的课程专家从学校教育的目标、内容和功能角度来划分，将学校课程分为两大部类。第一部类是作为文化科学基础的课程，也称为“学术性课程”，包括语文、数学、外语、历史、地理、自然、物理、化学、体育、音乐、美术等传统的学科课程。第二部类是与社会生活实际有密切联系的实用性课程，包括劳动教育、技术教育、职业教育、经济教育等方面的课程。其中体育作为基础教育（包括普通高中）的重要组成部分，同样是学校教育中的文化科学基础课程。

三、学校体育课程具有鲜明学科特点

学校体育课程是学校教育课程的重要组成部分。与其他科学文化知识类课程相比，具有较为鲜明的特点。学校体育课程的特点，既反映出与学校教育的一般文化课程的区别，又体现出与运动训练过程的区别。

1. 学校体育课程是身体认知课程，具有“技艺性”和“自然性”特点

体育课程的主要形式是身体活动，使身体练习与思维活动相结合，从而掌握体育的知识、技术与技能，以实现体育课程的目标。前面已经讨论过，人类的认知可以分为概念认知、感觉认知和身体认知。身体认知过程是一种技能的学习过程，通过身体练习活动来实现。身体练习是体育课程区别于其他文化类课程的最重要的特征。技能学习属于身体认知范畴，它的发展具有特殊的意义，是实现体育功能的重要载体。

体育学习是一种技能的学习，体育学习中的身体练习不同于运动训练的身体练习，学校体育课程的身体练习内容多样，具有可替换性，运动训练的身体练习则根据专项运动需要具有严密的结构程序；学校体育课程的身体练习讲究适宜的运动负荷，必须遵循人体发展的客观规律，而运动训练的身体练习则要遵循极限负荷、超量恢复的原理。

以多种身体练习为主要表现的“技艺性”成为体育课程的重要特征。这个特征同时反映了体育课程的多种风格特征，为体育课程模式的多元性提供了理论依据。而参与身体活动必须承受合理的运动负荷，遵循人体发展的客观规律，则表现了学校体育课程的“自然性”特点。

2. 学校体育课程是生活教育课程，具有“情意性”和“人文性”特点

《学科教育的构想》一书曾经把所有学科分为知识课程和情意课程两大类，将大、中、小学的体育课程归于情意类课程之列。知识类课程反映的是客观世界，存在着必然的、有序的不以人的意志为转移的客观规律性，人类对客观世界的认识通过感觉、知觉进一步形成感性认识，然后通过思维又进一步上升到理性认识；而情意类课程主要通过课程来改造人的主观世界，具有较多偶然的无序因素。人类对主观世界的认知则是通过对生活的体验，产生情感冲突，并在情感冲突中不断升华，从而对个性发展和人格培养产生巨大的影响。这正是情意类课程追求的最终目标。

体育课程学习无论是技能掌握的身体认知过程还是概念掌握的一般认知过程，都会对人的情感、意志、态度、价值观方面产生深刻影响，尤其是对人的意志力的培养具有其他课程无法取代的作用。同时，体育课程中的直接经验体验和身体体验，教师与学生之间、学生与学生之间的人际交往更为频繁和复杂，这种体验与交往对学生非智力因素的发展具有特殊的功能，是其他任何课程都无法达到的。因而，学校体育课程具有“情意性”特征。

作为学校教育的多数课程是为了学生将来能够从事某一专业或职业而直接提供认知基础的课程，体育课程则是为了使学生能够快乐、健康、幸福的生活，能够充分感受人的生命力和体验情感，能够增强学生的意志力服务的。“健康第一”的指导思想不仅对学生的素质发展提出了更高的要求，而且更为全面地反映了体育的人文精神。所以，“人文性”也是学校体育课程的特征之一。

在体育课程实施的过程中，体育课程学习的环境变化多端，学生学习条件的变化多种

多样，课堂情景以及师生之间的互动方式，与其他文化课程相比具有显著的特点；学生在课堂上角色扮演多样、变化多端，信息沟通渠道更加畅通，这一特点也是其他学科难以比拟的。上述这些特点有利于培养学生的交往能力、组织能力和个体的社会适应性，也是体育课程“人文性”“情意性”特征的具体体现。

3. 学校体育课程具有学科特殊性

（1）与其他学科课程相比具有目的任务的特殊性

在学校教育体系中，存在着多种类型的课程，每种课程都有其特定的目的与任务，但是，这些课程（语文、数学等）往往只是承担着某一学科的目的任务；而学校体育课程则承担着整个教育的目的任务之一，即德育、智育、体育、美育和劳动技术教育之中的体育教育的目的任务，是一种教育性的课程。

（2）与其他学科课程相比具有科学基础的特殊性

美国著名体育学者查理斯·A·布切尔指出：“严格讲，‘体育’自身不是一种学科，它的目的和科学基础要从哲学、生物学、心理学、生理学和社会学等学科中获得。”

我国教育家徐特立把学校课程分为学科和术科，认为“劳动科目（即术科或行动）是基本的科目”。体育科目和劳动科目相似，都是以“行动”为主的，并且都以众多的其他科学为其基础，而不是以某一门科学为其基础的。从课程类型上来看，它是属于广域课程或综合课程。从作用上看，它的显性课程与隐性课程的相互影响尤为明显。

（3）与其他学科课程相比具有教学时空的特殊性

从当代学校课程设置上来看，无论是我国还是外国，各级学校教学计划中都有体育课程，是各年级连续开设的唯一教学科目，有的还明确规定课外体育活动的时数。从空间上来说，体育课程不限于校内，还延伸到校外。

另外，体育课程的实施是在固定的场地上进行的，离开了特定的场地空间，课程本身就失去了存在的条件。

第三节　学校体育课程目标是体育课程的核心

课程目标是构成课程内涵的核心要素，也是课程研究的方向和灵魂。从课程内容的选择设计、课程实施的过程环节到课程评价的执行操作，都不能脱离对课程目标的认识、掌握及实现。目前，课程目标已经成为各种课程文件的首要组成部分。学校体育课程的目标是整个学校体育课程体系研究的重要部分，具有举足轻重的地位。体育课程的目标直接关系到体育课程的方向、课程内容的选择、课程实施过程各环节要素的具体举措以及课程评价的方法、课程的管理等问题。它既是学校体育教育的出发点，也是归宿，是学校体育课程体系研究的首要问题。

一、对学校体育课程目标的认知

"课程目标"作为课程理论的一个重要概念，在英文中有"curriculum goals"，"curriculum aims"以及"curriculum objectives"等表述形式。"aim"的含义是"把某物指向预期的目的或目标"，"curriculum aims"经常被理解为课程的总体目标，等同于我国教育领域所探讨的教育目的；"goal"指努力的直接目标，相对于"curriculum aims"来说，"curriculum goals"更为具体、明确，相当于学科的课程目标，是课程总体目标在特定领域内的具体表现，与我国课程研究所阐述的各级各类学校的课程目标属于同一层次；而"objective"作为目标解释是指努力争取或设想获得的事物，因此，"curriculum objectives"是在"curriculum goals"基础上的进一步具体化，更具有可操作性。

1. 对"课程目标"含义的多样性理解

自"课程"形成独立的专门研究领域以来，对课程各要素的研究就受到了广泛的重视，课程目标作为课程的第一要素，自然成为研究者关注的重要问题。关于课程目标的概念，目前还没有形成统一的认识，课程目标作为一个正在发展过程中的课程论的概念，人们对它的基本含义和实质的认识，尚处于不断变化之中。在课程理论形成与发展的过程中，国内外的学者立足于不同的视角有着不同的阐释。

最早将教育目标的分析作为课程研究的出发点和归宿的当属美国课程论专家博比特和查特斯。博比特于 1918 年首提"课程目标"这一术语，他认为课程目标是指儿童在未来生活中需要掌握和形成的能力、态度、习惯和知识的形式。博比特的《课程》和《怎样编制课程》，以及查特斯的《课程编制》中一致认为课程编制过程中必须注重课程目标的制定。泰勒在其经典著作《课程与教学的基本原理》中系统分析了如何确定教育目标这一核心问题。但是并没有对教育目的、教育目标和课程目标作细致的区分，而是作为同义词看待。泰勒认为课程目标的选择应从"学习者本身""当代生活"和"学科专家建议"三个方面综合考虑，缺一不可，这三个方面共同为学校教育目标提供坚实的基础。后来，对学生的研究、社会的研究和学科的研究成为课程论研究中公认的课程目标来源。

随着课程理论的不断发展，关于课程目标的研究逐渐增多并逐步成熟，学者们分别从不同层次对课程目标进行界定，反映出学者们对课程目标从宏观到微观的不同理解和阐释。美国课程论专家蔡斯（R.S.Zais）将课程目标区分为"课程宗旨（curriculum aims）""课程目的（curriculum goals）"和"课程目标（curriculum objectives）"三个层次。其中课程宗旨是课程的总体目标，与教育目标基本一致，反映特定社会对于受教育者要达到的基本要求；课程目的指学科或者领域的课程目标。而另一位课程专家奥利瓦则从两个层面分别界定了课程目标："课程目标就是用没有成就标准的一般性术语表述的取向或结果"。

“课程目标就是用具体化的、可测量的术语表述的取向或结果。课程规划者希望学生在完成了一个特定学校或学校系统的课程计划的部分或全部之后，达到这一取向或结果。”

我国教育界一直比较重视课程目标问题的研究，也形成了不同的定义。例如，国内学者高孝传认为课程目标是按照国家教育方针，根据学生身心发展状况，在一定时期内，通过为完成规定的教育任务而设计的教育内容，使学生所要达到的培养目标。另外，我国关于课程目标的定义还有“课程目标是指一定教育阶段的学校课程力图促进该阶段学生的身心发展所要达到的预期结果”。简言之，课程目标是指特定阶段的学校课程所要达到的预期结果。“课程目标是课程设计的方向或指导原则，是预见的教育结果，是学生经历教育方案的各种教育活动后必须达成的表现。”“课程目标是一定教育阶段的学校力图促进这一阶段学生的基本素质在其主动发展中最终可能达到国家所期望的水准。简言之，课程目标是一定学段的学校课程力图最终达到的标准。”并将课程目标概括为时限性、具体性、预测性和操作性四大规定性。

尽管国内外学者站在不同的立场，从不同的角度对课程目标做出了界定，但共同之处在于他们都侧重于课程目标的价值层面，将课程目标理解为“学生学习所要达到的结果”。本研究根据研究内容的需要以及课程论专家对于课程目标的阐释，认为顾明远先生的《教育大词典（增订合订本）》中关于课程目标的定义更为符合课题研究的情况，故采用这一定义作为本课题研究中对“课程目标”的界定：“课程目标是指课程本身要实现的具体目标，是期望一定教育阶段的学生在发展品德、智力、体质等方面达到的程度。”

2. 对学校体育课程目标的认识

体育课程是课程的下属概念，是课程的组成部分，与课程具有相应的关联度。因此，体育课程目标同课程目标也必然存在一定的从属关系。随着课程改革和课程研究不断深入，体育课程研究逐渐系统化、规范化、具体化，“体育课程目标是什么”的问题，如何界定“体育课程目标”问题是近年来体育课程研究中较为关注的问题之一，关于“体育课程目标”的定义也众说纷纭：学者们分别从生物学、体育学、教育学、社会学的角度对“体育课程目标”进行界定，认为体育课程目标是增强体质、促进健康；是掌握专项运动技术；是促进学生的全面发展；是融入生活，培养社会适应能力；等等。依据不同的理论基础，站在不同的视角、不同的侧重点，对体育课程目标的理解也各不相同。

体育课程目标究竟该如何界定呢？课程目标是一定教育价值观在课程领域的反映，结合课程目标的概念，以及体育课程的本质、特点、功能，本人认为可以将学校体育课程目标作如下的定义：学校体育课程目标是体育课程本身要实现的具体目标，是期望一定教育阶段的学生通过体育课程学习而达到的程度。

3. 学校体育课程目标具有多功能性

课程目标制约着课程的设置，规定着课程内容的选择和组织，约束了学生学习活动的方式，同时又是课程实施的基本依据和课程评价的准则，是教育目的、培养目标的具体体现。因此，课程目标具有多方面的功能，具体来说，主要表现为激励功能、导向功能和标准化功能。

（1）学校体育课程目标具有激励功能

课程目标的激励功能即激发和维持学生学习动机的功能。当教育者向学生公布课程目标的同时，实际上是通过目标激发学生的学习动力，使之为达成目标而不懈努力。

首先，需要是积极性的源泉，可以起到驱动个体活动的作用。当体育课程目标与学生的需要一致时，学生为了满足自身的需要，就会为达到课程目标而努力。例如，中考的体育加试对于初三年级的学生来说是一项非常重要的测试，测试分数计入升学成绩，直接影响学生对高中学校的选择。因而，初三年级的体育课程中与体育加试项目相关的知识与技能、技巧就与学生的内部需求相吻合，这时，学生就会为了提升体育加试的成绩而认真对待，努力完成课程的要求，达到课程学习的目标。

其次，兴趣是最好的老师，当体育课程目标与学生的兴趣一致时，课程目标就能明显地激发学生的学习活动，使学生为达到课程目标而努力。例如某个体育项目（篮球、健美操等）是某个或某些学生感兴趣的体育活动，向这些学生指出相应的课程目标，课程目标就会对这些学生的学习、练习活动起到较明显的激励作用。而对于不感兴趣的学生，激励作用则不明显。

最后，当体育课程目标难度适中时，课程目标能对学生的学习活动起到明显的激励作用。苏联心理学家维果茨基的“最近发展区”理论，就是最好的解释。即体育课程目标要适当超出学生的现有发展水平，达到学生可能发展的水平，即学生通过努力能够获得成功。这样的课程目标最能激励学生的学习活动，维持学生较为持久的学习动力。如果课程目标难度太大，会使学生产生畏惧心理，望而却步，知难而退；而课程目标太低，又不具备挑战性。

（2）学校体育课程目标具有导向功能

体育课程目标的导向功能即规定、组织和协调师生行为的功能。学生的学习活动具有多方向性特点，结果的活动目标，在没有活动目标的引导下，活动的方向是不确定的。而有了指向一定学生的学习活动就有了明确的方向。体育课程也是一样的，在体育课程中如果预设了目标，教学方法的选择与运用体育课程实施就具有了方向性，同时体育课程内容选择与组织，学生学习形式等就都具有了方向性。

体育课程目标的导向作用主要表现在：第一，体育课程目标能够使体育教育活动具有明确的方向，有助于体育教育活动的自觉进行，体现了学生体育活动的有意识性、目的性和能动性；第二，体育课程目标能够使体育教育活动集中于有意义的方向，有助于结果的达成；第三，体育课程目标能够提高体育教学活动的效率，使体育课程教学事半功倍。

（3）学校体育课程目标具有标准化功能

体育课程目标的标准功能即检验、评估实际结果的功能。在体育课程实施过程中，往往要对教育活动进行评价，随时了解体育教育活动的效果，并及时调整和改进体育教育活动的进度和方法；在体育课程结束时，往往要对教学效果进行评价。这些评价活动的重要标准之一就是课程目标。评价实际上最重要的就是评判体育教育活动是否达到了预期的课程目标，在多大程度上达到了目标，因此，必须以预设的课程目标为标准，用实际效果与标准对照，以检验、评判课程实施的效果。

综上所述，学校体育课程目标是否适当，直接影响体育课程内容的选择、体育课程的实施、体育课程的评价；课程目标是否科学，直接影响某一教育阶段学校培养目标是否能圆满达成，教育目的能否顺利达成。因此，学校体育课程目标的确定在整个体育课程中具有重要意义。

4. 学校体育课程目标来源具有多向性

关于课程目标的来源，早在1902年杜威出版的《儿童与课程》（The Child and the Curriculum）一书中就有论述，认为教育过程的三个基本要素：学生、社会、学科是影响和制定课程目标的主要因素。波德（B.D.Bode）在1913年提出课程目标的三个来源是教材专家的观点、实践工作者的观点和学生的兴趣；拉格1927年在总结课程发展史上的经验和教训的基础上提出学生、教材、社会是课程编制三个相互依赖的因素；塔巴在1945年论述了课程目标的三个来源：对社会的研究、对学生的研究、对教材内容的研究；泰勒在《课程与教学的基本原理》中总结概括前人的观点，以折中的态度提出了课程目标的三个来源，即对学生的研究、对当代社会生活的研究、学科专家的建议，具体确定目标时还需要运用哲学和心理学做出选择；克尔（J.F.Kerr）在1968年主编的《变革课程》（Changing the Curriculum）中提出“课程理论模式”，认为课程目标来源于学生、社会和学科三个方面。此后的课程研究中，关于课程目标的来源基本稳定在对学生的研究、对社会的研究、对学科的研究三个方面。学校体育课程目标的来源同样如此，可以认为，学校体育课程目标来源于学生的需要、社会生活的需要、学科的发展以及教育目标和培养目标。

二、学校体育课程目标体系

1. 学校体育课程目标的类型

关于课程目标的分类是多种多样的，比较典型的分类是将课程目标按照表征形式分为普遍性目标、行为性目标、形成性目标和表现性目标四种。

普遍性目标是将一般教育宗旨或原则直接运用于课程领域，成为课程领域一般性、规范性的课程目标。它是基于教育理念、社会政治经济发展状况与需求、意识形态以及人的经验而形成的，具有普遍性、模糊性、规范性，是一种古老且长期存在的课程目标取向。

其优点在于适用范围广，灵活性强，给予教师较大的发挥空间。不足之处在于这类目标受经验和意识形态影响，缺乏可靠的科学依据；目标较为模糊，常常引起歧义和不同的理解；不明确，不易观测、评价。

行为性目标是以具体的、显性的、可操作、可观测的行为形式来陈述的课程目标，它明确指出了教育活动结束后学生所发生的行为变化。其主要特点是：其一，强调目标的具体性、可操作性、可观测性；其二，具有统一性，即行为目标适用于所有的人，而且对所有人都采用同样的标准；其三，具有预定性，行为目标是在教育活动进行之前确定的。行为性目标的优点主要为可操作性和可观测性。它为学校教育提供了一个有效的平台，使得同一类别不同学校之间、同一年级的学科教学具有了可比性，并且为教师同教育督导、学生家长、学生本人之间展开教育内容交流提供了可能。同时，行为目标的明确性使教师对教学任务、教学行为有明确的方向认识，便于教师控制教学。其不足之处表现在：行为目标使教学趋向于可以明确识别的要素，而难以测评、难以转化为行为的内容往往由于被忽视而消失；由于行为目标将学习分解成各个独立的部分，使得学习的整体性遭到破坏，不利于整体性教学和学生的完整性发展；预先制定的课程目标也可能不符合实际情况而成为强加给教师和学生的东西，不利于学生积极主动地学习。

形成性目标也称“生成性目标”，是在教育环境中随着课程的展开而自然形成的课程目标。它关注的是学习活动的过程，而不是结果。形成性目标考虑到学生兴趣、能力的形成和个性的发展，克服了过程与结果、手段与目的之间的二元对立，使学生在教育过程中产生目标，给教育活动带来了丰富性、开放性，使课程目标更贴近教育的实际情境。其缺陷在于这种课程目标要求教师根据学生需要和特点随时调整课程内容，能随时提出课程目标，由于教师没有接受过这样的训练，使得其在实践中难以胜任这样的教学活动；即便受过训练有能力的教师由于这样的教学要付出大量额外的工作，因此，也不一定会采用形成性目标；另外，由于学生的学习活动没有预先的导向，学习活动具有一定的盲目性。

表现性目标是指在教育情境的种种际遇中每一个学生个性化的创造性表现。它强调课程目标的独特性、首创性，是学生从事某种活动后得到的结果，注重的是学生在活动中的具有某种程度的首创性反应。表现性目标是开放性的，只为学生提供活动领域和活动主题，关注学生行为的个人性、多元性，鼓励活动的个性特点。其优点在于能够使课程目标适用于学生的个性差异，有利于激发学生的求异思维，激发学生的独创性。缺点在于难以起到行为目标所具有的导向作用，难以保证学生掌握必须掌握的学习内容。

综上所述，各类型课程目标都具有其优势和不足之处，每种目标都有其存在的意义和价值，例如要培养学生的基础知识和基本技能，可采用行为目标；培养学生的解决问题能力，生成性目标较为合适，而要培养学生的创造性精神，则要采用表现性目标。现代教育是培养“完整的人”，是对人才的综合培养，因此，对于课程目标的要求也具有综合性，所以，当前课程目标不是某一种课程目标的唯一取向，而是几种课程目标的相互补充，共同构成课程目标体系。

2. 学校体育课程目标的其他类型

按照体育课程目标内容分类，传统的体育课程目标分为三个方面：身体发展目标、知识技能发展目标和思想品德发展目标。当前体育课程在总课程目标的基础上还设置了领域目标，包括运动参与、运动技能、身体健康、心理健康和社会适应能力五个方面。

按照布卢姆的教育目标分类学则可以将体育课程目标分为认知目标、情感目标和动作技能目标。

按照不同的学习阶段则可以将体育课程目标划分为小学、初中、高中、大学体育课程目标。

三、学校体育课程目标体系的阐释

学校体育课程目标体系是在课程论、系统论指导下，坚持“健康第一”的思想指导，将体育课程总目标进行分解，形成横向贯通渗透，纵向分层递进的目标群。体育课程目标群纵横排列有序，构成一个系统的目标网络。

学校体育课程目标体系在横向上由体育课程各领域目标群组成，在过去体现为三个目标群：身体发展目标、知识技能发展目标和思想品德发展目标；而当前则体现为运动参与目标、运动技能目标、身体健康目标、心理健康和社会适应目标。其中运动技能目标是基础，运动参与目标是保障、是过程，身体健康和心理健康是目的。运动参与、运动技能、身体健康、心理健康与社会适应等方面的课程分目标是一个相互联系的整体，各个目标主要通过身体练习的过程予以实现，不能割裂开来进行教学。

学校体育课程目标体系在纵向上是由体育课程的学段目标群组成，包括小学体育课程目标、初中体育课程目标、高中体育课程目标和大学体育课程目标。他们之间相互衔接、分层递进。前一学段课程目标是后一学段课程目标的基础，后一学段课程目标是前一学段的发展与延伸，学生个体随着学段的发展，其体育课程目标也逐渐提升，由此构成学校体育课程目标的纵向发展体系。

学校体育课程目标体系的内部结构由认知目标、技能目标和体验性目标组成。横向结构的体育课程目标群中的每一项都含有认知目标、体验性目标和技能目标；而纵向结构中学段体育课程目标群中的每一学段都含有认知目标、体验性目标和技能目标。它们纵横交错，构成学校体育课程目标体系。同时，在体育课程目标的表征形式上，又应该涵盖普遍性目标、行为性目标、形成性目标和表现性目标。

1. 学校体育课程目标体系的要求

（1）学校体育课程目标体系要体现系统性

体育课程目标的设置要符合课程目标的整体特性，各级各类学校体育课程目标不是彼此孤立存在的，而应该是相互联系的有机整体。同时，体育课程目标是整个目标系统的组成部分，它与体育教育目标、培养目标、教学目标之间通过逐级具体化、操作化构成一个多层次的完整体系。

（2）**学校体育课程目标体系要体现整体性**

一个完整的体育课程目标既要保证在纵向上的学段体育课程目标的相互联系，逐层递进，又要体现在横向体育课程目标的系统性，同时，还要注意体育课程目标结构的整体性。一个完整的体育课程目标应该包括认知、情感体验和技能三个部分，是三个部分的和谐统一与完善。在长期的课程研究与实践中，虽然强调三者的和谐统一，但在课程实施过程中，侧重的往往是认知能力的发展，而在一定程度上忽视学生情感体验和技能的培养。

（3）**学校体育课程目标体系要体现具体性**

体育课程目标的具体化，是指课程目标的表述要力求明确、具体，避免含糊不清和不切实际。体育课程目标是要解决教与学要“达成什么”的问题，如果目标含糊不清、不便理解把握，就会影响“教什么”“如何教”“如何学”“教得怎么样”的问题，就不能充分发挥体育课程目标的作用，教师的教和学生的学就会失去明确的方向，达不到预期的效果。

（4）**学校体育课程目标体系要体现层次性**

教育具有层次性，课程具有层次性，同样，课程目标也具有层次性。这里所说的层次性，一是指课程目标体系本身具有层次性，更重要的是针对某一个特定的课程目标要能够反映出学习结果的层次性。学生所有想要达到的预期的学习结果，都要通过经历不同层级的目标要求来实现，一般都是从较低层次的目标逐步上升达到较高层次目标的要求，例如在认知性知识学习上的知道、了解、理解、应用，在技能知识上的模仿、完成、掌握运用，在体验知识上的感受、认同、形成等等；同时，不同学习者达到的目标在层次上具有个性差异，体育课程目标必须适应这种多层次的要求。

（5）**学校体育课程目标体系要体现适应性**

体育课程目标要对社会变化具有适应性。体育课程目标一方面要重视基础知识的学习、基本技能的养成、学生基本素养的提升，同时也要关注学生未来的发展，加强课程目标的“时代性”特点，注重学生能力和创新精神培养。

第四节　学校体育课程内容是体育课程的基础

课程内容是构成课程的基本要素，是课程的内在要素。任何形态的课程都具有特定的内容，没有内容的课程是不存在的。课程内容反映了不同的课程价值观、课程结构观。课程内容的研究一般包括两个方面，即课程内容的选择和课程内容的组织。

一、对学校体育课程内容的阐释

从学校课程的发展历史来看，课程内容是发展的、多元的、多形式的，在不同的时代、不同的国家，由于社会生产力水平、政治体制与教育目的不同，课程内容也各不相同。

在没有学校的原始社会，年长者传授给青年一代的生活与劳动经验，例如渔猎、饲养、种植技能等，可视为最早的课程内容。在古代社会，虽然没有“课程”这一专门的术语，但是我国夏、商、周时期就有学校教育，而普通的劳动者却无法享受学校教育，只能在生活和劳动中受教，统治阶级的子弟则在这样的学校接受教育，如西周时期的“六艺”之说，古希腊时期的学校课程则是所谓的“七艺”。但是课程内容非常笼统，课程知识内容没有明确的界限。到了近代，学校课程的知识内容和形式逐渐分化，出现了以学科为中心的学科课程或分科课程，如生物、化学等。在现代，学校课程在知识内容和形式上又出现了多元化特征。19 世纪末 20 世纪初，西方出现了经验课程（或称活动课程），课程内容是以学生的兴趣、爱好、动机、需要和现实生活为基础的直接经验。20 世纪 70 年代，世界各国兴起了一场关注个人价值、注重个人目的和需要的以人为中心的课程改革。从此，学校课程内容超越了单一的书本知识范围，体验式的直接经验、生活背景、社会现实问题逐渐开始成为课程内容的重要组成部分。进入 21 世纪，课程内容改革又进一步体现了生活化、综合化的新趋势。

1. 学校体育课程内容的含义

（1）课程内容是具有系统性的学科知识总和

关于课程内容的含义，课程理论界一直存在两种影响较大的观点。一种观点认为课程内容是在教育机构范围内向学生灌输的知识；另一种观点认为课程内容是在一门课程中所教授或包含的知识，也指一些学科中特定的事实、观点、法则和问题等。前者是课程知识社会学的观点，后者是技术学的观点。两者都把课程内容视为间接经验或理论知识，有一定的局限性。那么，究竟什么是课程内容呢？《国际课程百科全书》认为：课程内容“是指一些学程中所包含的特定的事实、观点、法则和问题等。任何具体的内容项目都可能是为不同的教育目标服务的；反过来，给定的目标可能由不同的内容项目来体现……也有一些课程专家认为课程内容指一种学程所包含的问题领域、学校科目或学术学科”。施良方认为：“课程内容是指各门学科中特定的事实、观点、原理和问题，以及处理它们的方式。”廖哲勋和田慧生在《课程新论》一书中指出：“课程内容是一系列比较系统的直接和间接经验的总和。课程内容是根据课程目标从人类的经验体系中选择出来，并按照一定的逻辑序列组织编排而成的知识和经验体系，它是课程的核心要素。”由此可以断定，课程内容的基本性质是知识，它具有直接经验和间接经验两种形态。直接经验是指与学生现实生活及需要直接相关的社会知识、自然知识及技能的总和；间接经验是指理论化、系统化的书本知识，是人类知识的基本成果。

（2）学校体育课程内容是通过筛选的体育基础理论与运动项目知识的总和

学校体育课程内容就是根据特定的体育课程价值观和课程目标，有目的地从人类的体育知识经验体系中选择出来，并按照一定的逻辑序列组织编排而成的体育基础理论知识和运动项目知识的总和。也就是说，体育知识包括体育科学基础理论和运动技能两部分，运动技能是体育知识的特殊表现形式，它以人的身体活动为基础，按照各项体育运动的技术特点对人的身体活动进行规范，通过规范化的、具有运动项目风格特点的人体活动反映出不同体育运动项目对人体活动的特殊要求；体育科学基础理论则是人体活动规范化过程中不可缺少的依据，它旨在说明体育运动项目技术、技能特点的合理性、科学性、有效性以及对人体的无害性。体育课程内容不可能包括人类社会所有的体育知识，因而只能根据一定的标准选择对于个体成长和社会化最有价值的、最基本的和最需要的经验。这也从一定程度上提示，不是所有的体育知识都可以作为体育课程内容进入体育教学，体育知识、技能必须经过精心的选择、合理的编排才能成为体育课程的内容。

2. 学校体育课程内容是体育课程的直观体现

在学校体育课程中，课程内容具有极其重要的意义。课程内容是课程的基本要素，是课程最直观的具体体现，也是课程改革的重点之一。

第一，体育课程内容体现着体育教育目标的要求。发展体育事业，开展体育教育活动，在体育教育过程中引导学生进行学习活动，都是为了一个共同的教育目标服务，即使学生通过体育教育过程获得身心的健康发展。体育教育目标通过什么来体现？其中一个非常重要的方面就是体育课程内容。离开了课程内容的体育课程就不能称其为课程，而离开了课程内容体育教育目标就会变成空洞的条文，而不具有任何价值和作用。

第二，体育课程内容是学生身心健康发展的源泉。体育课程是要实现学生的身心发展，如何实现学生的身心发展？通过体育课程实现学生哪些方面的发展？课程目标可以回答这些问题，但是最终的答案却体现在课程内容上，学生的身心发展要以课程内容为主要源泉。学生正是通过对体育课程内容的学习，吸收体育课程内容所反映的知识，并将其内化为自身的内在的知识、技能、价值观和其他素质，从而提升自身的素养，树立正确的体育观念、形成正确的体育态度，培养学生体育能力，提高学生对体育的认识，对体育价值的了解，掌握体育锻炼的方法，形成良好的思想品格，最终获得身心发展。

第三，体育课程内容决定着学生学习方式的选择，决定着教学方法的选用、教学组织的安排、教学手段的运用以及教材的编制。

第四，体育课程内容直接体现着体育文化的传承和体育新文化因素的创造。人类在长期的实践活动中创造了丰富的、蕴含着各种价值的文化，将这些文化传承下去，是社会生活延续的一个重要条件，同时也是社会生活本身的一项重要内容。没有文化的传承，就没有社会生活的延续。如何才能使文化得以传承？将文化作为学生学习内容置于学校的课程中，通过学生的学习、掌握和内化，这是以人格为载体传承文化的一条基本途径。学校课程内容体现了一定社会的文化，同时，在传承文化的过程中又不断更新着文化。体育文化是文化的一部分，将体育文化置于体育课程内容之中，通过学生对体育课程内容的学习和掌握，传承、发扬和创新体育文化，是发展体育文化的有效途径。

3. 学校体育课程内容的性质与特点

课程内容是课程体系的直观体现，是课程的基本要素，课程内容的性质特点将直接反映课程的性质和特色。因此，要确定体育课程的内容，首先要对体育课程内容的性质有一个全面的了解和认识。体育课程内容是整个教育内容的有机组成部分，具有同教育内容所共有的性质；但是体育课程内容与其他学科的课程内容又具有极大的差异，这种差异表现为体育课程的动态性，即体育课程内容主要由体育运动项目和各种身体练习构成，并且与身体的实践活动紧密相关。因而它又具有自身特性。由此可以将体育课程内容的性质归纳如下：

第一，具有教育性。体育课程内容是对学生进行体育教育的载体和媒介，因而在选择课程内容时，首先要考虑的是它的教育性，包括对学生的运动教育、心理教育、社会教育、文化教育，等等。主要反映在对学生身心发展的促进、良好行为习惯和生活方式的养成、坚毅勇敢品格的培养等方面，同时体育课程内容适合于大多数的学生，且不具有功利性。

第二，具有科学性。体育课程内容是经过精心选择和合理组织的有计划的教学内容，与其他教育内容一样具有较强的科学性。体育课程内容具有丰富的内涵，是人类文化和科学的结晶，如人体科学原理、科学锻炼原理、科学训练原理以及相关的社会科学原理等；体育课程内容具有较高的科学内涵和文化内涵；课程内容的选择与编制具有严格的规范、科学的依据和合理的原则。

第三，具有系统性。体育课程内容的系统性表现在两个方面，一是课程内容本身的系统性，即体育课程内容内在的规律性，表现为内容与内容之间、项目与项目之间、技术与技术之间存在着某些相关的联系和相互的制约，由此形成课程内容的内在结构；二是体育课程内容根据教育的目标、学生不同年龄阶段的生长发育特点、教学环境条件以及体育课程内容的内在规律性特点，有计划地安排在各级各类学校的体育课程之中。

第四，具有运动实践性。运动实践性是体育课程内容的突出特点，是指体育课程内容多数是以身体练习形式进行，课程内容与体育实践活动紧密相连，学生通过身体的大肌肉群运动实现体育课程内容学习。当然，不能否认体育课程内容也有理论知识，但是理论知识的学习和道德的培养也是要通过运动学习和实践体验达成的，也必须通过运动中的本体肌肉感觉和记忆才能准确地获得。

第五，具有健身性和娱乐性。体育课程内容的健身性是其他学科所没有的。体育运动学习是通过身体活动完成的，课程学习过程必然会对身体形成一定的运动负荷，从而对身体锻炼起到一定的作用，但是这种效果由于受课程时间、练习数量和学习目标等因素限制，相比于体育实践活动显得较为薄弱。但是课程工作者一直在为追求课程内容的健身性而努力，例如科学化的设计和控制体育课、合理搭配体育教学内容、安排运动负荷等等。体育课程内容来自各种身体活动，而人的各种身体活动多数来源于娱乐运动，因此体育课程内容在一定程度上具有趣味性和娱乐性，既表现在运动学习和竞赛过程中的竞争、协同、克服、表现等心理体验上，同时还反映在学习进步的成就感中。

第六，具有人际交流的开放性和空间的约定性。体育课程内容实施主要以集体活动形式进行，在运动学习、练习和竞赛的过程中人际交往和交流活动频繁产生，形成开放性人际交流。体育课程内容以这种人际交流的开放性为基础，构成对集体精神、竞争、协作培养的独特功能。空间的约定性则是指课程内容的实施依赖于特定的空间和场地设施，一旦没有了这些空间条件存在，体育课程内容就会产生质的变化，甚至消失。

体育课程内容除了具有上述性质之外，还具有一定的特殊性，而这种特殊性是在体育课程改革和课程内容选择与编制过程中必须考虑的重要因素。

首先，体育课程内容内在的逻辑关系问题。体育课程相对其他课程来说，最大的特点就是体育课程内容内在的逻辑关系不强，课程内容之间缺乏必要的逻辑关系，表现出非逻辑性、非系统性特征。体育课程内容划分一般是以运动项目为基础，划分后的内容之间是平行和并列关系，项目与项目之间缺乏逻辑性，篮球与排球、体操与武术很难确立其先后问题和基础与提高问题，很难找到项目之间的内在规律性和顺序性。因此，体育课程既没有呈现出其他学科那种严密的、以智力为特征的逻辑体系，也没有呈现出以发展体力技能为特征的知识技能体系。也就是说，从大量不同性质运动项目发展起来的体育文化（包括知识、技能和规则）没有逻辑关系，没有简单到复杂，由低级到高级这样的认知顺序与关系。但是，就运动项目自身的知识技能体系或者某些相近项目之间存在先行后继、基础与提高的关系，主要体现在选择和安排体育课程内容的逻辑体系上，要考虑到从初中到高中、大学的一贯性，即所谓的基础性与逻辑性统一。因此，在进行内容安排时无法完全按照难易程度和学生的准备条件来排列教学内容。

其次，体育课程内容存在“一项多能”和“多项一能”问题。“一项多能”是指一个体育项目可以达到多种体育目的，如体育舞蹈运动，既可以健身，也可以表演、比赛、娱乐、交流等，一个人学习和掌握一项运动技能可以实现自身的多种需求。“多项一能”是指体育项目的可替代性，同一种目标可以通过不同的运动来实现，所谓条条大路通罗马，这使得体育教学中没有什么非学不可和不可替代的运动，即体育课程内容缺乏较强的规定性。

最后，体育运动项目数量庞大、内容庞杂，难以归类。体育运动具有多样性，数量难以厘清，项目各自具有独特的运动乐趣和运动体验。项目运动技能不同，对身体素质的要求也不同，项目之间还有一定的干扰与影响，因此，再优秀的学生也很难学会多种运动技能，再优秀的教师也很难精通多种体育项目。体育课程内容既要具有作为课程本身所具有的教育性、科学性、系统性，同时又要具有体育课程所特有的运动实践性、健身性、娱乐性、人际交流的开放性和空间的约定性。也就是说，体育课程对课程内容的要求很高，在数量庞大、内容繁多、彼此之间缺乏逻辑关系的体育运动项目中，只有符合了体育课程内容性质的运动项目才可以作为课程内容进入体育教学环节。

4. 学校体育课程内容选择的依据与影响因素

学校体育课程内容的确立与课程目标一样，具有自身的科学依据。只有正确认识学校体育课程的规律、特点、性质和价值，科学地确立体育课程内容，才能够完成体育教育的任务，实现人才培养的体育教育目标。

（1）社会发展需要是确定体育课程内容的客观依据

体育课程目标是体育教育的出发点和归宿。体育课程内容是依据课程目标的要求加以选择和设计的，是体育课程目标的具体展示，也是体育课程本质的直接反映。体育课程内容是为达到预期的课程目标服务的，而课程目标又服从、服务于教育方针和教育目的，从根本上受社会政治、经济发展状况的制约。体育课程目标和课程内容在教育本质上具有一致性。由此可以看出，体育课程目标和课程内容都受社会发展影响和制约，也为社会发展服务。因此，社会发展对学生素质发展的一般要求，成为体育课程内容选择的客观依据之一。

（2）受教育者身心发展规律是确定体育课程内容的最终标准

不同学段的学生由于年龄阶段的差异，其身心发展水平、体育运动能力水平以及对体育活动的需求是完全不同的，这种不同制约着不同学段的体育课程内容的选择。首先，体育课程内容的选择必须符合学生的身心发展和运动水平。不符合学生身心发展规律和运动能力的体育课程内容一是会给学生的学习带来困难，使学生由于学不会而产生消极心理，打击学生学习的积极性；二是在学习过程中，由于学生的身体运动能力欠缺，容易造成技术变形和运动损伤；三是体育教师无法完成既定的教学目标，从而影响体育课程的实施效果。20 世纪 60 年代美国基础教育质量全面下降，就是由于课程改革过程中对学生的接受能力估计过高，而导致课程内容的难度不符合学生的实际水平造成的。体育是一个特殊的学科，是需要学生通过身体活动来实现课程内容学习的身体活动课程，因此，体育课程内容的选择更要注意考虑学生的身心发展规律，针对不同年龄阶段的学生进行有针对性的课程设计。同时，课程内容的选择必须满足学生的身心发展需要，促进学生个性自由发展。杜威所主张的“儿童中心”课程理论也是以满足儿童的动机、兴趣、爱好和需要作为课程内容设计的根本依据的。

（3）科学文化知识是制约体育课程内容的基本因素

课程内容的基本要素是知识，因此，课程内容的选择必须考虑人类科学文化知识和技术本身的特点及其发展趋势。

首先，体育的基础理论知识和运动项目是体育课程内容选择的直接来源，其发展水平制约着体育课程内容选择的范围，体育知识越丰富，运动项目越繁多，体育课程内容的选择范围就越广泛，人们在选择与组织课程内容时需要做的技术上的考虑就越多。如何从浩如烟海的知识总库中选择最基础、最有代表性、价值最大的体育理论知识和运动项目，就成为体育课程内容选择过程中最重要的技术环节和步骤。

其次，体育知识和运动项目的发展和更新速度制约着体育课程内容的发展和更新速度。体育知识发展的速度越快，新兴体育运动项目发展越迅速，体育课程内容的更新就越快。但是，课程本身应具有相对稳定性的特征使得体育课程内容的更新既要符合体育运动知识更新的速度，又要考虑体育课程发展过程的可持续性。也就是说，体育运动项目的学习不仅仅是为了掌握这种运动项目本身，更重要的是要为将来的学习和发展奠定基础。

最后，知识的结构制约着课程内容的结构。知识本身是具有结构性的，包括横向结构和纵向结构。知识的横向结构是指一门学科的知识，包括事实、概念或术语、原理、体系等要素，不同学科的具体构成要素不同；知识的纵向结构是指一定的知识是建立在相关知识基础之上的，同时它又是其他知识的基础，这种纵向的关系因学科不同而不同。无论是横向结构还是纵向结构都对课程内容的选择和组织产生重要影响。

总之，课程内容的选择依据和影响因素是多方面的，在课程内容选择时，要正确处理社会、学生和知识等因素之间的相互关系，使其处于均衡状态。过分强调某一个方面都会使课程内容具有片面性。

5. 选择学校体育课程内容的原则

新中国成立 60 年来，我国学校体育课程内容不断发展、完善，期间经历了多次《教学大纲》的编制和修订，由于制定颁布《教学大纲》时所处的社会环境和政治环境的不同，在课程内容的选择的原则上也不尽相同。

第一，课程内容的选择原则不是指导课程的方针、政策，不是某种教育精神的体现。如“教育性原则”“继承和发扬民族传统体育原则”，含义抽象，包含的意思宽泛，无法鉴别课程内容。

第二，要区分是对课程整体的要求，还是课程内容的具体标准。如“理论与实践相结合原则”是对体育课程内容整体提的要求，无法用它来判断某一个具体的内容是否可以作为课程内容。

第三，要区别是课程编制的原则，还是课程内容选择的原则。如“统一相结合原则”，它针对的不是如何选择课程内容，而是课程内容确定之后，在实施过程执行到什么程度的问题。

第四，灵活性原则的含义过于宏观，缺乏具体的标准，如“符合学生生理特征”“适应学生心理特征原则”等。

第五，要区分是课程应该达到的目标，还是课程内容选择的标准。例如“具有培养共产主义道德品质的作用”“增进健康和增强体质原则”等。

另外，一些可以作为标准的原则尚需要进行具体的阐述，“与《国家体育锻炼标准》

相结合原则”“符合《大学生体育合格标准》”等。必须说明符合到什么程度，在哪些内容上可以结合，哪些内容不能结合。

鉴于上述原因，所谓的“课程内容的选编原则”已经不能适应体育课程内容的选择要求，那么，究竟什么才是真正的选择体育课程内容的标准呢？如何确定体育课程内容选择的原则呢？

体育课程内容选择的最终目的是为了实现体育课程目标的要求，因此，选择体育课程内容的视角首先要放在与体育课程目标相一致的角度。张勤博士在其博士论文《中国基础教育体育课程内容设计研究》中，运用问卷调查向体育理论界的专家、学者进行意见征询，并结合课程实践将体育课程内容选择的原则确定为兴趣性、健身性、基础性、全面性、实效性和文化性；而卢元镇教授确定了健身性、实用性、代表性和可行性四项原则。

“适应学校条件”“体育教师能承担该项目教学”说明体育教师在选择课程内容时首先考虑的是课程内容的可行性。究其原因：一是当前学校体育的场地设施在一定程度上影响着体育课程的实施，使得很多体育运动项目无法在体育教学中实现，这一情况在乡镇学校更为明显；二是体育教师本身的专业技能无法适应体育课程改革的变化，一些体育项目是体育教师力所不能及的；三是体育教师鉴于某种原因不愿意再花费精力学习新的运动项目。但无论是哪种原因，对体育课程内容的选择与实施都是不利的因素。“深受学生喜爱”“运动项目的趣味性”“具有教育性”则说明体育教师在确定课程内容时还考虑到学生的需求、课程内容的趣味性和教育性。这是比较好的方面，说明体育教师在选择体育课程内容时，是站在体育教育的视角既把课程内容作为对学生实施教育的载体，又考虑到了以“学生为主体”的问题，在一定程度上满足学生对体育学习的需要。

二、学校体育课程内容的演变与发展

为探讨学校体育课程内容的发展变化，本文对新中国成立后颁布的1956、1961、1978、1987、1992、1996（高中）、2000以及2001的《体育教学大纲》《体育课程标准》《高校体育教学指导纲要》等所涉及的体育教学内容进行了分析统计。

1. 体育课程内容的形式发展为体育基础理论与体育技术技能并存

体育课程内容从形式上区分为体育基础理论知识和体育技术技能知识。

从课程内容的形式上看，体育课程内容在1950年《小学体育课程暂行标准草案》和1956年《中小学体育教学大纲》中，只体现了体育技术技能知识的内容，对体育基础理论知识却没有涉及。自1961年开始，中小学体育课程中增加了体育基础理论知识内容，一直延续至今。而我国的大学体育课程从1956年《一般高等学校体育课教学大纲（试行）》开始，就包括两种形式的体育课程内容。

2. 体育课程内容的性质从单一的“必修”走向“必修与选修”结合

课程内容在性质上区分为基本教材和选用教材，或者分为必修内容、限制选修内容和任意选修内容。

从课程内容的性质上看，学校体育课程内容的性质总体上是经历了由完全的必修内容到必修内容（基本教材）与选修内容（选用教材）相结合的过程。在比例分配上，整体的趋势是必修内容逐渐减少，选修内容逐渐增多。

2001 年课程标准对课程性质未作明确的限定，但是《课程标准》指出“按照三级课程管理的要求，本《标准》规定了各学习领域、各水平的学习目标，同时确定了依据学习目标选择教学内容的原则。各地、各校和教师在制定具体的课程实施方案时，可以依据课程的学习目标，从本地、本校的实际情况出发，选用适当的教学内容……”，即小学体育课程内容由体育教师选定；初中体育课程按照新《课标》要求在规定的水平范围内由体育教师选择课程内容进行授课；高中体育课程按照 2003 年颁布的《课程标准》除去田径和体育保修。

体育课程选修内容的设立逐步改变了课程完全由国家统一制定的局面，给予了学校和体育教师在课程内容选择上的自主权利，对于国家课程设置中不适合地域和学校情况的部分，不再勉强执行，而是由学校根据实际情况设立相应的课程内容予以弥补。但赋予课程选择权利的同时，也对体育教师提出了一定的要求，即体育教师应具备选择和设置课程内容的能力，能够按照课程内容的选择原则以及社会、学生和体育学科发展的需要设计和实施课程。这是课程改革的进步，也是对体育教师职业规划提出的新要求。

三、学校体育课程内容存在问题

通过前面的研究，我们发现，学校体育课程内容在保持原有具有普遍性和一定价值的内容基础上逐渐丰富，一些民族民间传统体育项目、时尚体育运动项目进入体育课堂，虽然在普及程度上还有待进一步发展，但终是给体育课程内容带来了新鲜的空气。但是体育课程内容也存在一定的问题。

第一是前面调查结果反映出对田径类、球类、体操类（队列队形、徒手体操、技巧运动为主）等现代体育项目的重视程度较高，但是对民族传统体育类、时尚体育类运动项目的重视程度不够。体育课程内容是体育文化知识的反映，体育文化知识具有多元性，要接受系统的体育教育，就必须接受多元的体育文化知识，现行体育课程中传统体育运动项目、时尚体育运动项目的不足也是体育课程内容存在的问题之一。

存在这种问题的原因与体育教师对体育课程内容的选择有直接关系。前面的调查结果显示，体育教师在选择体育课程内容时，主要依据之一是“项目要适应学校的条件”，而目前多数学校都能够有一块大小不一的田径场，有一组或几组篮球架，因而田径类、球类项目（篮球、足球）项目比较好开展，但是时尚运动项目多数需要一些必备的设施，例如放音机。对于体育经费紧张的学校来说，利用现有条件开设课程是可行的，但是需要增加投入的项目几乎不在考虑范围之内；体育教师选择体育课程内容的另外一个依据是“学生的喜爱程度”，一些比较普及的民族传统体育项目如太极类很难符合学生的兴趣需要；体育教师选择体育课程内容的第三个依据是“体育教师能够胜任的项目”，体育教师自身能力限制了体育课程内容的开设，符合学生需要的运动项目、具有特色的运动项目，体育教师却不一定具备教授能力。另外还要考虑安全问题等。诸多的原因造成了体育课程内容目前的状况。要改变这种状况，一是要提高学校的体育设施数量和质量；二是要对体育教师进行相关运动项目的培训，使之具备相应的教授能力；三是改变现有的惯性作用，使体育教师敢于创新、乐于创新，积极开发体育课程内容。

第二是现有的体育课程内容在项目设置、内容组织、数量安排等方面还存在一定的问题，需要体育教师和学校体育管理人员给予足够的重视。

通过对体育教师的调查可知，当前学校体育课程内容在课程内容组织上存在重复性和不系统性，即先前出现过的课程内容在后期还会出现，也就是课程中的螺旋式排列的课程，这本没有什么不合理的问题，但是，课程内容的延伸程度不明确、不清晰就造成了课程内容的重复现象。

在教学内容的选择上，体育教师缺乏积极开发课程的主动性，总是选择课程内容范围内的、自己轻车熟路的内容进行教学，而对于需要花费时间、精力精心准备的较为新型的课程内容，多数教师具有一定的躲闪心理，尽可能地避开“费时费力”这些项目，因而课程内容陈旧是不可避免的。

另外，由于对课程的理解和对学生“主体”理解上的差异，使得体育教师在体育课程内容选择上过多考虑了学生的需要，而忽视了体育课程的性质与价值体现，使得内容设置与实施出现问题，体育课程的目标达成状况不理想。

除上述情况之外，通过前面的分析可以看出，多年的体育课程内容从运动项目的角度来说，具有一定的稳定性，都是以田径、体操、球类、武术等项目为主体，教师教授、学生选择以及教师认为应该学会的项目是具有一致性的，那么为什么还会存在学生学不会的问题？通过与体育教师的座谈与交流、对专家的访谈以及相关文献资料的整理，探讨其原因发现：问题之一：体育课程主体教授的内容缺乏肯定。体育运动项目繁多，当前作为体育课程内容的项目也很多，如果每一项都想教会学生是不可能的，必须有主次之分，有重点教授的内容，也有简单教授的内容，还有介绍性的内容。问题之二：体育运动项目与体育课程内容之间存在一个由运动项目转化为体育教学内容的过程，在这个转化的过程中，需要对体育运动项目的技术技能进行规范、筛选。由于体育课程内容主体教授、简单教授和介绍内容的层次没有划分，使得在项目向内容转化过程中，每一个项目都有较系统的规范技术进入课程内容，形成了课程内容的庞大，而体育课程的时间有限，这么多内容需要教授，分配给每一项内容的时间就会减少，由此形成“蜻蜓点水”，教授了很多内容，却都没有教得深入，教得透彻。这也就涉及了课程内容的组织问题，即什么内容应该安排的教学时数多一些，在课程排列上出现的机率多一些的问题。问题之三：体育技术技能的形成需要一个过程，需要经过多次的练习才能形成稳定的运动技术，但是目前的体育教学由于班级容量大，体育设施器材有限，在体育教学过程中无法满足多次练习的要求。体育课程学习的效果需要通过课外体育活动和学生课下自主练习进行巩固。

由此提示课程设计专家和体育教师在体育课程内容选择上要综合考虑学科发展、学生需求和社会需求因素，慎重选择内容；教学内容要体现主体内容与介绍内容的区分，在体育课程内容组织上要注意课程内容的排列方式，既要注意“直线式”排列内容与“螺旋式”排列内容的区分，也要注意“螺旋式”排列内容的层次划分和延伸程度的确定。

四、多元文化背景下的学校体育课程内容体系构成

学校体育课程内容体系是指根据体育课程目标要求确立的，用于对受教育者进行体育教育的基础理论知识和运动技术技能知识的总和及其指导思想体系。它是学校进行体育教学工作的依据，是体育课程目标得以实现的重要保证。体育课程内容体系的确立为实现学校体育课程目标，培养学生良好的体育文化素养提供了一个相对稳定的知识体系。从宏观上说，学校体育课程指导思想的确立和体育课程目标的定位，已经反映了体育课程内容的基本构成，即思想决定目标，目标统领内容。科学合理的课程内容体系是在一定教育思想指导下，遵循一定的教育理念，结合课程内容本身的分类特色而形成的。

1. 体育课程内容的类型

关于体育课程内容的分类，有多种观点和形式。

从课程内容的性质上看，有基本内容和选用内容；也可以划分为必修内容和选修内容，其中选修内容又分为限制选修和任意选修。这种分类方式能够反映课程内容的地位和作用，制约性较强，执行力相对较好。

从课程内容的形式上可以分为体育基础理论知识内容和运动技术技能知识。

根据课程目标分类，可以分为发展身体基本活动能力的内容、增强体质的内容、常见运动项目内容、余暇交往的体育课程内容和体育保健康复内容。这种分类使课程内容的目的性较为明确，在编排上既可以打破以竞赛为目的的教学内容编排方式，又能在一定程度上保障竞技运动知识和技能的学习，既不会发生内容的重复，也不会有逻辑问题存在。

按照运动项目分类，田径、体操、篮球，等等。这种分类方式与竞技体育运动一致，便于理解，有利于竞技运动文化的理解和掌握。

毛振明教授则根据体育课程内容的组织形式，课程内容在实践教学中的“循环周期”现象将课程内容分为“精教类”课程内容、“简教类”课程内容、“锻炼类”课程内容和“介绍类”课程内容，并对每一种类型的课程内容给予说明。

“精教类”课程内容是课程的核心内容，是体育课程内容中最重要的组成部分，是要求学生充分掌握和熟练运用的内容。这部分内容是体育课程中具有普及性、适应性、可行

性和社会性的内容，即该内容是学校条件允许，教师能力可及，具有广泛社会基础、能满足学生兴趣需要并有一定时代特色和文化价值的内容。

“简教类”课程内容是满足体育文化的普及与传播目标，在众多体育内容中需要学生了解认识的内容。目的是让学生在体育课程中认识这些课程内容，能够为今后继续学习和掌握运用这些内容奠定基础。这部分内容也建立在可行性的基础上，即学校具备一定的条件，教师具有一定的能力范围内。

“介绍类”课程内容是满足学生对体育文化多样性认知的目标。体育课程内容丰富多样，不可能各个都掌握。因此，这部分内容是为了丰富学生体育知识，开阔学生的运动视野，让学生在体育课程中获得更多的各类体育知识而设立的介绍性、体验性课程内容。

“锻炼类”课程内容是解决完成其他类内容的学习而需要的必备的身体条件和运动能力而设置的内容，不需要深度学习，却需要天天练习。

2. 学校体育课程内容体系的结构

根据体育课程内容的性质、特点，针对以往体育课程内容的分析结果以及当前体育课程内容的现状调查结果，参考专家学者的意见和建议，结合 STS 教育理念，以“健康第一”“以学生为主体”思想为指导，确立学校体育课程内容体系的结构和内涵。

（1）体育课程内容体系的结构要素及内涵

学校体育内容是在体育文化发展的背景下，以“健康第一”为指导思想、以 STS 教育理念为基础、形成的涵盖体育技术技能和体育基础理论两部分内容的结构体系。其中体育技术技能包括七个类别，分别是田径类运动项目【基本身体活动动作（水平一、水平二、水平三）】、体操类运动项目、球类运动项目、武术类运动项目、游泳运动或冰雪类运动项目、民族民间体育运动项目、时尚运动项目类。体育理论知识包括体育人文学知识、人体科学知识、运动学知识。体育技术技能的每一个类别又根据具体内容的实际情况划分为精教类、简教类、介绍类和锻炼类课程内容。体育理论知识则以简教类和介绍类为主。

值得注意的是，由于体育各类运动的项目特点、技术结构和难易程度的差异性，在某一类运动中，可能所有课程内容知识都属于简教类和介绍类内容，也可能都属于精教类内容，对于这些具体内容知识的确定还需要结合运动项目本身的技术特点和课程环境的具体情况加以鉴别和验证。而对于每一类运动中的精教类、简教类、介绍类内容在不同的学段应该掌握哪些运动技能也是在课程内容选择时需要重点考虑的问题。

通过这样一个课程内容体系的构成，期望在学校体育课程学习过程中，学生能够学到三种基本运动技能：即运动要素方面的运动技能、身体素质练习的常用方法和体育运动项目。对于各学段的学生来说，每个阶段都有各自的重点。

小学阶段，体育课程内容以体育游戏和活动技能为主，即多种多样的体育游戏和带有游戏性质的技术动作。到水平三阶段，在体育游戏和活动技能的基础上，每学年系统教授 1-2

项体育运动项目（例如体操、武术、乒乓球等），简单教授适合小学生年龄段的3-4项运动项目。建议在小学阶段鼓励学生学习游泳运动，游泳作为一项生存技能，是每一个人都应该必备的技能，学习游泳的最好时机是在小学阶段，每一个小学生在小学毕业的时候都能够学会一种游泳运动的泳姿。学校不具备条件的借助社会环境和家庭的力量，作为一项硬性考核措施列入学校的课程方案，督促学生通过各种途径达到目标要求。

初中阶段，保持身体活动能力练习的同时，体育课程内容以各类运动项目为主，即学习各个运动项目的运动技术。在小学水平三的基础上，继续设置每学年1-2项系统教授的运功项目（例如体操、武术、篮球、足球、乒乓球、羽毛球等），简单教授学生喜闻乐见的3-4个项目（流行的、时尚的项目：街舞、轮滑；民族民间的毽球、蹦球、珍珠球等等）。

高中阶段，保持身体活动能力练习的同时，体育课程内容以小学、初中阶段的课程内容为基础开设各类运动项目选项课。每个学生重点选择2-3个项目。

大学阶段，保持身体活动能力练习的同时，体育课程内容为完全的选修，学生可以按照自己的运动能力和运动爱好选择喜欢的体育项目，为今后的体育锻炼奠定基础。

通过这样的过程，学生在小学和初中阶段可以系统地学习10个体育运动项目，简单学习20个体育项目，由此使学生对体育的运动项目具有一定的认识，并使学生对自己的体育学习能力、身体素质条件、对体育运动项目的爱好都具有一定程度的了解，进入高中阶段，就可以根据自身的情况有重点地选择2-3个项目继续学习，最终实现学生体育学习的效果：特长内容“熟练化”、掌握内容“了解化”、普及内容“知道化”、条件内容“经常化”。期待通过这样的体育课程内容体系设计和体育课程的实施，能够教会每一个学生1-2项体育运动项目的技术技能，能够对体育运动品头论足，能够具有丰富的体育知识素养。

对课程内容的选择建议，一是常用的健身方法技能要具备，这部分内容与五大身体素质的发展有密切关系，是今后身体锻炼的基础；二是作为运动特长发展，为今后体育参与和生活娱乐奠定基础的运动项目；三是当前社会较为流行、具有一定普及性、满足学生身心需要的运动项目。在此基础上，要考虑课程内容体系中各类项目选择的全面性，还要注意符合课程内容的选择原则。

关于体育运动项目内容的选择一是国家在统筹的基础上建议一部分；二是地方教育部门结合地域特色和地方体育发展规划确定一部分；三是学校结合自己情况开发一部分。

（2）多元体育文化是体育课程内容体系的立足点

体育是以人体运动为基本手段增进健康、提高生活质量的教育过程与文化活动。体育作为一种社会文化早已被接受，作为文化的一个组成部分，体育文化具有历史性、多样性和复杂性特征。课程是文化传承的载体，课程内容是文化知识的具体体现，因此，课程内容体系的形成必须建立在文化发展的基础上。因此，体育课程内容体系的立足点是体育文化知识。

（3）STS 教育是体育课程内容体系的理论平台

STS 研究和 STS 教育始于 20 世纪六七十年代的西方发达国家。科学技术的日益发展进步，带来了经济和社会的快速发展与繁荣，促进了人们生活水平的提高。但与之有关的重大社会问题（如环境、生态、人口、能源、资源等）也随之涌现出来。为了解决这些问题，STS 研究和 STS 教育应运而生。在一定程度上可以认为 STS 研究和 STS 教育的产生源于社会发展的需要。

STS 是科学（Science）、技术（Technology）、社会（Society）的缩写。它旨在探讨和揭示科学、技术和社会三者之间的关系，研究科学、技术对社会产生的双面效应，目的是要改变科学和技术分离，科学、技术与社会脱节的状态，使科学、技术更好地造福于人类。STS 教育主张把“科学、技术与社会的相互联系，以及科学技术在社会生活、生产和发展中的应用”作为教育的指导思想，强调把科学教育和当前的社会发展、社会生产和生活等紧密联系，开发学生的智能，提高劳动素质，增强学生的未来意识和参与意识，培养具有良好科学素养的人才。它最为重要的任务就是要使学生参与社会活动，并在活动中扮演一定的角色。

STS 教育思想引入体育课程的基本观点：

①体育课程要教授与当代生活有密切关系的体育知识。

②体育知识应该与每个学生的需要有关。

③体育知识是人类整体知识的组成部分，不能孤立于其他学科知识之外，因此要在综合性的学科背景中学习体育文化知识。

④使学生了解体育事业与社会其他方面之间的关系。

STS 教育注重科学、技术与社会的相互联系，以及科学技术在社会生活、生产和发展中的应用，主张课程内容要有生活基础，要符合学生的需要，体育学习要与多种学科知识相互融合，以多学科知识支撑体育运动科学。因此，技术指导下的体育运动实践活动和科学指导下体育理论知识所构成的体育课程内容要与当前的社会发展密切联系，既以社会发展的需求为依据，又能够促进社会的发展。

（4）“健康第一”是体育课程的指导思想

“终身体育”是理想目标课程内容的选择确定要始终坚持“健康第一”的指导思想，保证课程内容能够促进学生的全面发展、增进学生的身心健康，使学生接受全面、完整的体育文化教育，最终实现“终身体育”的理想目标。

五、学校体育课程内容组织分析

在了解、选择、确定了课程内容之后，“为了使学生的各种学习有效地联系在一起，使学习产生积累效应，需要对选择出来的课程内容加以有效的组织”。形象地说，课程内容的组织就是将选择确定下来的课程内容按照一定的关系排列、组合在一起，使之成为有序的体系，以加强学生学习的效果。课程组织是课程理论与实践中最具逻辑性和顺序性的领域之一，直接影响着课程内容结构的性质和课程实施过程中学习方式的选择。20 世纪 40 年代，泰勒提出了课程内容排列组织的三条规则，即连续性、顺序性、整合性，并对其进行了详细的解释说明。

1. 学校体育课程内容的组织具有取向性

课程内容的组织是一项涉及价值选择的活动，不同的立足点和价值取向形成不同的课程组织理念和组织形式。

（1）学科取向的课程内容组织

学科取向的课程内容组织主要围绕人类已有的知识并按照其内在的逻辑体系形成课程内容的组织方式，强调课程的逻辑性和知识的积累。有利于学生系统地学习人类文化遗产，掌握丰富的学科知识，促进智力的发展，也有利于开展语言活动，知识和思想在语言中最能得以交流和存储。但是，它在某种程度上限制了知识的范围，不具备包容性，忽视了学生的需求、兴趣和经验；课程内容组织注重逻辑和记忆而轻视理解，难以促进学生在社会、心理、身体等方面的全面发展。这种学科取向的课程内容组织适合于学科本身具有较强的逻辑性，内容学习必须遵循一定的顺序，否则就无法进行的课程。

（2）学生取向的课程内容组织

这种课程内容组织重视学生的经验和发展，强调围绕学生的兴趣、需要、心理逻辑等组织课程内容。卢梭、裴斯泰洛齐、福禄贝尔以及杜威等都是这种观点的支持者。它主张教育的根本目的在于人的培养，知识只是教育的手段。这种课程内容的组织鼓励学生主动学习，强调培养学习者的个性差异；但是它忽视了对教育具有重要意义的社会目标的形成，过分强调学生主体的课程内容组织也不利于帮助学生建立有序的知识体系和掌握必备的技能。

（3）社会问题取向的课程内容组织

围绕主要的社会问题组织课程，以适应或改造社会生活为依据。课程内容源于社会或整个世界的状况和情境，认为课程是为学生适应和改造社会情境做准备，注重课程内容与社会生活的联系，强调学生的主动性，重点体现学生能做什么，而不是体现课程内容的学科体系。这是一种具有高远理想的课程组织形式，难以揭示文化的内涵，甚至主张通过课程改变社会秩序，把课程作为改造社会不满的工具，夸大了课程内容的功能，不具有普遍性和适用性。

（4）混合取向的课程内容组织

它认为课程内容本质上是学科知识、学生经验和社会生活经验三方面的统一，是当代课程内容组织的趋势。认为人的经验本身具有整体性，很难找到明显的区分界线，学科取向的课程内容并非完全否定学生兴趣和个性发展的重要性，也不否认社会问题对课程内容组织具有影响作用，只是强调课程内容的组织要以学科为核心。其他的课程内容组织取向也是如此。

体育课程内容的组织同样存在上述的取向问题，曾经的技能教育、“三基”教育就是偏重于学科取向的课程内容，而主体教育、快乐体育、成功体育则强调学生的发展，体质教育结合着社会现实需求，整体教育和终身教育则是三种取向的综合体现。

2. 学校体育课程内容组织形式

关于课程内容的组织，课程设计理论上有多种形式，包括直线式和螺旋式、纵向组织与横向组织、逻辑顺序和心理顺序。

（1）直线式和螺旋式组织是体育课程内容的重要组织形式

直线式和螺旋式是课程内容的宏观编排方式。

所谓直线式是指将一门课程的内容组织成一条在逻辑上前后相互联系的直线，课程内容直线前进，课程内容前后不重复出现。其依据是课程内容本身内在的逻辑性。其优点在于能够完整地反映课程内容或学科的逻辑体系，避免学习内容的不必要重复，不足在于不能充分体现学生的心理发展特点，不利于前沿成果在课程中的及时体现。

所谓螺旋式是指在不同阶段、单元或课程门类中，重复呈现特定的学习内容，前一内容是后一内容的基础，后一内容是前面内容的扩展和延深，使之呈“螺旋式上升”形状。其依据是人的认识发展规律，即人的认识是由简单到复杂，由低级到高级的逐步深化过程。其优势在于能及时反映学科的发展前沿情况，符合学生的身心发展规律。但是这种组织形式容易造成课程内容的膨胀和重复。

“直线式”和“螺旋式”是体育课程内容最常用、最主要的组织方式。

在以往的学校体育课程中，关于课程内容的直线式和螺旋式组织的观点是：“直线式排列是某项教材教过之后，基本上不再重复”；“螺旋式排列是指教材在各年级反复出现，但逐年提高要求的排列”。关于“直线式”组织和“螺旋式”组织所适用的课程内容，“要全面考虑发展身体和掌握知识、技能的需要，根据各项教材的特点和价值，采用不同的、恰当的排列方式。除少数价值高、需要反复出现的课程内容采用螺旋式外，多数内容可采用混合式或直线式排列。”然而，笼统、概括性地说明体育课程内容由“直线式”和“螺旋式”两种组织形式远远不能解决现实中体育课程内容的组织问题，依然不能给体育教师一个明确的指示，究竟哪些内容需要螺旋式排列，哪些内容需要直线式排列的问题依然没有解决。

在近年来的体育课程研究中，一些课程专家根据课程内容精教类、简教类、介绍类和锻炼类的分类方式来确定课程内容的“直线式”和“螺旋式”组织形式，并在此基础上更进一步对直线式和螺旋式进行程度上的区分，提出了充实螺旋式、单薄螺旋式和充实直线式、单薄直线式的观点，认为精教类内容宜采用充实螺旋式排列，简教类内容采用充实直线式排列，介绍类内容采用单薄直线式排列，锻炼类内容采用单薄螺旋式排列，并在单元划分和所占比例上给予建议。这是当前关于体育课程内容组织的较为合理的方式。本论文借鉴此种分类与排列方式，并结合体育课程教学实际情况进行调整。

（2）学校体育课程内容的排列体现出纵向组织与横向组织的特点

纵向组织又称序列组织，是指按照一定的准则以纵向顺序从已知到未知、从具体到抽象地排列课程内容。长久以来，这种排列顺序一直是教育家、心理学家的主张。横向组织是打破学科的界限和传统的知识体系，将各门学科的知识横向联系起来，以学生发展阶段需要探索的社会问题和最关心的问题为依据组织课程内容。纵向组织注重课程内容的独立体系和课程知识的深度，横向组织则强调课程内容的综合性和课程知识的广度。

泰勒认为，课程内容纵向组织的基本标准是“连续性”和“顺序性”。“连续性”强调课程要素的重复，指将选出的各种课程内容在不同的学习阶段给予重复，从而得到巩固。顺序性强调要素的扩展和加深，指将选出的课程内容，根据学科的逻辑体系和学生的身心发展阶段，由浅入深地组织起来。体育课程内容由于课程整体的逻辑性不强，很难找出一个合适的逻辑排列顺序，但是，就某一项运动项目来说，其技术结构和战术要求还是具备一定的逻辑关系的。体育课程内容的纵向排列可以体现在某一项目单个技术、组合技术、技术的灵活熟练运用等顺序上，如排球的发球、垫球、传球、扣球、跑位均属于单个技术，传球与垫球结合、传垫球与扣球结合则属于组合技术，而将其联系起来的比赛则是运用。它们前一个内容是后一个的基础，在学习后一个内容时要先复习前面的内容，属于内容的连续；也可以体现在一个内容的不断扩展和加深上，如技巧运动中的前滚翻、鱼跃前滚翻、跳箱上的前滚翻、双杠上的前滚翻则属于内容的扩展与加深。

（3）学校体育课程内容排列遵循特定的逻辑顺序与心理顺序

课程内容的组织既要考虑逻辑顺序，又要考虑心理顺序，已经得到课程专家的认可，也成为课程内容组织不可忽视的规律。所谓逻辑顺序，就是指科学知识本身的系统和内在的逻辑联系；所谓心理顺序则是指学生的心理发展顺序和心理活动顺序。这两种顺序问题是“传统教育”和“现代教育”学派在课程内容组织方面的根本分歧。传统教育派主张根据学科内在的逻辑顺序排列课程内容，强调学科固有的逻辑关系，忽视学生的发展；现代教育派则强调注重学生身心发展规律，按照学生的思维发展、兴趣、需要和经验背景组织课程内容。

体育课程内容排列的逻辑顺序体现在同一项目内部技术结构上，如篮球运动一定要先学会运球和投篮，才能学习三步上篮的技术动作，一定要学会运球、基本的胸前传球技术、击地传球、投篮等基本技术之后，才能进行传切配合等战术学习；而心理顺序排列主要以身心发展规律为基础，例如对学生身体素质练习一定要符合该项素质发展的年龄阶段等。

第五节　学校体育课程实施是体育课程的实现途径

课程实施作为一种重要的课程形态，在课程体系中起着极其重要的作用，是课程改革得以推行的主要途径。课程目标、课程内容作为课程体系的主体要素始终处于理想的设计状态，就像建筑师的图纸一样，要想将其变为现实，就必须通过课程实施来实现。课程实施是从理念构思到现实蓝图的必备环节。加拿大著名教育家、课程专家迈克尔·富兰（M.Fullan）曾说过："在过去的25年里进行的教育改革，很少有在实践中获得所希望的实施效果。"由此可见，课程实施对于课程改革的重要性。

一、对学校体育课程实施的认知

课程实施是从理念到现实的转换过程，既是课程理论研究问题，也是课程的实践性问题，更是现代课程理论研究的热点问题。与课程领域的其他问题有所区别的是，课程实施是一个非常难以定义的问题。如何理解课程实施的含义，如何理解课程实施的过程，是分析和研究课程实施问题的前提条件。

1. 学校体育课程实施的含义

20世纪60年代末到70年代，众多的课程专家在研究课程问题中发现，许多课程方案、课程设计没有达到预期的结果，审视其原因发现并不是因为课程改革方案本身不够优秀，而是在实施的过程中没有贯彻课程改革的理念，没有将设计落到实处，使得课程实施与设计本身发生了偏差。而且，课程实施的过程不仅仅是采纳和使用课程方案的问题，它是一个动态的过程，在课程实施的过程中，执行者往往会加入个人的观点和认识，而由此引起实施过程的不同反应，也导致实施结果的不同。那么，什么是课程实施呢？

考察课程研究的众多文献发现，中外专家学者从不同角度对"课程实施"进行了界定。大体有两种类型：一是认为"课程实施"属于"课程改革"的研究范围，即将课程改革的措施付诸实践的过程；一是认为课程实施是课程开发和编制的环节之一，是实施课程计划和课程方案的过程。

从第一种意义上研究课程实施是国外课程研究的传统。在国外，课程实施的定义一般是将其看作是改革思想变为实践的过程。1991出版的《国际课程百科全书》解释：课程实施"是把某项改革付诸实践的过程"。富兰的定义为："课程实施是把某项改革付诸实践的过程。它不同于采用某项改革，实施的焦点是实践中发生改革的程度和影响改革程度的那些因素。"在他看来，课程实施是课程变革过程中的一个重要阶段，实施即是缩短现存实践与改革所建议的时间之间的差距。

在我国，尽管人们认同上述的界定，但是由于教育环境和语言系统的差异，人们对课程实施也赋予了新的理解，也就是第二种意义上的课程实施。即从课程开发的视角将课程实施作为课程开发的一个环节。“课程实施是把课程计划付诸实践的过程，它是达到预期课程目标的基本途径。”这种界定认为课程实施就是将既定的课程推向学生、将课程内容转化为学生知识结构内在组成部分的过程。本文中所讨论的学校体育课程实施也是建立在这种定义基础上。

学校体育课程的实施就是把体育（与健康）课程标准（课程计划、课程指导纲要）付诸实践的过程，是达到预期的体育课程目标的过程，也是把体育课程标准（课程指导纲要）所规定的课程内容以及在课程标准指导和要求下选择编制的课程内容转化为学生内在知识能力结构的过程，是提高学生体育文化素养的核心途径。

2. 学校体育课程实施的本质是“行动”

在西方，课程实施从本质上讲，是一种课程变革的过程。如果把课程决策、课程设计看作是拟定变革计划的过程，课程实施就是课程变革过程本身，是课程变革的主体。约翰麦克尼尔（John McNeil）很形象地将课程变革划分为：

①替代，即一个因素取代另一个因素。

②改变，即把新内容、新章节、新材料和新程序引入原有的计划，由于改变的幅度很小，比较易于接受。

③搅乱，即打乱原有的课程计划，但是会很快得到调整，获得新的计划。

④重构，调整学校或学区的系统本身的结构。

⑤价值取向的改变，指参与者的哲学理念或课程取向发生变化。但是，无论是哪种变革，其主体都是课程实施。无论哪一种变革，都包含着一个行为动词在里面，如“替”“改”“搅”“构”“革”。所以，美国学者奥恩斯坦（Ornstein.A.C.）等指出：“课程实施是一个‘做’的过程，它致力于学习者个体的知识、行为和态度。它是一个创造课程方案者和传递课程方案者之间的互动过程。”因此，可以说课程实施的本质是行动的过程，通过这种行动过程将观念形态的课程转化为学生可以接受的课程，由此实现课程内在的教育意义。

体育课程实施“做”的特征表现得更为显著，行动过程的本质体现得更为明显。一方面，体育课程的实施是将体育课程标准和指导纲要付诸实践活动的过程，它使得具有远景的体育课程思想指导下的课程目标、课程内容由原始的文本文件向教育实践活动转变，使之成为学生自身具有的、能够促进学生发展的、内在的知识结构。没有这一层面的“行动”，再好的课程设计也无法变成现实，再优秀的建筑蓝图也只能束之高阁，无法成为雄伟的实体。另一方面，体育课程的实施过程是师生共同的、在智力指挥下的、表现为身体实践活动的“做”，运动技能的学习是最明显的“行动过程”，即便是体育理论知识的学习，大多数也是在身体实践活动的同时得以实施的。因此，体育课程实施的本质就是通过身体的“行动”实现课程实施“行动”的过程。

3. 学校体育课程实施的价值体现

学校体育课程实施是一种综合性的教育实践活动，具有多种价值体现。“变革是一项旅程，而不是一张蓝图”。学校体育课程改革想要获得预期的效果，就必须通过体育课程实施来实现。曾有研究表明，35% 的学习结果的差异可以归因为课程实施过程的差异。由此可以看出，课程实施之于课程改革的重要性。体育课程实施对于体育课程改革同样具有重要价值。

第一，体育课程实施是使学生学习体育技术技能知识的基本途径。体育课程最本质的目标是传承体育文化知识。这一目标必须经过体育课程的实施才能付诸现实。在课程实施的过程中，学生在体育教师的指导下学习课程标准和指导纲要所规划的课程，或者独立参与课程规划的体育活动，通过这种学习将课程中的体育学习内容逐步理解、消化、吸收并转化为自身内在的文化素质和运动技能素质，或者按照课程标准和指导纲要的提示，从实践的情景中吸收教育环境因素并将其转化为自身的内在素质，从而实现学生对体育知识的学习与获得的任务。

第二，体育课程实施是体育教师专业化发展的基本途径之一。体育教师专业化发展是教师个体人生规划的一项重要任务，也是时代、社会赋予教师的使命。拥有优秀的体育教师队伍，才能拥有高效率的课程实施效果，才能最大限度获得课程变革的成就。体育教师专业化发展的途径是多种多样的，其中包括体育教师专业培养和专职培训、体育课程实施、体育课程决策与设计、体育教育科学研究，等等。由于体育教师的工作职责中占据主要地位的是实施体育课程和课余训练等，因此在上述途径中，体育课程实施显得尤为重要，并且，体育教师专业化发展的各种途径是相互联系、相互促进的，体育课程实施不仅是教师专业化的途径，而且为其他途径的实现提供了重要的发挥作用的舞台。

第三，体育课程实施是改进、完善体育课程和创造新型体育课程的重要途径。一方面，体育课程的质量如何，最主要的检验途径就是通过课程的实施来判断。在课程实施的过程中可以发现课程存在的问题，通过对问题的分析查找产生问题的原因和解决问题的途径，同时也可以发现课程的优势并寻求更为合理的发扬优势的途径。在这个发扬与发现的过程中，结合课程实施以及相应的改进措施，不断改进和完善体育课程。另一方面，在体育课程实施的过程中，体育教师和学生还通过自身的体验、领悟和创造，不断形成新类别的体育课程，这些课程对原有的课程本身的丰富、体育教师专业发展、学生身心发展极为重要，对学生的个性发展的作用尤为突出。

第四，体育课程实施是传递人类体育文化，创造体育课程文化、体育教学文化和整个社会文化的重要途径。体育课程文化、体育教学文化是整个人类社会文化的重要构成因素。课程实施的过程不仅是存在于表面的课程事件和教学事件的发生、发展和变化过程，而且也是传递人类体育文化的过程，同时还可以在此过程中从更深的层次上形成体育课程文化、教学文化的延续性和整体性的变化，这种变化的核心是价值的形成和改变。

第五，体育课程实施是进行体育课程与教学研究的重要场所。一方面，就体育课程研究来说，仅仅停留在课程决策方面以及课程决策的各个环节的研究是远远不够的，更重要的是研究场所是体育课程的实施过程。只有在课程实施过程中，才能对体育课程质量和价值做出科学合理的检验和判断，从而对各种有关的体育课程理念和课程理论做出相应的判断，进一步调整、补充和修正课程，得出新的课程决策方案。另一方面，就体育教学研究而言，由于体育课程实施过程的主体环节与实施环境都处于体育课堂教学之中，通过对体育教学各个环节的研究可以真实地反应课程实施的效果，并针对各种不同的效果提出和调整、修正课程理论。

综上所述，体育课程实施实际上是体育教师与课程设计者、体育教师与学生、体育教师与课程本身、体育教师与科学研究者之间的相互交流和沟通的过程，在这样的沟通过程中不断地修正课程文件、提高课程质量、调整课程方案、传递和创造课程文化，以达到课程本身的目标和理想。

4. 体育课程实施的三种取向

20 世纪 70 年代，“课程实施”问题进入课程研究者的视野，首先引起关注的是有关课程实施的概念和意义的探讨。进入 20 世纪 90 年代后，这种局面逐渐被打破，课程研究者的注意力开始转向课程实施取向的研究和课程实施程度的研究。这标志着对“课程实施”研究的进一步深化。在课程实施过程中，由于相关人员对待课程的态度、对课程实施和课程设计的理解不同，在课程实施过程中的表现出现差异，从而引起课程实施效果的变化。这种态度、理解和行为就构成了课程实施的取向问题。关于课程实施取向问题的观点，最权威的莫过于美国学者辛德等人的观点。他们对课程实施的取向问题进行分析、归纳，认为分析课程实施可以基于三个角度，即忠实观、相互调试观和课程创生观。从而形成了课程实施的三种取向，即忠实取向、调适取向和创生取向。

对体育课程实施进行研究，首先要清楚体育课程实施的价值取向。对体育课程实施过程的各种要素（例如教师、学生、教材、课程环境等）以及课程计划与课程实施过程之间关系的认识程度不同，所形成的课程价值取向也不相同。

（1）课程实施的忠实取向

课程实施的“忠实取向”是指最大限度地按照课程计划的原本意图去实施课程。其基本主张是课程的实施过程要“忠实地”反应课程设计者的意图，以设计者规定的教育目标、课程内容为基本目的，并力求按照设计中所规定的学习方式、评价标准和方法来评判学生的学习，不能改变原有的设计。

在这样的课程实施体系中，课程的设计者和执行者完全分开，角色定位非常明确，设计者即课程专家负责按照一定的教育思想和课程理念决策、制定课程目标、内容和方法；执行者即教师完全按照设计者的设计以及设计者给予教师的建议和指导执行规划好的课程变革，无须做任何改变。按照这样的取向，最终设计者所关注的是检查、判断课程实施的程度和影响课程实施的因素。我国 20 世纪 90 年代以前，基本上是按照这种取向实施课程的，全国基本按照统一的体育教学计划、统一的体育教学大纲、统一的教学进度和统一的体育教材组织实施教育活动。20 世纪 90 年代以后，逐渐在原有基础上增加了一些自主选择性课程内容。但是，忠实取向的课程实施在我国已经形成了稳定的惯式，体育课程的设计权依然归属于国家教育部和课程专家们，虽然给予体育教师一些发展的空间，但基本的框架还是一种固定的模式。

忠实取向的课程实施集中反映了科学主义思潮在课程运作过程中的表现：课程实施过程是程序化的，专家设计的课程体现的是客观性知识，是可信赖的，普遍适用的，是值得任何学校、任何教师在教学中遵循的。

（2）课程实施的互动调适取向

20 世纪 80 年代初，美国从一些课程改革的“失败”中感觉到，以往的课程实施过程中，课程决策者和设计者忽略了一个实际的问题，即“人们在实际中做了什么和没有做什么是一个关键的变量”。课程实施过程中的课程变化和相互调节是不可避免的，正如富兰所说：“变革是一个过程，而不是一个事件。”不能将设计方案看作是一成不变的或者是完全可以按照设计原样实施的，应该用动态的、变化的方法来看待课程实施。因此，就产生了课程实施的互动调适取向，即教师可以根据具体的教育情境对原有的课程计划做出适当的调整。这种价值取向的课程实施主张教师可以不按照设计者的意图和既定的课程计划去实施课程。既定的课程计划在设计的过程中考虑的多数是学校教育的共性，但不同的学校、不同的学生以及不同的教师都具有个性特征，课程实施在不同的区域会遇到不同的问题。因此，为了保证课程计划的实施就必须对其做出适当的调整。这就要求课程本身具有一定的灵活性，给教师留有预定的空间对课程的各个要素进行理解、评价、判断并作出适当的调整。

互动调适取向的体育课程实施是一个动态的连续过程，由课程专家和体育教师共同面临体育课程实施中的各种问题。认为自己的行为和设计最完美，而将问题推卸给对方的态度是不合理，也是不可取的。面对课程实施过程中的问题，课程专家应及时审视课程设计的理想与现实之间存在的差距，体育教师则要反思实施过程中的不利因素，二者之间相互给予指导和建议，以便达到最好的体育课程实施效果。

（3）课程实施的创生取向

课程创生取向认为：课程是学生与教师在具体情境中的创造性的教育体验，即课程在实施之前并没有固定，课程实施的过程也是制定课程的一部分。官方的课程文件、纲要和教材不再是需要执行的图纸，而是帮助教师和学生创造课程的工具。教师既是课程实施的执行者，也是课程的开发者；学生既是课程实施的参与者，也是课程的创造者。这种取向的课程实施不再以专家的意见为依据，教师和学生共同成为课程创生的主体，强调将教师和学生的经验与课程相互融合。

这种取向最大限度地发挥了教师和学生在课程制定中的作用，是一种理想化的思路。但是在实际设计与实施中，不是所有的教师都是课程研究的专家，都具有课程设计的能力，对教师的期望值过高，会使许多教师感到力不从心，压力过大。新的《体育与健康课程标准》在实施过程中就遇到了这样的问题。但是，让教师更多地参与到课程制定的过程中已经成为国际课程改革的趋势。这也是提出教师专业化发展的依据，只有对教师进行培训，使之符合课程研究的条件，才能逐步实施这种取向的课程。

事实上，课程实施的价值取向只是对课程实施活动的一种理论上的提升，在课程实践过程中，即不存在单纯的忠实取向、调适取向或创生取向，也很难将它们严格区分开。课程实施的取向不仅仅揭示了教师在课程实施过程中的倾向性，也显示出教师在课程实施中的重要性以及教师工作的复杂性。

二、学校体育课程实施体系的构成要素

课程实施有两个方面的定义，而本论文把重点放在第二种即“课程实施是把课程计划付诸实践的过程，它是达到预期课程目标的基本途径。”也就是说本文的课程实施指的是体育课程在学校内部范畴的实施过程。

学校体育课程的实施体系就是在课程理念指导下，由体育课程实施过程中的实施主体、实施途径、实施环境和实施效果构成的具有相互关联的统一体。其中实施主体是体育课程实施过程的执行者、课程学习的参与者和实施过程的保障者，即体育教师、学校校长和学生，是课程实施的必备条件，没有了主体，课程实施就成为空谈；实施途径是课程实施的主体和课程学习的主体之间相互联系的纽带，即体育教学。体育课程实施的环境是主体和途径赖以存在的基础，没有了课程实施的环境，体育课程实施就失去了生存的土壤。课程实施效果是课程实施过程中，实施主体通过实施途径在实施环境条件下，对课程的学习主体产生的影响，也是课程实施最终的目标。课程实施的效果通过学生主体反映出来，又会给体育教师和校长提供反馈，便于修正、完善课程实施计划和课程设计。而课外体育活动是对体育课程的补充，虽处于实施体系的边缘，却有其一定的作用。

1.“人”是学校体育课程实施的直接主体

体育课程在实施过程中涉及的人员是多样的，包括课程设计者（课程专家、体育教研员、政府相关部门的决策人员）、体育教师、学生和学校的管理者（校长、课程管理员）、学生家长等等。这是一个多元化的主体构成结构。在整个课程设计、实施过程中，这些人员都会对课程的实施产生影响，但是他们承担的角色和发挥的作用是有所差异的。学校是课程实施的核心，学校的影响作用是课程实施过程中最主要的，也是不能忽视的环节。本论文对于体育课程实施主体的研究限定于学校范畴，即体育教师、学生、校长（管理者），尤以体育教师为主。

（1）体育课程实施中的教师角色定位

研究体育课程实施的主体当首推体育教师。体育教师的首要任务是实施体育课教学，课程实施的成功与否、质量高低首先取决于体育教师的工作。而体育教师的角色定位就是对体育教师在课程实施中的地位与作用的良好说明。

角色，是指处于一定社会地位的个体或群体，在实现与其地位相关的权利和义务时所表现出来的符合社会期望的行为和态度的总模式。“角色”一词属于戏剧用语，后被引入社会学、心理学等学科中。在这些学科领域里，角色由社会文化规定。社会对每一个角色给予的一定期望或规范要求决定了个体在占据某一位置时应该表现的行为和应该具有的特征。教师角色问题直接关系到课程实施的问题。

（2）体育课程实施中的校长角色定位

校长是学校的灵魂，是一所学校的首席“执行官”，是上级教育行政部门的相关政策的“执行者”，是介于学校所有学生、教职员工与上级教育行政部门之间的“桥梁”。校长是学校一切事物的决策者和管理者，也是学校课程决策和课程教学工作的引导者与设计者。在今天课程改革的背景下，课程权利不断下放，地方教育机构和学校对课程具有越来越大自主权的情况下，学校的校长对学校各门课程的设置、实施、课程环境的改学远善以及教师的工作具有绝对的话语权。“教育革新成功与否，校长起着核心作用”，学校在教育革新实施之际，起关键作用的是校长。受校长支持和教师理解的教育革新比不支持、不理解的教育革新容易实施。由此可以看出，在学校顺利有效地实施体育课程，校长的作用是不容忽视的。

（3）体育课程实施中的学生角色定位

学生是体育课程实施的直接参与者，也是接受体育课程教育的对象，学生对体育课程的认知程度和喜爱程度，直接影响学生参与体育学习的积极性和主动性，从而影响体育教师对体育课程的执行情况，影响体育课程实施的效果。由于学生是体育课程实施过程中的教育对象，是体育学习的参与者。学生的角色首先是体育课程实施的接受者，是体育教育的“原石”，是体现体育课程效果的“成品”。然后才是体育学习行为发生的主体，学生的作用就是参与体育课程实施，积极地、主动地、能动地接受体育课程教育。

2. 体育教学和课外体育活动是体育课程实施的重要途径

“途径”也可以写作“途迁”。其含义为：方法、路子、路径，多用于比喻。清代李渔在《玉搔头·缔盟》中所说：“就是这茵尊衔，也只好借为途径。”夏仁虎在《旧京琐记·考试》：“考试取士为清代登进人才唯一之途迁。”这中间的“途径”都是作为方法、路径的意思。体育课程实施的途径就是指在课程实施过程中，将体育课程计划、方案等由文本资料变为课程实践活动，以达到预期目标的方法和路径。

在体育课程实施过程中，这种途径的核心是体育教学。另外，作为学校体育工作内容的课外体育活动是为了实现体育课程目标要求而设立的对体育教学起到补充作用的车甫助手段和方法。

（1）体育教学是体育课程实施的主体途径

体育课程是学校教学计划中所规定的必修课，是学校体育教学的基本组织形式，是实现学校体育教学目标的主要途径。体育教学是体育教师在规定的时间内，对相对固定的学生按照《课程标准》的规定而实施的体育课堂教学活动，它是体育课程在学校体育中的主要表现形式，是实现体育课程目标的主要途径。

体育教学的主要作用在于传授知识、形成技能、培养智能和发展个性。这四个方面是相互联系、相互重叠渗透的统一体。传授知识即向学生传授体育学科的基础理论知识和运动技术技能知识；形成技能即在体育课程中按照运动技能的形成规律帮助学生掌握体育运动技术，发展运动能力。知识传授是形成技能、培养智能和发展个性的基础，运动技能形成过程与体育知识传授过程是统一的，两者互相依存，不可分割。这两个方面是体育教学最基本的作用和功能。而培养智能和发展个性是建立在传授知识和形成技能基础上的，是在体育知识传授和运动技能形成过程中的辅助产品。

（2）课外体育活动是体育课程实施的辅助途径

课外体育活动有多种解释。第一种，课外体育活动是学生在学校内外参加的体育课以外的有组织的体育活动。第二种，课外体育活动是在体育课程以外，以健身、保健、娱乐为目的的体育活动，以提高运动技术水平为目的的课余体育训练以及为丰富学生课余文化生活而举办的课余体育竞赛的总称。第三种，课外体育活动是指课前、课间和课后在校内进行的，以全体学生为对象，以保健操、健身活动为主要内容，以班级为基本组织单位，以满足广大学生多种身心需要为目的，促进学生身体、心理和社会适应能力和谐发展的体育锻炼活动。

无论哪种解释，始终要坚持课外体育活动首先是体育课以外的活动；

其次是面向全体学生的活动；

最后是在学校内进行的、有组织的体育活动。本研究认为课外体育活动应该是除去学校体育工作规定的早操、课间操、课余体育训练之外，由学校在规定的时间段内，统一组织的体育活动，才是真正意义上的课外体育活动。

课外体育活动的作用主要表现为：满足学生参与体育活动的需求，有效促进学生的身体发育和体质的增强；巩固体育课上学习的知识和基本的技术技能，提高体育运动技术，形成学生自身的运动特长；丰富学生课余生活，促进学生在身体、心理和社会适应方面的全面发展；培养和发展学生的体育兴趣与能力，为终身体育奠定基础。

3. 教学环境是体育课程实施的基本保障

体育课程实施是发生在教师与学生之间的人类体育教学实践活动，因此课程实施也有其特有的、密不可分的环境。环境对处于其中的课程实施行为亦会产生影响。体育课程实施最直接的表现形式是体育课，而实际上体育课是体育教学活动的组织形式。因此，体育课程实施环境就是体育课所处的环境，也就是体育教学活动发生的环境——体育教学环境。

教学环境是一种特殊的环境形式。概括地说，教学环境就是学校教学活动所必需的诸客观条件和力量的总和，是按照人的身心这种特殊需要而组织起来的育人环境。教学环境具有广义和狭义之分，广义的教学环境是指社会制度、科学技术、家庭条件、亲朋邻里等。而狭义的教学环境则是从学校教学工作的角度定义，教学环境主要是指学校教学活动的场所、各种教学设施、校风班风和师生人际关系等。本论文中课程实施的环境指的就是这种狭义的环境。由此，体育课程实施环境就是体育课程实施（教学）活动的场所、各种体育场馆、体育设施、体育器材，校风班风和师生人际关系等条件的总和。

4. 体育课程实施效果

效果是指由某种动因或原因所产生的结果、后果。汉语词典对其有三个方面的解释：一是由某种因素造成的结果，如收到良好的效果就是这个意思；二是指演出活动中人工设计安排的光照、声音等，如模拟火车开动的音响效果很逼真；三是“动机与效果”，动机指人行动的主观愿望；效果指人实践的客观后果。

体育课程实施效果就是通过体育课程实施活动将体育课程计划、方案付诸实践后产生的结果。这种效果往往通过课程实施对课程目标的达成程度来反映，具体由学生所产生的变化来体现。

三、学校体育课程实施主体现状分析

根据上述体育课程实施体系的构成要素，对当前体育课程实施情况进行调查，并进行理论上的分析与讨论。

（1）对体育教师的调查结果与分析

人才辈出靠教育，事业发展靠教师。胡锦涛同志在接见第 20 个教师节优秀教师代表时强调：“国运兴衰，在于教育；教育大计，在于教师。”教师是教育事业的支柱，是提高教育质量和水平的关键所在。体育教师是学生健美体魄的塑造者，是学生优秀品德的培养者，是体育人才的启蒙者，是体育文化的传播者，因此体育教师必须具有一定的专业知识，懂得教育规律，具备教育和教学的各种能力以及高尚的品格和强健的体魄。体育教师要热爱本职工作，要专心投入体育教学，要适应课程改革的变化不断进行专业学习以提升自身专业素养，更好地实施体育课程，做好学校体育工作。

（2）体育课程实施中校长对体育课程的态度

本研究进行过程中，借助2010年指导体育专业学生实习和2011年巡视指导顶岗实习支教学生的机会与一些中学的校长进行了交流，通过整理、汇集各位校长的观点发现：

第一，各位校长都认为体育课程是学校必须开设的一门课程，但是具体的开设原因却不一样，一是体育课程可以适当缓解学生的压力，课外活动基本没有了，让学生在体育课上高兴一会，没什么不可以；二是认为体育课程是教育部门规定的必修课，不开不行，还要接受检查的；三是学生在学习其他课程的同时，应该受到体育的熏陶，社会都国际化了，如果学生不会一项体育活动，以后可能在交往上都要受限制了。由此可见，学校开设体育课虽然是必要的，但校长的认可程度是不同的。

第二，关于是否按照要求保障了体育课程的教学时数时，多数是没有。城市学校情况比较好，但是乡镇学校基本上没保障。一是体育教师没有保障，教师少，体育课上不过来，只好先保证中考的初三年级，其他的看情况；一是低年级开设时数能保障，毕业年级适当减少，让位给文化课；三是校长本人觉得规定的课时数有点多，每周一节课感受一下就可以了。

第三，对体育教师工作与其他教师相比，在薪酬上是否有区别时，多数校长都持否认态度，在教学工作量上是基本相同的，但是学科教师会有绩效奖励，例如毕业班成绩好，考上重点中学和大学的学生多，教师就会获得学校给予的奖励。但是他们也表示，体育教师的工作是比较繁多的，一些体育教师在担任教学工作之外，还兼职学校的其他部门的一些工作。

第四，在关于对体育课程的重视程度问题上，校长们没有发表太多的意见，认为如果给予他们足够的时间，相应的政策，适当减少升学压力和成绩要求，他们是可以做到全力支持体育工作的。但目前的状况是成绩决定了学校的生存，没有成绩就没有生源，学校的生存就成了巨大的问题，在这样的情况下，作为学校负责人的校长工作的重点自然就发生了偏移。

（3）对体育课程实施的学生主体分析

学生是体育课程实施的直接参与者，也是接受体育课程教育的对象，学生对体育课程的认知程度和喜爱程度，直接影响学生参与体育学习的积极性和主动性，从而影响体育教师对体育课程的执行情况，影响体育课程实施的效果。

四、提高体育课程实施效果的对策

要提高体育课程实施的效果，必须从体育课程实施的各个环节进行完善。

1. 充分发挥主体在体育课程实施中的积极作用

体育课程实施过程中的主体是多样化的，发挥主体作用的策略涵盖着各个层次的主体策略。由于体育教师是体育课程实施的核心主体，因此，本论文重点探讨发挥体育教师作用的策略。

（1）加深体育教师对课程的理解

行为的产生依赖于对事物的理解和认知，理解和认知的程度越深刻，行为就越有效。在很多情况下，体育教师对课程实施的积极性偏低，是因为体育教师对课程缺乏理解。例如，在体育教师适应了按照教学大纲规定的内容进行体育课程教学的模式之后，新课程突然间将具体的体育课程内容变成了该内容需要完成的任务或达成的目标，由过去具体的、可操作的课程材料变成了笼统的、抽象的课程要求，让教师完全自主安排教学内容。体育教师无法适应这种状况，更不理解为什么变成这样，变成这样要达到什么结果，这样的结果对学生发展和体育教师的发展有什么价值？一系列的困惑和困难摆在面前，使体育教师很茫然，也很盲从，索性还把原来的内容搬过来继续使用。

（2）组织和激励体育教师开展课堂改革，创造具有生机和活力的体育课堂

课程实施是一个不断更新、变化的过程，要在课程实施过程中不断对体育课程进行改善、调整、补充，就必须经常性的进行课堂变革。要让体育课堂充满着生机和活力，就必须改变那些无论教什么内容，体育课程都是从跑步热身开始、简单的徒手操、教师教学、学生练习、活动、下课的流程顺序，就必须改变不同年级、不同的班级、不同的教学内容、不同的教师在同一时间上体育课程，操场上却出现几个班级同时跑步两圈、教师或班长组织做关节操等满场一致的局面。

（3）鼓励和组织体育教师进行校本课程研究

所谓校本课程，就是由学校自己决定和设计，在本校范围内实施的课程，发展校本课程是当前我国中小学课程改革的一个重要趋势。校本课程发展的主体力量是教师。

鼓励和组织体育教师进行校本课程研究，一是因为校本课程更加适合学校和学生个人的特点和需要，可以弥补国家课程和地方课程在实施过程中的不足，如国家和地方课程中的某些项目在学校不具备课程学习的条件，无法形成课程实施活动，就可以通过校本课程的形式补充与之相应的课程内容；二是有助于体育教师体验体育课程决策与设计的过程，从而增强对课程的理解力，而对课程的理解力又是进行课程实施的重要基础。在学校，不是每一个体育教师都有机会参与到国家和地方体育课程的设计和变革中，多数体育教师不明白课程是如何创生出来的，课程的基本要素是什么，都有什么样的作用，通过校本课程的研究过程，可以帮助教师弥补这一过程的缺失；三是通过校本课程发展，促使教师增强自我效能感和自信心，从而增强对体育课程实施的动力和积极性。校本课程研究过程中，

体育教师通过直接参与课程研究、制定、实验和检验，提升自身的能力，同时也检验自身的能力，在课程开发的过程中找到自己的位置，体验课程研究的成就。

（4）加强体育教师的业务学习、培训

体育教师的业务学习和培训是体育教师通过学习相关的理论知识和技术技能，来提高自己的课程实施素质，尤其是关于课程实施素质中的课程意识、课程理念、课程改革知识、学科前沿知识和新体育项目、新教学手段和方法、新教学模式和课程结构等。主要实现途径有：

一是专家引领，邀请体育课程和教学领域的知名专家、大学体育教师、体育教研员等为体育教师开设专题项目，通过聆听理论学术报告和讲座获取信息，开阔视野，提高素质；通过观摩实践和录像，领略特级体育教师的体育示范课，学习体育课堂设计理念、方法和艺术；邀请体育领域的课程实践专家亲临教学实境，现场对体育教师的教学过程和环节进行诊断评价，分析过程、找出问题、总结经验、提高水平；还可以进行个别指导、网络互动、助教研修等方式实现专家引领体育教师提高业务素养。

二是校本教研培训，以体育教师所在学校为基地，立足本校体育资源，以解决本校体育课程实施中的问题为宗旨，依靠自身学校的力量进行教师培训学习。

三是院校合作，专业进修。实现高等院校体育专业与基层学校的合作，利用高校的体育资源为体育教师提供相应的培训课程。要求合作院、校之间紧密联系沟通，了解体育课程实施环节的具体问题，有针对性地开展培训，为体育教师提供最需要的业务进修素材。在有条件的学校，可以建立体育专业院校的专业硕士研究生实习基地，委托体育教师指导实习，在此过程中，既锻炼了研究生的教学实践能力，又使得体育教师为了更好地指导学生，而认真钻研业务，提高水平。

四是短期培训，技术学习。通过各级教育部门为体育教师定期组织相关的技术学科培训，不断丰富体育教师的教学素材和运动知识。

最后，体育教师还可以通过自学的方式进行业务学习，这也是教师学习最可行、最便宜的一种方式。

（5）培养体育教师的教学反思习惯与能力

反思性实践是体育教师在体育课程实践中不断系统深入地进行课前反思（对备课情况和体育课教学方案反思）、课中反思（课堂教学每一个环节的反思）和课后反思（下课之后的总结），通过这种反思性的实践发现自身备课、上课、课后总结的不足，并及时学习、修正，从而不断提高课程实施效果的过程。体育课程实施中的反思性实践活动具有探究性、开放性、民主性、批判性特点，有助于体育教师采取适宜的教学行动，使体育课堂生动活泼，形成良好的师生情感；有助于教师形成关于实践的基本原理，提高体育课程实践能力和水平；有助于促进师生信任关系，避免伤害。

（6）体育教师要正确认识、理解学生主体地位

体育课程实施中有两个“活性”主体的存在，一个是体育教师，另一个是学生。但是，这两个主体的站位是不同的，体育教师是课程实施的执行主体，而学生是体育课程实施的参与主体。这种主体的定位，就决定了学生从参与课程开始，实际上是处于相对被动的地位的。被纳入到体育课程实施过程中的学生首先是作为教育对象而存在和参与活动的，学生的地位首先是教学的对象，然后才是学习的主体。

（7）处理好体育教师主导与学生主体的关系

学生是体育课堂学习的主体已经得到了体育教师的公认。学生在体育学习中的主体性表现在学生在课堂学习活动中的选择性、自主性、能动性和创造性。同时，学生作为体育课程实施的对象，作为体育教育的对象，还具有受动性、依附性和模仿性等特征。体育课程实施过程中要在发挥体育教师主导作用的同时，注重学生主体作用的发挥，强调学生主体性，处理协调好二者的关系才能保障体育课程的顺利实施，否则就会从重教轻学的极端滑向重学轻教的另一个极端。

2. 提高学生体育学习积极性的措施

学生是体育课程实施过程中的参与主体，体育课程目标最终要通过学生的学习结果，即课程对学生的身心发展效果来反映，因此必须确立学生的主体地位。如何发挥好学生在体育课程实施过程中的主体作用，主要有以下几个方面：

（1）提高学生对体育课程的认识

使学生明确知道体育课程在学校课程中的性质和地位，以及与学生考核、升学的关系；对学生进行体育课程价值、意义、功能的教育，使学生形成正确的体育观，了解体育课程对于学生自身发展的作用。由此，从学生自身方面提高参与体育课程学习的积极性。

（2）通过各种途径培养和提高学生参与体育活动的兴趣

兴趣是最好的老师，可以激励学生产生主动探索、发现的动机，动机会促进行为的产生。

（3）发挥学生在体育课程实施过程中的主体作用

鼓励学生积极思考、体验，邀请学生参与体育课程研讨，尊重学生的意见，并合理采纳有建设性的建议。

（4）发挥学生群体体育骨干作用

建立合作小组、互助小组生有机会辅助他人，立自信心。

（5）开展丰富建立其成就感

使体育基础差的学生得到帮助，使体育基础好的学生获得运动体验，在体育课程之外，

以集体荣誉感促使学生积极参与体育课程学习以外的体育活动，并对体育竞赛、体育艺术节、班级对抗赛等多种形式活动的参与范围提出要求，多开展全体学生的活动，利用学生为班级争光的荣誉感激发学生的责任心，使之不甘落后，积极参与体育学习与锻炼。

（6）通过外围因素促进学生的体育学习

这里所说的外围因素包括相关部门的制度、社会的推动力、家庭的影响等等。例如，中考体育成绩加分制度、家长的正确引导、社区活动的组织等等，都会对学生的体育态度产生影响。

3. 发挥校长主体作用的措施

校长是学校整体教育工作的管理者和具体工作的执行者，是学校课程分配的决策者，是体育课程得以实施的有力保障者，也是体育工作的监督者。发挥校长的主体作用有利于体育课程的实施。

（1）使校长增长体育兴趣，重新认识体育课程

校长对体育课程的认识程度与他们给予体育课程的支持是呈正向发展的。校长对体育越了解，认识程度越高，给予体育工作的支持力度就越大。因而提示体育教师通过多种方式，邀请校长参与体育活动，增长培养体育兴趣；在情况允许的条件下，由体育组根据实际情况，利用学校条件开发一些健身活动项目，提供给全校教师参与；体育组长、体育教师在认真做好本职工作的前提下要主动同校长交流，让校长了解学校体育课程状况、体育教师的工作情况。

（2）邀请校长参加体育校本课程开发

一方面，现在的校长多数都是某一学科的优秀教育者，都懂得教育的规律和课程的设计，邀请校长参与课程开发活动，可以得到来自校长的教育理论、课程理论的指导；另一方面，有助于将体育教师的工作展示在校长面前，得到校长的认可。

（3）通过体育活动给学校带来更多的荣誉

通过体育教师和学生的共同努力，获得竞赛的优异成绩；通过教师评优课，得到体育同行的认可；创编具有特色的学生健身操，加入到学校课间操内容，展示体育教学成果，并可以作为上级检查、同行观摩时的一项代表学校特色的活动进行展示，提升学校的知名度。本人曾经随同“体育国培班”的学员观摩过一些学校的课间操活动，其中一所小学的课间操给本人留下深刻的印象，在教育部门规定的广播操之后，全校学生一起做自己学校体育教师创编的武术操，动作简单，整齐划一，喊声阵阵，让所有观摩人员眼前一亮。

（4）体育教师以身作则，创建有生命力的体育课堂

让校长看到充满生机的体育课程和课堂上充满活力的体育教师、学生群体。

通过上述活动，改观校长对体育课程、体育教师的认识，使其将体育课程纳入学校发展的规划，给予体育课程更多的支持和指导。

五、完善体育课程实施途径的对策

完善体育课程实施途径可以从以下两个方面进行：

一方面，改变现有体育教学现状。体育教学是课程实施的主体途径，主体途径不通畅，其他辅助的途径再完善，也达不到预期的效果。因而，完善体育课程实施的途径首先要提高体育教学的效率。一是要保障体育课程规定的时间。首先在学时设置上要按照国家要求，严格实施各阶段学生体育课程教学时数安排，不得以各种理由减少体育课程的课时数量；二是要杜绝其他课程、事件对体育课程的占用情况，不得以任何理由停上体育课程或挪用体育课时；三是要提高体育课程本身的有效教学时间，改变和完善体育教学组织形式。体育课程是传授体育知识的场所，虽然以身体活动为手段，但不是普通意义上的自由身体活动，身体活动是体育知识形成的途径，活动要建立在知识传授的基础上，要有计划、有组织、有目的地进行身体活动，寓身体活动于体育教育之中。即体育知识是本质，身体活动是手段；四是提高体育教师的专业素养、事业心和责任心。使体育教师认真设计每一节体育课程，认真执行每一节体育课程，让体育课程真正成为激励学生体育学习、唤醒学生体育求知、鼓舞学生积极参与的课程。

另一方面，改变现有课外体育活动现状，使课外体育活动真正成为所有学生的第二体育课堂。一是要积极保持现有的课间操、课余训练、运动会；二是要建立班级体育活动制度，使每个班级都有固定的体育活动时间，使班级的每一个学生都参与体育活动；三是学校要积极组织具有特色的课外体育活动，开展特色体育、民间体育、体育节活动，并形成规模，形成制度。

另外，积极寻求和发展更多的体育课程实施的辅助途径，如家庭促进力量、社区促进模式，等等。

六、改善体育课程实施环境的对策

目前，学校体育课程的实施环境不容乐观，无论是软件环境还是硬件环境都存在一定的不足，改变这种局面是一件非常困难的事情。

首先，关于软件环境的改善。一是要加强体育课程实施的制度建设，完善各项政策、法规以及教学文件的配备和学习制度；二是要加强学科理论建设，在体育理论、课程理论、教学论等方面提升整个体育工作人员的素质；三是在人员方面，建设配备合理的体育教师队伍，加强教师行为规范教育，树立良好的体育教师形象。四是加强校园体育文化建设，促进学生体育兴趣发展。通过多种方式进行体育文化宣传，加强校园体育文化建设，从而拓宽学生的体育知识，促进学生对体育文化的认识，激发学生学习兴趣。多种宣传渠道包括学校宣传窗、校报、校园网、体育艺术节等；多种宣传内容包括世界冠军、体育明星、奥运知识、运动建筑、体育海报等。

其次，关于硬件环境的改善。一是要出台相应的政策，对中小学体育器材设施配备加以规定和要求，并建立相应的监督、保障措施；二是教育经费中体育经费的投入按标准拨付，专款专用，同时加大投入力度，并多方筹集资金，提高体育经费数额；三是要发挥学校力量，发扬自力更生、艰苦奋斗的精神，根据学校条件创建体育快乐园地，充分利用现有资源；四是加强体育教材和教师用书建设，为体育课程实施创建良好的知识素材环境，等等。

第三章　体育课程内容资源开发理论与实践

第一节　相关概念界定

一、课程与体育课程相关概念

1. 课程的概念

在学校教育活动中，课程具有重要的地位和作用。在各类教育文献中，课程是人们经常使用的概念，但遗憾的是，对课程的定义则是见智见仁，人言人殊，至今没有统一的界定。

课程一词起源于拉丁语，意为“跑道”。在学校教育中，其原始含义是指学习学科内容的进程。在我国，课程一词始见于唐宋年间（陈侠，1989）。《朱了全书》中所提到的课程是指所分担工作的程度以及学习内容的范围、时限和进程。在西方，课程（curriculum）一词最早出现在英国教育家斯宾塞（H.Spencer）《什么知识最有价值》一文中，课程在这里的含义是指“学习的进程”（施良方，1996）。由此可见，课程的最初含义应该是“学程”。然而，在当代课程研究中，课程的定义受到了广泛的批评，并不断被修正和替换，课程的定义无论是在课程理论研究中，还是在课程实践中早已背离了原来的含义。

奥利沃（P.Oliva）对学者们提出的各种课程概念进行了归纳，总结出 13 种具有代表意义的课程定义：

①课程是在学校中所传授的东西。

②课程是一系列的学科。

③课程是教学内容。

④课程是学习计划。

⑤课程是一系列的材料。

⑥课程是科目顺序。

⑦课程是一系列的行为目标。

⑧课程是学习进程。

⑨课程是在学校进行的各种活动，包括课外活动、辅导及人际交往。

⑩课程是在学校指导下，在校内外所传授的东西。

⑪课程是学校全体职工所设计的任何事情。

⑫课程是个体学习者在学校教育中所获得的一系列经验。

⑬课程是学习者在学校所经历的经验。

施良方认为，若把课程定义加以归类，大致有 6 种较为典型的课程定义：

①课程即教学科目。

②课程即有计划的教学活动。

③课程即预期的学习结果。

④课程即学习经验。

⑤课程即社会文化的再生产。

⑥课程即社会改造。

上述对课程概念研究的角度各有不同，大致是从四个方面进行的：一是从探讨课程的本质属性定义课程，如课程即学习经验，课程是学校指导的所有活动；二是从确定课程所具有的功能定义课程，如课程是社会文化的再生产，是预期的学习结果；三是从课程存在的物质形态定义课程，如课程是教育工作计划的范围和安排的书面文件，是活动的教学大纲、学程设置、课程和内容的编目等；四是从课程实施的管理需要定义课程，如为学习者制定的学习计划，学习者在学校实际学习的东西等。也就是说，上述多种课程的定义虽然涉及的范围很广，对课程界定的维度以及表达的用语也有一定差别，但它们又都包括了学科、经验、目标等关键词语，包含了一些共同的含义：其一，大多数课程的定义是围绕着教育的内容来展开的，这反映了课程的实质离不开教育内容或者说教育的内容是课程的本质特征；其二，强调有计划地、按一定顺序向学生传授学习经验，这反映了课程的计划性；其三，重视学校或教师传授知识的结果；最后，强调学习内容的目标性。

尽管确定课程的概念非常困难，但我国的一些学者在分析了中外学者对课程本质的研究后，仍然试图给课程下一个比较完整的定义：

吕达（2001）则认为：“课程，从不同的角度看，有不同的定义。从内涵上看，广义的课程是指学校为实现一定的教育目标而选择和组织的全部教育内容及其进程；狭义的课程是指某一门课程，也即教学科目。从层面上看，广义的课程有三层含义：一是总体的课程计划，或者说课程设计、课程设置；二是分学科的课程标准，或者说教学大纲；三是课程内容，也就是各学科的教材。狭义的课程仅指第一项含义，或指第一、第二项含义。”

陈玉琨等（2001）同样认为课程有广义和狭义之分，但却与吕达对课程的定义相去甚远：“从广义来说，课程是学生在学校获得的全部经验。其中包括有目的、有计划的学科设置，教学活动，教学进程，课外活动以及学校环境和氛围的影响。……从狭义来说，课程是指各级各类学校为了实现培养目标而开设的学科及其目的、内容、范围、活动、进程等的总和，它主要体现在教学计划、教学大纲和教科书中。”

由于所处的特定历史时期和社会条件不同，由于每个人从事课程理论与实践研究的经验、视角和层次的不同，对课程的理解自然也会有一定差异。课程的发展本身是动态的，对课程的理解也应该是动态、多角度的。相对而言，笔者比较认同陈玉琨等人的观点。

2. 课程内容的概念

课程内容是构成课程的基本要素，其与课程目标之间有着内在的逻辑联系，并影响着课程实施中的教和学的方式，因此它便成为课程内在结构的核心部分。由于课程内容的选择涉及课程价值观、课程结构观和课程设计观等问题，因此不同的课程价值观、课程结构观和课程设计观使得人们对课程内容概念的认识亦不相同。

张华（2000）从课程内容选择的角度讨论了课程内容的价值取向问题。指出：既然课程目标的基本来源是“学科的发展”“当代社会生活的需求”“学习者的需要”，相应地，课程内容的基本取向即是“学科知识”“当代社会生活经验”和“学习者的经验”。

郭元祥（2001）在讨论课程观的转向时提到：课程内容不应该是单一的、理论化的、体系化的书本知识，而要给学生呈现人类群体的生活经验，并将之纳入到学生的生活世界中加以组织，使文化进入学生的“生活经验”和“履历情景”。

对课程内容的定义，国外的课程理论中主要有两种主要观点。一种观点认为，课程内容是在教育机构范围内要向学生灌输的知识；另一种观点认为，课程内容是指一门课中所传授或所包含的知识，也指各门学科中特定的事实、观点、法则和问题等。前者是课程知识的社会学观点，后者则是技术学的观点，是从课程设计及构成的角度来定义课程内容的。显然，二者在课程内容的取向和出发点上有很大的差别（江山野，1991）。

廖哲勋等（2003）认为，无论是课程知识社会学观点还是课程知识技术学观点都有一定的片面性，因为它们都把课程内容仅仅局限于间接经验或理论知识。他们提出，课程内容的基本性质是知识，它具有直接经验和间接经验两种形态。因此课程内容是根据课程目标从人类的经验体系中选择出来，并按照一定的逻辑序列组织编排而成的知识经验体系。

上述分析表明，尽管在课程内容概念的表述方式上有所不同，国内的课程论专家对课程内容的认识上却是相对一致的。课程内容既应该体现学科知识的最新成果，也应该反映出当代社会生活的经验，更应该与学习者的学习经验相结合。需要明确的是，无论是学科知识,还是当代社会生活的经验,都只有转化为学习者的经验,才可能成为相应的课程目标。

基于以上分析，笔者认为：课程内容是指根据课程目标从各种直接和间接经验中选择出来、经过加工处理后的知识经验体系。课程内容既包括了各门学科中特定的知识、观点、原理、问题、技能、情感、价值观以及处理它们的方式，也包含了当代社会生活的各种经验和学习者的学习经验。

3. 体育课程的概念

体育课程是课程的下位概念，是学校课程的组成部分。关于体育课程的概念，目前国内主要有四种观点：

第一种观点将体育课程定位在学科层面，认为体育课程是一门学科课程。如邹继豪等（2000）认为可以将体育课程理解为“为实现学校的教育目标，配合德、智、体、美全面教育，并以发展学生体能，增进学生身心健康为主的特殊课程。”顾渊彦（2002）和何元春（2002）认为，体育课程的学科性质可以界定为科学性、人文性兼备，以“技艺”“情意”为主要特征的一门以实践为主的综合学科。耿培新（1999）从课程分类、体育的科学属性、体育学科特性和学校教育等角度分析了体育课程的性质，指出体育课程“是全面发展素质教育中必不可少的一门学科，体育课程是具有综合性的文化科学基础课程。”在新颁布的体育（与健康）课程标准中，将体育（与健康）课程界定为：“一门以身体练习为主要手段、以增进中小学生健康为主要目的的必修课程，是学校课程体系的重要组成部分，是实施素质教育和培养德智体美全面发展人才不可缺少的重要途径。”（教育部，2001）

第二种观点认为体育课程不仅是一门学科，也是全面发展教育的组成部分。如：吴志超等（1993）认为：“体育课程是以发展学生体能增进学生身心健康为主的一种特殊的教育性课程，它与德育课程、智育课程、美育课程、劳动教育课程相配合，共同促进学生身心全面发展，是整个学校教育的一个方面的课程。”杨文轩等（1996）也持有基本相同的观点，认为体育课程“是指为实现学校体育目标而规定的体育内容及其结构、程度和进程。它包括体育课程目标、体育课程内容、体育课时分配、课外体育锻炼等。体育课程不是一门学科的课程，而是全面发展教育的一个方面的课程”。

第三种观点将体育课程定义为活动，如毛振明等（2001）在分析了国内关于体育课程的概念后提出：“体育课程是在学校指导下，为了使学生能在身体、运动认知、运动技能、情感与社会方面和谐发展的，有计划、有组织的活动。”

第四种观点将体育课程定义为方案或计划。“体育课程是学校根据一定社会的教育目的的要求，为学生提供的、并且在一定程度上给学生规定或学生自己选择的、被规范了体育学科课程和活动课程内容、学习操作方式，不同的学段学生所要达到的体育基本素质、能力和体质健康标准的总体设计。”第一种观点特别是新体育课程标准对体育课程的定位是比较准确、合理的，体育课程首先应该是作为学科而存在的。根据课程的定义，如果将体育课程放在狭义的课程层面上来讨论，可能更有利于我们理解和把握体育课程的特征与性质。因此，可以将体育课程定义为：体育学科及其目的、内容、范围、活动、进程的总和。

4. 体育课程内容的概念

关于体育课程内容的概念，目前也无相关界定。已有的文献主要侧重于对体育教学内容的研究，如体育学院通用教材《学校体育学》认为体育教学内容一般包括体育、卫生保健知识和各种身体练习。金钦昌主编的《学校体育学》（1994）将体育教学内容定义为“为实现体育教学目标而选用的体育卫生保健基本知识和各种运动动作”。毛振明等（2003）认为体育教学内容“是那些以身体练习、运动技能学习和教学比赛等为形式，经过组织加工后的，可以在教学环境下进行的内容总称。”别显然，上述研究是将体育教学内容作为体育课程内容的同义词来使用的。从目前课程论与教学论的相关研究来看，学术界普遍认为课程与教学虽然有着密切的关系，但却分属于两个不同的研究领域，课程内容和教学内容是两个不同的概念，二者之间不能相互替代使用。

相对于体育课程内容而言，体育教学内容的概念应该是更具体、更微观的，它主要涉及的是教师在体育课程实施——体育教学中“教授行为”的具体内容和学生“学习行为”的具体内容，以及二者如何互动的具体内容等。体育教学内容不仅包括了体育教学过程中所有“教”与“学”的具体内容，还包括了各种“教”与“学”活动的具体组织步骤。

本文认为可以对体育课程内容的概念作如下界定：体育课程内容是指根据体育课程目标从各种直接和间接经验中选择出来、经过加工处理后的体育学科特定的知识经验体系，既包括体育学科的理论知识、身体练习、价值观、情感态度，又包括当代社会生活的各种经验和学习者的学习经验。

第二节　课程资源开发的研究

一、课程资源概述

1. 课程资源的概念

最早提及课程资源（curriculum resources）这一概念的当属被誉为“现代课程论之父”的美国课程论专家拉尔夫·泰勒（R.Tyler），他早在 1949 年就曾论述过课程资源的问题，并在《课程与教学的基本原理》一书中提出了要最大限度地利用学校的资源、加强校外课程以及帮助学生与学校以外的环境打交道等观点（拉尔夫·泰勒，1994）。

到目前为止，对于课程资源的概念，还没有一个公认的定义，但一般都认为，课程资源有广义和狭义之分。吴刚平（2001）分别对广义和狭义的课程资源概念进行了讨论：“广义的课程资源指有利于实现课程目标的各种因素，狭义的课程资源仅指形成课程的直接因素来源。”这一定义，目前得到了普遍认可，且在后来的一些课程资源的相关文献中被广泛引用如钟启全等，对课程资源的表述与上述定义有一定区别，他们认为：“课程资源是课程设计、实施和评价等整个课程编制过程中可资利用的一切人力、物力以及自然资源的总和。”别也有人认为课程资源主要指课程的材料来源。

范兆雄（2003）在分析了课程资源的相关概念后，提出了对课程资源五个方面的看法：第一，课程来源是课程资源最主要的部分；第二，课程资源从根本上来说是人类认识的对象，是人类认识的实践，即人类认识的资源就是课程的根本资源；第三，必须加深有关课程资源对课程的制约作用的认识，以利于明确课程开发的各向度；第四，哲学观与课程资源观有密切的联系；第五，要把课程资源当作一个整体来研究。他的这些看法，有助于我们站在更高的层面来认识课程资源的真正内涵。

总体而言，上述研究中对课程资源的内涵和外延上的确定并无太大分歧。课程资源的概念与课程目标、课程内容、课程设计、课程实施、课程评价等方面都有着非常密切的联系，弄清楚它们之间的这种联系是理解课程资源的前提。当然，在具体的研究过程中，应避免将课程资源的概念泛化，否则容易引起操作上的混乱。从课程编制的角度而言，并不是所有的资源都是课程资源，只有那些真正进入课程、与教育教学活动联系起来的资源，才能称作是现实的课程资源。值得注意的是，每门学科课程由于其内在的特征不同，构成实现课程目标的各种内外因素和条件的表现形式和重点也是不同的。

2. 课程资源的分类

由于课程资源的丰富性，如何对之进行分类便成为目前探讨得比较多的一个问题。其中，吴刚平（2001）的分类方法比较具有典型代表意义，他根据课程资源的功能特点，把课程资源分为素材性课程资源和条件性课程资源两大类，其解释是："素材性课程资源的特点是作用于课程，并且能够成为课程的素材或来源，比如知识、技能、经验等。条件性课程资源的特点则是作用于课程却并不是形成课程本身的直接来源，但它在很大程度上决定着课程的实施范围和水平，比如，人力、物力和财力……"此外，他认为还可以按照课程资源空间分布的不同，将课程资源分为校内课程资源和校外课程资源等。

任长松（2002）对"空间"的理解则有所不同，认为按照课程资源的空间分布，可以将课程资源分为学校资源、家庭资源和社区资源三类。"从性质上看这些资源包括人、物、环境三大资源。学校课程资源从空间上又可以分为教室内的课程资源、教室外（校园）的课程资源两类。"

徐继存等（2002）对课程资源的分类问题进行了目前为止比较全面的探讨，其认为根据不同的分类标准，可以将课程资源分成不同的类别，如：根据来源，课程资源可分为校内课程资源和校外课程资源；根据性质，课程资源可分为自然课程资源和社会课程资源；根据物理特性和呈现方式，课程资源可分为文字资源、实物资源、活动资源和信息化资源；根据存在的方式，课程资源可分为显形课程资源和隐形课程资源等。

另外，在各门具体学科课程资源开发的相关研究中，还出现了一些其他的分类方法，如王苏（2002）将历史课程资源分为历史教材、学校图书馆、社区历史课程资源、历史音像资料、历史遗迹和博物馆、纪念馆、信息技术和网络技术，沈敏（2002）将英语课程资源分为英语教材资源、英语实践资源、英语信息资源、英语人际资源等。别显然，他们的分类方法主要是按照各门学科课程资源的具体内容来划分的，虽然区分不严格，但在实践中却具有一定的可操作性。对课程资源分类的研究，关键是确定分类的标准。而分类标准的确定，除了要依据课程资源的内在结构外，还要考虑理论研究和实践运用的可行性。而且，无论采用何种方法来区分各种课程资源，都不可能做到十全十美，课程资源的类型总是存在着某种程度的交叉，只能是一个大致的区分。

3. 课程资源的特点

范蔚（2002）探讨了课程资源的三个特点：一是广泛多样性，即课程资源涉及学生学习与生活环境中所有有利于课程实施、有利于达到课程标准和实现教育目的的教育资源；二是客观性，课程资源是客观存在的各种事物；三是间接性，即课程资源具有转化为学校课程实施的可能性，但还不是现实的学校课程或课程实施的现实条件。

徐继存等（2002）认为课程资源有价值潜在性、具体性和多质性的特点。价值潜在性是指课程资源的潜在价值体现在课程设计、实施和评价的全过程；具体性是指任何可能的课程资源都因地域、文化传统、学校及师生各自的差异而不同；多质性是指同一课程资源有不同的用途和价值。

徐冰鹃等（2003）认为课程资源除具有潜在性、多样性、多质性特点外，还具有过程性与生成性的特点，因为，学习是一种自主创造过程，它由符号—意义系统、经验—观念系统、情意—价值系统、行为—规范系统四个部分组成，四个系统中既有显性资源又有隐性资源。

上述对课程资源特点的认识，显然没有充分反映课程资源特征的全貌，有些提法亦有相同之处，有待作进一步的探讨。

4. 课程资源开发的意义或价值

靳玉乐等（2002）从理论价值、实践价值、人文价值三个方面探讨了开发课程资源的重要意义，指出课程资源的开发可以拓展课程研究的范围与领域，对课程学科本身的发展以及建立终身学习化社会体系、促进教师教学方式和学生学习方式的变革等方面都有着重要的现实意义。朱慕菊（2002）认为课程资源开发的意义表现在两个方面：一是可以促进课程功能和学习方式的转变，课程资源开发不仅可以让师生的经验进入教学过程，而且可以改变学生在教学中的地位；二是对新一轮国家基础教育课程改革有着重要影响，新课程改革各种目标的实现在很大程度上取决于课程资源的开发状况。

这些分析实际上是围绕着三个维度来进行的：一是课程资源开发对学科和课程发展的价值；二是课程资源开发对学生发展的价值；三是课程资源开发对教师发展的价值等，应该说，其概括是比较全面的。

5. 课程资源开发的原则

系统地论述课程资源开发原则的文献尚不多见，各自的表述方式也不尽相同。如徐继存等提出了课程资源开发的开放性、经济性、针对性及个性原则。靳玉乐等提出了数量、质量并重原则、开发与利用相结合的原则、校内为主、校外为辅，校内外相结合的原则以及因地制宜就地取材的原则。文可义认为在地方课程资源开发中，要遵循本土化原则、因时制宜原则、特色性原则和低成本高效益原则等。

上述研究只是大致地提出了一些指导性的要点，有些原则在提法上有一定的交义与重叠，至于为什么要提出这些原则、如何在课程资源开发过程中贯彻和运用这些原则还普遍缺乏深入的研究。

6. 课程资源开发的途径

从宏观的角度而言，课程资源开发的途径主要有六个方面：第一，开展当代社会调查，不断地跟踪和预测社会需要的发展动向，以便确定或揭示有效参与社会生活和把握社会所给予的机遇而应具备的知识、技能和素质；第二，审查学生在日常活动中以及为实现自己目标的过程中获益的各种课程资源；第三，研究一般青少年以及特定受教育学生的情况，以了解他们已经具备或尚需具备哪些知识、技能和素质，以确定制定课程教学计划的基础；第四，鉴别和利用校外课程资源；第五，建立课程资源管理数据库（江山野，1991）；第六，开发和利用课程实施的各种条件等。从中、微观的层面上来研究课程资源的开发途径，各门学科课程资源或者各种具体课程资源的开发途径是不同的。吴刚平（2001）指出，教学是课程实施的主要途径，因此教学活动是课程资源的重要组成部分，教学活动的资源是微观层次的课程资源。对教学活动资源的开发就有以下途径：调查研究学生的兴趣类型、活动方式和手段；确定学生现有发展基础和差异；为学生提供反馈资料；安排学生从事课外实践活动；制定参考性的技能清

二、体育课程内容资源概述

1. 课程资源的概念

要弄清课程资源的概念，首先要明确资源的概念。在汉语中，“资”有“资财、供给、资助、取用、资料、具有”等多种含义，而“源”则指“水流所出”，可引申为事物的来源。《辞海》中对资源的解释有两个方面的意思：一是指“资财的来源，一般指天然的财源；”二是指“一国或一定地区所拥有的物力、财力、人力等物质要素的总称，分为自然资源和社会资源两大类。前者如阳光、空气、水、土地、森林、草原、动物、矿藏等；后者包括人力资源、信息资源以及劳动创造的物质财富。”周鸿（2000）提出了“小资源”和“大资源”的概念。所谓“小资源”是指传统的自然资源，而“大资源”是指一个包含复杂结构的、有数种了资源构成的、具有强大整体性功能的资源体系，包括自然资源、经济资源、人文资源、人力资源、政治资源和制度资源等六大既相互独立又相互联系的了资源系统。其中，后五种资源是人类的社会劳动成果，又通称社会性资源。以上讨论表明，“资源”包含了两个方面的含义：一是指事物的来源。我们平常所说的能源资源、矿产资源等的表述中，“资源”的实际含义是指从事这些行业生产所必备的物质；二是指某种事物相对于另一些事物是不可缺少的，是满足别的事物所需要的条件。既然如此，课程资源就应该是形成课程因素的来源。具体来说，就是人类在自然科学和社会科学诸多领域取得的一切成果，它们或者为课程的价值取向提供指导，或是为课程的设计提供理论基础，或是直接成

为课程内容；其二，课程资源是保障和满足课程活动进行的各种条件，也就是在课程实施过程中所需要的人力、物力、财力、时间等因素；其三，课程资源是无限的、丰富的，但对资源的开发和利用却是有限的，任何一种课程设计方案都应该是对课程资源选择的结果。

基于以上分析，本文对课程资源的界定是：课程资源是指有利于课程实施与生成的各种因素与条件，其既包括形成课程的要素来源，又包括了实施课程的必要而直接的条件。

2. 课程资源的分类

对课程资源的分类，在实践中要把握两个原则：一是逻辑上要清晰，不能自相矛盾和过多交义重叠；二是要有利于分析和解决学校课程实践中的主要问题，做到基本合理并有利于课程资源开发。

基于此，我们可以从宏观的角度，先对课程资源进行大致分类，然后再根据理论研究和实践操作的需要进行分类。按照这一思路，可以先根据课程资源的概念、功能和特点，将课程资源分为素材性课程资源和条件性课程资源两大类，然后再对素材性课程资源和条件性课程资源按照需要进行分类。例如：根据课程结构和要素将素材性课程资源分为课程目标资源、课程内容资源、课程实施资源、课程评价资源等；根据课程资源的管理要素将条件性课程资源分为课程的人力资源、课程的物力资源、课程的财力资源等。

3. 课程资源与课程的关系

课程资源与课程的关系非常密切，没有课程资源也就没有课程而言，反过来，有课程就必须有课程资源作为前提和基础。但是，尽管课程资源具有各种课程要素的某些特征，但是它们不是课程要素，不能直接构成课程，正如生产资源不能等同于钢铁材料，因为其还没有进行必要的加工和提炼。

课程与课程资源不是一回事，课程资源的外延范围远远大于课程本身的外延范围。一方面，条件性课程资源并不能作为素材成为课程的组成部分；另一方面，即使是素材性课程资源如知识、经验、技能、目标等只有经过教育学的加工和处理，才能进入课程系统，成为课程活动的目标、内容或实施和评价的方法与手段等，才能付诸实施成为课程的组成部分。因此，相对于课程而言，课程资源是课程系统的外部系统（范兆雄，2002）。

4. 体育课程资源

（1）体育课程资源的概念

体育课程资源是课程资源的组成部分，其与课程资源的概念在内涵上是一致的。根据前面对课程资源的探讨，本文认为可以把体育课程资源定义为：有利于体育课程实施与生成的各种因素与条件。其既包括形成体育课程的要素来源，如体育学科方面的知识、技能、经验、身体练习、活动方式与方法、情感态度和价值观以及体育培养目标等方面的要素，又包括了决定体育课程实施范围和水平的人力、物力、财力等要素，如体育场地、器材、体育师资等。

（2）体育课程资源的分类

体育课程资源也有多种分类方法。笔者认为，根据课程资源的分类方法，同样可以先将体育课程资源大致划分为素材性体育课程资源和条件性体育课程资源两大类，然后再根据实际需要进行相应区分。例如：素材性体育课程资源按照存在方式又可以分为显形素材性体育课程资源和隐形素材性体育课程资源；条件性体育课程资源根据空间的分布又可以分为校内条件性体育课程资源和校外条件性体育课程资源等。

5. 体育课程内容资源

（1）体育课程内容资源的概念

体育课程内容资源从分类上看，属于素材性体育课程资源的一个组成部分。从定义上来讲，它是指构成体育课程内容要素的来源，如体育的知识、技能、价值观、情感态度，各种身体练习以及学生的经验等要素的来源。

正如课程资源与课程的关系一样，体育课程内容资源也构成了体育课程内容的基础，但体育课程内容资源不等同于体育课程内容。当然，体育课程内容资源与体育课程内容在本质上是一样的，它们都是人类各种体育的间接经验和直接经验。体育学科专家、体育教师、学生可以根据需要把各种体育课程内容资源提炼转化为体育课程内容，这一过程就是我们所说的体育课程内容资源的开发。然而，这一过程并不是随意完成的，它是在一定的原则指导下，采用一定的方法、手段和程序进行的。

需要指出的是，相对于体育课程内容而言，体育课程内容资源要丰富得多。在某种意义上可以说人类所创造的一切文明成果，都可以纳入到体育课程内容资源的范围。明确了这一点，就可以大大拓宽我们的视野，不再把目光局限于狭窄的体育课程内容范围里，局限于书本和教材，这也是新课程改革所要倡导的课程资源观。

（2）体育课程内容资源的特征

①多样性与丰富性。

②价值潜在性与可开发性。

③差异性与特色性。

④功能多元性与可替代性。

体育课程内容资源的功能多元性与可替代性特点表现在：一方面，相同的体育课程内容资源，具有不同的用途、价值与功能，可以用于实现体育课程的不同目标。如野外活动，既可以开发出能发展学生体能的课程内容如远足、登山等，又可以开发出用于对学生进行野外生存教育的课程内容等；另一方面，不同的体育课程内容资源，又可能具有相同的用途、价值与功能，可以用于实现相同的体育课程目标，也就是说，体育课程内容资源是可以相互替代的（毛振明，2003），如发展学生的耐力素质，可以长跑，可以打篮球，也可以骑自行车，还可以游泳等。教师要注意善于挖掘体育课程资源的多种利用价值，化腐朽为神奇，使体育课程内容资源的潜在价值得以充分发挥。

⑤过程性与生成性。

首先，体育课程内容资源的开发本身是一个在时间上不断延续的过程，这一过程既是体育教师不断积累专业知识和技能、不断成长的过程，也是学生学习目标不断实现、学生素质不断改善提高的过程。

其次，体育课程内容资源的开发又是一个不断生成的活动，这不仅表现在体育教师在这一过程中不断进行创新、不断生成各种新的经验，而且还体现在学生在此过程中也在不断进行自主的创新，他们通过自己的经验来不断建构认识，并形成新的经验。这一过程中学生学习的过程性成果，中间生成物和学生的收获，自感自悟的成果等都是宝贵的体育课程内容资源，它们对学生的发展有着极为重要的推动作用。例如在体育课中，让学生自己创编体育游戏的活动，一方面可以使学生体验游戏的乐趣，并获得创编体育游戏的方法，而另一方面，学生所创编出来的体育游戏也可以成为新的体育课程内容，即学生的经验经过开发转化成为体育课程内容。

（3）体育课程内容资源的分类

根据一定的标准，同样也可将体育课程内容资源分为不同的类别。如：根据体育课程内容的存在方式，可以将体育课程内容资源分为显形的体育课程内容资源和隐性的体育课程内容资源；根据体育课程内容分布的空间，又可以将之分为学校体育课程内容资源、社区体育课程内容资源和家庭体育课程内容资源等。

由于体育课程内容资源是构成体育课程内容要素的来源，为了在开发实践中运用方便起见，笔者认为可以根据体育课程内容的构成要素进行分类。当然，各种体育课程内容资源还可以根据一定标准作进一步划分。

第三节 体育课程内容资源开发的指导思想

一、体育课程内容资源开发的意义

1. 理论价值

（1）拓宽体育课程研究的领域，促进体育课程及体育文化的发展

体育课程内容资源开发对体育课程而言，是一个崭新的领域。对于它的研究，将大大加深人们对体育课程的理解，拓宽认识和研究体育课程的渠道和路径。同时，体育课程内容资源的开发，将极大地丰富和发展体育课程的内容体系，这在一定程度也丰富了体育文

化的内容，对促进体育文化的传递、创新和发展具有十分重要的理论意义。

体育课程内容资源的开发，定将成为体育课程改革的突破口。这不仅表现在它将直接导致体育课程内容的变革，而且对体育课程的其他方面如体育课程类型、体育课程评价以及体育课程实施中的教学方法与手段、教学组织形式等的变革，也将产生积极而深刻的影响，对体育课程的整体建设与发展有着重要作用。

（2）有利于促进学校体育与社会体育以及竞技体育之间的联系

一直以来，在理论层面上，学校体育被认为是学校内部的体育活动。如今，人们逐步认识到学校体育不应该仅仅局限于校园内部，而应该逐渐与社会体育和竞技体育加强联系，并在联系中相互借鉴与发展。但是，如何才能在学校体育与社会体育和竞技体育之间架起一座桥梁，一直是人们努力想解决的难题，而体育课程内容资源的开发，则为解决这个难题提供了新的思路和契机。首先，体育课程内容资源的开发打破了学校的空间界限，使更多社会体育和竞技体育的手段和内容通过提炼、加工成为体育课程内容。学生通过这些内容的学习，不仅可以了解当今社会体育和竞技体育的最新发展动态，而且还能为他们以后参加社会体育和竞技体育的实践奠定一定的基础。

其次，体育课程内容资源的开发，必然要调动社会体育及竞技体育领域的一切可以利用的人力、物力、财力和信息，这在客观上加强了学校体育与社会体育和竞技体育之间的联系。

最后，体育课程内容资源的开发，可以使人们更新观念，促进学校体育与社会体育和竞技体育不同领域之间的相互理解，消弭隔阂，从而真正树立“大教育”和“大体育”的观念。

（3）有利于促进体育课程与其他学科课程以及校园文化之间的融合

过去，体育学科与其他学科一样，处于一种自我封闭的发展状况，这不仅阻碍了体育学科的发展，而且也不利于学生身心的全面发展。体育课程内容资源的开发，是在学校内外、社会的大背景中进行的，因此必然会超越体育学科的界限，将学校内其他学科的资源以及校园文化资源纳入到自己的视野和范围。体育课程内容资源的开发，将最大限度地促进体育课程与健康教育、生活教育、生存教育、环境教育、国防教育以及校园文化的相互融合与借鉴，使体育课程与各学科的交叉渗透、融会贯通自然而然地发生于课程实施的过程中，对学生的身心教育与影响将更为全面。

（4）为体育课程改革提供理论支撑

理论对实践具有重要的指导作用，体育课程改革必须有完整的理论作基础。当前我国体育课程改革呈现出一个畸形的特点，那就是实践先行，缺乏必要的理论支撑。迄今为止，关于体育课程方面较为成熟的理论专著几乎为零，出现了一个极不平衡的反差：一方面体育课程改革的实践如火如荼，而另一方面相关的理论研究却显得极为贫乏，这势必会影响体育课程改革整体推进的质量与效果。

体育课程内容资源开发的相关成果，将从理论和实践上回答体育课程中遇到的一些新问题，使体育课程理论不断丰富和完善，在一定程度上将为体育课程改革奠定理论基础。

2. 实践价值

（1）有利于促进体育教师的专业发展

课程资源的开发为教师的专业成长找到了一条理想的途径，课程资源开发过程就是教师专业不断成长的过程，开发程度和范围的大小，将决定教师专业发展的程度和水平（段兆兵，2003）。长期以来，体育课程内容基本上是由专家预先规划设定的体育知识、技术、技能体系和载体，形成了“专家设计课程、教师教课程、学生学课程”的模式。这使得广大体育教师将体育课程内容视为国家规定学生必须掌握的基本知识、基本技术和基本技能，误认为体育教学大纲和体育教材是既定的、唯一的体育课程内容资源。这不仅束缚了体育教师的创造力，使他们变成了固定的体育课程内容的传授“机器”，也使得最宝贵的体育课程内容资源——体育教师和学生的经验被白白浪费掉了。

（2）有利于促进学生的发展

其一，有利于调动学生多种感官参与学习活动，激发学生的学习兴趣。大量、丰富、开放的体育课程内容资源给学生提供了体育教材无法比拟的感官刺激、信息刺激和思维刺激，这既可以提高学生参与体育学习的主动性，又可以使学生在愉悦中掌握体育的知识、技能，培养能力，陶冶情操。如对足球运动的学习，体育教材中所提供的相关信息是远远不能满足学生的需要的。从体育课程内容资源开发的角度而言，教师可以指导学生从多种渠道获得足球运动的各种信息：从网络、报刊中获得足球运动的相关知识、图片；从电视中观看足球比赛的精彩场面；从学校或社区足球场向足球“高手”们学习各种足球技能等。

其二，促进学生学习方式的变革，使学生从被动学习走向主动探索。学生也是体育课程内容资源的开发主体，学生的经验、感受、兴趣、爱好、知识、能力等构成了体育课程内容资源的有机组成部分，这将极大地调动学生学习的积极性和主动性。此外，面对丰富的体育课程内容资源，学生还将面临如何获取信息、如何筛选信息、如何分析信息以及如何从各种信息中归纳出对解决问题有用的东西等一系列问题。因此学生主动参与式的学习、合作式的学习、探究性学习等各种新的学习方式将走进体育课堂，这势必将带来学生学习能力、学习水平和学习态度等一系列的变化，对培养学生的实践能力和创新能力具有重要意义。

（3）推动新体育课程标准的顺利实施

选择什么体育课程内容，由过去专家的事，变成了专家、体育教师和学生共同要面对的事情。因此，对体育课程内容资源的开发就显得尤为重要，开发什么样的内容、如何开发、开发的水平怎样等一系列问题，不仅直接影响到体育课程的实施水平和体育课程目标五个领域的达成度，而且在某种程度上也关系到课程评价内容、方法、手段等的安排。因此，体育课程内容资源的开发便成为新体育课程标准顺利推进的关键环节。

（4）为体育校本课程开发提供借鉴

校本课程开发也是这次基础教育课程改革的亮点之一。《基础教育课程改革纲要（试行）》明确指出："改变课程管理过于集中的状况，实行国家、地方、学校三级课程管理，增强课程对地方、学校及学生的适应性。"（教育部，2001）校本课程开发与课程资源开发具有必然的联系，它是建立在课程资源开发的基础之上的。从这个意义上来讲，体育课程内容资源的开发可以为体育校本课程开发提供经验与借鉴。

二、体育课程内容资源开发的原则

1. 开放性原则

所谓开放性原则，是指体育课程内容资源的开发，要打破时间、空间、学科、领域、途径的界限，尽可能开发利用有益于体育课程实施活动的所有体育课程内容资源。即以一种开放和包容的心态对待人类所创造的一切文明成果，只要有利于实现体育课程的目标，就应该将之纳入到开发与利用的视野，兼收并蓄，为我所用。事实上，从体育课程的发展历史来看，体育课程内容就一直变化、更替着，从体育课程发祥时代的兵操，到现代的各种运动项目；从相对贫困时期的健身养护内容到后工业时代的娱乐休闲内容等，体育课程本来就是一个开放的、不断变化的系统，本身就具有极强的包容性（毛振明）。

体育课程内容资源开发的开放性，包括时间的开放性、空间的开放性、学科的开放性、系统的开放性以及途径的开放性几方面。

时间的开放性，是指体育课程内容资源的开发应该跨越时间的界限。从古至今，人类在几千年发展过程中创造了灿烂的体育文化，有的虽历经时间的侵蚀，但仍然熠熠生辉，闪烁着璀璨的光芒。古代的、近代的、现代的各种形态的体育文化为我们提供了一个丰富的资源库。我们可以根据需要从中选择相关内容进行开发，并不断推陈出新，赋予它们时代的意义。

空间的开放性，是指体育课程内容资源不论是校内的还是校外的，中国的还是外国的，农村的还是城市的，汉族聚居地的还是少数民族地区的，只要有利于实现体育课程目标，都可以进行开发。

学科的开放性，是指体育课程内容资源的开发在学校内部要打破体育学科与其他学科之间的界限，尽可能利用其他学科如语文、数学、生物、物理、地理等的内容资源，使所开发的体育课程内容更具有综合的、全面的教育意义。系统的开放性，有两层含义：一是指在体育课程内容资源开发时，不要只局限于学校体育系统，要尽可能利用社会体育系统和竞技体育系统的内容资源；二是指在体育课程内容资源开发时，要超越体育系统的界限，政治、科技、文化、军事、医疗卫生等社会其他系统，也有大量丰富的体育课程内容资源，也是我们开发的对象。

途径的开放性，是指体育课程内容资源开发不应该局限于某一种途径或方法，应尽可能探索多种途径或方法，并能协调使用。

2. 针对性原则

所谓针对性原则，是指要针对体育课程目标，从学生、体育教师、学校的特点和实际出发进行体育课程内容资源的开发。

首先，要针对体育课程目标进行体育课程内容资源开发。体育课程内容资源开发的最终目的是为了体育课程目标的实现与达成，因此体育课程内容资源开发自始至终要围绕着如何有效达成体育课程目标来进行：一方面，不同的体育课程内容资源具有不同的作用与功能，对于不同特定的体育课程目标，就应该开发不同的体育课程内容资源；另一方面，一些不同的体育课程内容资源可能具有相同的作用与功能，开发时就应该针对体育课程目标对各种资源进行比较与分析，以便能开发出适应性相对较强的体育课程内容。

其次，要针对学生的特点进行体育课程内容资源开发。这在理念上体现了体育课程开发与建设要“以学生为主体”的思想。具体表现在三个方面：一是要针对学生的生理和心理发展水平；二是要针对学生的体育兴趣与爱好，尽可能激发学生的求知欲；三是要针对学生已有的体育学习基础和能力。

再次，要针对体育教师特点进行体育课程内容资源开发。每一位教师都有自己的认知策略、思维习惯和工作方式，有自己的生活经历和教育背景，有自己的经验、兴趣、爱好、专长和个性特征及不同的教育教学风格等（段兆兵，2003），这些不仅会直接影响到他们对体育课程内容资源开发的认识，也关系到开发方式和开发的广度与深度。因此，应针对每个体育教师的教育思想、理念、知识、经验、专业水平、特长等来开发体育课程内容资源。

最后，由于各个学校具有不同的性质和任务，其所在地理位置、历史传统、培养目标、办学宗旨、师生结构、校风校纪、校容校貌等各不相同，所以要针对学校的特点进行体育课程内容资源开发。如针对学校的自然环境特点、学校的场地、器材、设备的特点、学校的体育传统与风气、班风与校风的特点等。由于体育课程内容资源的开发在很大程度上受各学校体育课程环境资源状况的制约，因此体育课程内容资源的开发也要因地制宜，从各个学校的实际出发。例如：山区学校，可以以山为主题来开发体育课程内容资源，如登山、攀岩、远足、野营等；地处江、河、湖、海附近的学校则可以以水为主题开发体育课程内容资源，如游泳、龙舟、划船、水中健身操等。又比如：城市经济条件好的学校，可以利用校内外的网络资源，进行体育课程内容资源开发，如开发各种体育知识、运动项目的比赛规则、健康保健知识等；而农村经济条件较差的学校则可考虑开发一些本乡本土的、民问的体育课程内容资源，如舞龙、采莲船、踩高跷、顶扁担、滚铁环和其他民间游戏等（季浏等，2003）。

3. 合作互补原则

所谓合作互补原则，是指在体育课程内容资源的开发过程中，要充分发挥体育课程专家、体育教师、学生等人员的作用，充分利用他们的知识、经验、特长以及各白的优势，取长补短，优势互补，共同提高体育课程内容资源开发的质量与效果。合作互补的原则有四层含义：一是中小学体育教师与高等院校或科研机构的体育学科专家之问的合作互补；二是不同学校之间或同一所学校内部体育教师们之问的合作互补；三是中小学体育教师与学生之问的合作互补；四是中小学体育教师与其他人员合作互补等。

体育教师作为体育课程的实施者，由于身处教学的第一线，因而具有较强实践能力和广阔的实践舞台，但是他们普遍缺乏教育研究方面的知识，教育理论视野也不够开阔，加上繁重的教育教学工作，其参与体育课程内容资源开发的积极性和效果都会受到一定的限制。而高等院校或科研机构的体育学科专家们虽有较强的体育课程内容资源的开发意识，也有较扎实的教育理论基础和教育科研能力，但却缺乏像中小学体育教师那样的现场经验和具体实践操作能力。因此，只有将二者的优势结合起来，形成理论指导——实践操作的相互结合，才能使体育课程内容资源的开发方向更加明确，效果更加明显。

中小学体育教师之间的交流与合作，对提高体育课程内容资源开发的质量与效果也有很重要的意义，因为：其一，体育教师之间的合作、探讨、经验分享本身，就是开发体育课程内容资源的重要方法之一；其二，由于体育教师们活动的空间背景相对一致，或同一所学校，或同一个城市、一个区、一个县、一个乡镇的几所学校，其在地域上有着相同的特点，通过相互合作，有利于开发出特色鲜明的体育课程内容。另外，体育教师之间的合作，还可以使一个体育教师或一所学校在体育课程内容资源开发方面所取得的成果和经验，能够迅速在其他教师中推广，形成较强的示范作用，有利于体育课程内容资源开发的不断深入。

体育教师与学生的合作，同样也有利于体育课程内容资源的开发。学生在体育方面的知识、技能、经验等虽然不像体育教师那样，经过了专业的培训，但他们在体育方面同样也具有体育教师没有的生活实践优势。表现在：第一，某个领域的体育知识，如NBA、德甲、意甲、英超等方面的各种信息，学生可能比体育教师掌握得更多；第二，某些运动项目特别是新兴运动项目的知识和技能如山地自行车、滑板、轮滑、台球等，体育教师可能不如学生；第三，学生本身所拥有的生活和学习经验是体育教师不具有的。体育教师通过与学生合作，不仅可以大大提高体育课程内容资源的丰富程度和开发效果，也有利于使学生的经验进入体育课程，成为体育课程的重要内容。

在体育课程内容资源开发过程中，体育教师与其他人员如学生家长、学校行政人员、教练员、民间艺人、社区其他人员等之间的合作也是非常重要的。也就是说，体育教师要充分地利用一切可以利用的“外力”来提高体育课程内容资源开发的效果。

4. 开发与利用相结合原则

开发与利用相结合原则，是指在体育课程内容资源开发过程中，不能单纯为开发而开发，要注意使开发与实际利用结合起来，使开发的体育课程内容资源通过课程实施的各个环节进入体育课堂而发挥其作用与功能。

以前，课程资源的地位和作用没有得到足够的重视，教材以外的课程资源开发力度严重不足。如今，课程资源开发问题已经引起关注，但这又可能导致另一个极端，即肆意开发各种资源，而忽视实际的利用（靳玉乐等，2002）。因此，体育课程内容资源的开发也应该注意尽量避免只重开发不重利用的倾向，既要注意开发的数量，也要注意开发的质量；既要树立积极开发各种体育课程内容资源的意识，又要善于分析、识别、发现现有的体育课程内容资源，把闲置的体育课程内容资源及时进行加工、改造和转化，使之进入体育课程而加以充分利用。

5. 时代性原则

时代性原则具有两个方面的含义：一是指体育课程内容资源的开发要反映出现代社会发展的需求；二是指体育课程内容资源的开发要体现出鲜明时代特征。随着社会的不断发展和现代科学技术的日新月异，人们的生产方式和生活方式发生了巨大的变化。这种变化一方面使人们的生活更加舒适便利，但另一方面也对人们的健康带来了诸多不利影响，如人的生物性退化、人际关系淡化、社会应激水平增加等一系列问题（李志刚等，2001）。这种影响同样也波及中小学生，例如，当前学生体质健康水平呈下降趋势，而心理疾病的发病率则呈直线上升趋势（季浏等，2003）。因此，改善和提高青少年学生的健康水平，便成为当今社会发展的需要。体育课程内容资源开发也必须要满足这一需求，具体而言就是要尽可能开发出锻炼价值高、实用性强、对改善学生心理素质及提高学生社会适应能力作用大的体育课程内容。

健康的生活方式是现代人追求的目标之一。娱乐、健身、休闲正在逐步成为人们余暇生活的主旋律，而各种娱乐、健身、休闲的手段也在不断地发明和创造出来，成为深受大众喜爱的新兴运动项目。体育课程内容资源的开发，亦应该体现出这种鲜明时代特征，要让那些有着浓郁生活气息和趣味性强的各种身体练习，通过加工成为体育课程内容的组成部分，以便为学生走出校门、步入社会生活奠定基础。

三、体育课程内容资源开发的目标

课程的价值在于促进学生的知识、能力、态度及情感的和谐发展。施良方（1996）认为，课程的变革，从某种意义上来说，不仅仅是变革教学内容和方法，而且也是变革人。创学生是课程改革的出发点和归宿，因为教育的根本目的和功能是促进人的成长与发展，学校的一切工作，最终都是为了促进人的发展，为人的发展服务。从这一点上来说，体育课程内容资源开发的总目标与体育课程的目标应该是一致的，即通过体育课程内容资源开发，培养学生的运动兴趣和运动能力，促进学生身体、心理健康水平和社会适应能力的发展（教育部，2001；教育部，2003）。具体而言，体育课程内容资源开发要实现以下几个目标：

1. 满足学生体育需要，促进学生发展

体育课程内容资源开发的首要目标就是要满足学生的体育需要，促进学生的发展。就学生个体而言，不同年龄、性别以及不同地区的学生，由于各自的教育背景不同，其身心发展的水平如身高、体重、运动能力、对运动的兴趣、爱好、态度、社会交往能力等是有很大差异的。例如有人曾对上海市学生的运动兴趣进行了调查，发现学生最感兴趣的运动项目前 3 项皆为球类——篮球、羽毛球、足球（陆遵义等，2001）；又如姚蕾（2002）曾对体育隐蔽课程的设计等问题进行了研究，其认为，不同的学生对体育场地、器材设备的需要是不同的，而要想取得好的教学效果，必须事先布置和采用最适合学生需要的教具或器材等。

体育课程内容资源的开发必须以满足不同学生的体育需要为前提，否则便不能被学生所接受。另一方面，学生在体育方面需要学习的东西很多，远非体育课程所能包揽，因而必须在可能的体育课程内容资源范围内，在考虑开发成本的前提下突出重点，精心选择那些对学生终身发展具有决定意义的体育课程内容资源，使之优先得到开发。

要通过体育课程内容资源的开发，使学生由被动地学走向主动参与、主动探索，从而真正学会学习。为学生提供丰富的、多姿多彩的体育课程内容资源，重在不断培养学生独立学习的意识、习惯和能力。体育教师要充分利用体育课程内容资源开发过程中的各种有利因素，提高学生探索问题、分析问题、解决问题以及合作学习等方面的能力，使他们能够创造性地利用各种体育课程内容资源，为自身的体育学习和实践及其他探索性活动服务。

2. 提高体育教师开发体育课程内容资源的认识和能力

体育课程内容资源开发的另一个重要目标是树立体育教师新的体育课程内容资源观，并不断提高其开发体育课程内容资源的能力。体育教师对体育课程内容资源开发的认识和理解，直接关系到他们开发体育课程内容资源的主动性和积极性，也在很大程度上影响着开发的质量和效果。因此必须通过体育课程内容资源的开发，使体育教师对体育课程内容资源的认识不断深化，逐步树立新的课程资源观。

体育教师开发体育课程内容资源的能力也是影响开发效果的关键因素之一。对绝大多数体育教师来说，怎样开发体育课程内容资源是一个全新的课题。通过体育课程内容资源开发，要促使体育教师不断学习现代教育思想和教育技术，学习体育课程内容资源开发的各种方法与技术，并学会从实践中总结各种经验教训，注重分享其他教师的各种经验和成果，使他们的专业水平在实践中不断提高。

3. 丰富体育课程内容体系

体育课程内容，从内涵上来说应该是非常丰富的。但在以前相当长一段时间内，体育课程内容被限定在体育教学大纲和体育教材所规定的范围，其他内容如各种新兴运动项目、学生的经验等一般是不会成为体育课程内容的。新课程改革，就是要改变这种局面。体育课程内容资源的开发，也要将丰富体育课程内容体系作为一项基本任务。

体育课程内容资源的丰富性和多样性特点，为我们的开发提供了前提条件。要努力通过体育学科专家、中小学体育教师、学生等多个主体以及国家、地方和学校多个层面全方位、多角度地进行体育课程内容资源的开发，使各种新颖有趣、适应性强的体育课程内容资源不断转化为体育课程内容，使体育课程内容的范围在原有的基础上不断拓展、不断丰富，逐步形成具有中国特色的体育课程内容体系，使拓宽后的体育课程内容能够为学生选择学习、发展个性提供更加广阔的空间，为实施素质教育、提高体育课程教学的质量和效果打下基础。

4. 形成学校体育课程特色，提高新体育课程标准的适切性

致力于形成各个学校的体育课程特色，以提高新体育课程标准对每个学校的适切程度，也是体育课程内容资源开发的重要目标。每所学校由于学校性质、办学条件和教育理念、学生的发展基础等实际情况不同，其拥有的体育课程内容资源的数量、性质和具体结构等也是不同的。因此，不要一味追求体育课程内容资源的统一性，应保持不同地域间学校的体育课程内容资源的丰富多样性，把各个学校所拥有的不同体育课程内容资源，变成特色资源来开发。只有形成特色，才能使一个学校的体育课程内容资源开发具有旺盛的生命力。

第四节　体育课程内容资源开发的范围

一、体育课程内容的知识资源

1. 知识的概念

自古以来，知识与教育就有着密切的内在联系。一方面，知识的传播、选择、分配以及发展等都离不开教育活动，另一方面，知识又构成了教育的重要内容，离开了知识，教育的一切活动就无法正常开展。知识也是日常生活中人们谈论最多的话题之一，但人们对于什么是知识却无法达成一致的看法。不同的学科对知识的理解和解释是不同的，从哲学的范畴来解释，知识是“客观事物的属性与联系的反映，是客观世界在人脑中的主观印象”（董纯才，1985）。从社会学的范畴来看，知识是在人类文明进程中，一切创造工具和结果（张祖英，1999）。心理学对知识给予了新的解释，如布鲁姆（B.S.Bloom）将知识定

义为“对事物和普遍原理的回忆，对方法和过程的回忆”等。上述知识观，各自的侧重点各不相同，前两种泛指人类的知识，最后一种则侧重于个体的知识。

完整的知识应当包括人类的知识和个体的知识，可以从广义和狭义的角度来理解：广义的知识是指人类认识客观世界及其自然实践经验的总结，它可以通过语言文字、各种媒体长期保存；而狭义的知识则是指个体通过与客观外界环境相互作用所获得的各种信息及技能（卢炳惠等，2001）。在本文研究中所使用的主要是广义的知识概念，而对狭义的知识概念将作为个体的经验来进行讨论。

2. 知识的类型

从不同的角度，知识可以被划分为多种类型。如：按照学科领域，可以将知识划分为哲学知识、自然科学知识、社会科学知识和数学知识；按照知识的载体形式可以将知识划分为显性知识和隐性知识。经合组织（Organization for Economic Co-operation and Development）将知识分为四大类：知道是什么即知事（Know-What，又称事实知识）、知道为什么即知因（Know-Why，又称原理知识）、知道怎样做即知窍（Know-How，又称技能知识）和知道谁有知识即知人（Know-Who，又称人力知识）。其中前两类知识即事实知识和原理知识是可以表述出来的知识，也叫作显性知识，而后两类知识即技能知识和人力知识则难以用文字来明确表述，称为隐性知识（李华伟等，2002）；根据知识的作用和功能还可以将知识分为实用知识、学术知识、闲谈与消遣知识、精神知识；而现代认知心理学的理论则从学习的角度将知识分为陈述性知识、程序性知识和策略性知识（皮连生，2000）。

对于进入学校课程的知识而言，如果按照知识的内在要素，可以将其分为认知性知识、道德性知识、审美性知识、健身性知识和劳动技术性知识（廖哲勋等，2003）。而根据人类认识的对象，又可以将知识分为自然知识、社会知识和人文知识等（石中英，2001）。这些内容主要包括各门科学的基本事实、基本概念、基本原理或基本理论等方面的书本知识，在中小学教育中，通过各门学科课程体现出来。本文研究中的知识，主要是指与体育课程有关的体育、运动以及健康等方面的理论知识。

3. 知识资源的结构

由于体育课程内容的知识资源主要来源于体育学科的知识体系，因此体育课程内容知识资源的结构与体育科学体系的结构有着非常紧密的联系。

关于体育科学体系结构，当前主要有五种不同观点：一是认为体育科学体系由体育社会科学学科、基础学科和运动学学科 3 大部分组成；二是认为体育科学体系可分为自然科学类、人文科学类、管理科学类；三是认为体育科学体系是研究人体运动规律的科学，它研究的是体育科学、工作、人及其关系，因此可以根据体育科学研究的对象来划分体育科学体系的结构；四是认为体育科学体系可以分为体育基础学科、体育技术学科和体育应用学科 3 大类；五是将上述方法结合起来进行分类等（汪伯容，1998）。尽管没有较为一致的观点，但比较明确的是，体育学科所覆盖的范围基本上包括了社会、自然、人文、管理以及体育运动的专项技术等方面的内容。从体育课程的特点来看，其内容所涉及的主要是体育、运动和健康等方面的知识，而这些知识中，又不同侧面、不同程度地涉及体育与健康方面的科学、社会和人文等方面的知识。为了便于理论研究与实践运用，笔者认为可以将体育课程内容知识资源分为三大类：即体育基本理论知识资源、运动项目知识资源和健康知识资源。

二、体育课程内容的经验资源

1. 经验的概念

每个个体在成长的过程中，总是不断地接受外部环境的刺激，并体验外部事物，形成经验。经验是个体与外部世界交流的重要手段，不仅反映人们在某一时间、某一范围内的活动历程与内心体验，而且由于人类有思维，懂得利用事物之间的联系，经验往往又成为人们进一步采取行动的思想基础。因此，经验在人的成长过程中具有非常重要的作用和意义。

经验在中文里至少有三个方面的含义：第一，作为动词，是指经历，即亲身体验的过程；第二，作为名词，泛指由实践得来的知识或技能，这与广义的“知识”概念是相通的；第三，作为哲学名词，通常指感觉经验，即感性认识。在英文里，经验（experience）同样也具有两种含义：一是名词，指经验、体验、经历、阅历等；二是动词，指经历、体验、感受、遭受等（Hornby，1997）。可见经验一词在中、英文里都有动词和名词两种用法。但与中文不同的是：首先，英文的经验在作名词使用时，其含义主要突出个体的色彩，即特指通过个体活动获得的结果，而没有中文中“泛指由实践得来的知识或技能”这样的含义；其次，英文中经验作为动词使用非常普遍，尤其突出并强调个人的亲身、直接的体验过程，有个人主观体验过程在内的含义（丛立新，2000）。

本文中所使用的经验包括了两个方面的含义，一是指学生个体通过与客观外界环境相互作用最终所获得的知识与技能，二则是指学生个体通过体验、感受、获得、占有知识的过程。

2. 经验作为课程资源的意义

作为人类认识世界的重要形式，经验是知识的基础。教育是人类的一种特殊的认识活动，它必然与经验存在着非常密切的联系。早期的教育学家们非常重视经验在教育中的作用，如捷克教育家夸美纽斯就提倡观察自然、模仿自然，重视自然经验在教育中的作用。卢梭强调直接经验在获得真理过程中的基础地位。裴斯泰洛齐主张认识事物从直接经验开始，并且非常重视生活经验，提出生活即是教养的主张等（范兆雄，2002）。

尽管如此，把经验作为课程的重要组成部分却经历了一个漫长的发展过程。近代学校课程是以知识为本体的，最典型的是英国教育家斯宾塞。在“什么知识最有价值”的呼唤下，他提出了“一致的回答是科学”的答案，为自然科学进入学校课堂提供了理论基础，并由此带来了近代教育的重大进步。但是，这种知识本位的课程观存在着一定缺陷，其强调课程的直接结果，关注的是学习者是否掌握了知识、掌握了多少知识、怎样使受教育者尽可能快、尽可能多地记住知识等，知识的质和量成为教师、学生乃至整个课程、全部教育所追求的目标（丛立新，2000）。在这里，知识是课程的中心，成为课程的主宰；在这里，生活世界被忽略了，人类文化中的精髓和富有灵性的部分被理性的知识所代替而难以在课程中表现出来；在这里，知识的完整统一性被破坏，情感体验、意志努力在知识学习过程中的重要作用被漠视，知识中本应该充满生机和活力的部分一次次地从课程中剥离出来，致使课程变得冷漠和枯燥，缺乏人性。知识本位课程观的这些缺陷，逐渐被人们所认识，并不断受到批评。美国教育家杜威通过长期的教育实验，全面而深入地对经验、经验与教育、经验与课程等问题进行了研究，提出了“教育即经验的不断改造”的重要教育命题，并且由此带来了课程观——知识本位向经验本位的重大转变。经验本位的课程观明确了学习者与课程的关系，突出了学习者在课程中不可缺少的地位。也就是说，如果不能将学习内容转化为学习者的经验，如果不通过学习者积极主动地学习体验，学习就不可能是真正有意义的。将经验作为课程的本体，是课程观的一次重大飞跃，尽管其可能仍然不完善，但毕竟打破了知识中心一统天下的局面。同时，随着课程的进一步发展，知识本位与经验本位的课程观将逐渐由对立走向相融合。

把经验作为课程资源的积极意义在于：首先，拓宽了课程资源的内涵。课程资源不仅是知识和知识的载体——教材，不仅是教学环境和设备，也不仅仅是课程专家和教师，它内在地包含了学生个体的经验系统，而且它不是一般的课程资源，更是基础性资源，其他的课程资源只有与学生的经验相结合，才能够真正发挥作用；其次，突出了学生作为学习者的主体地位。经验是一个主动的过程，不单是学习者被动地受着环境的影响和塑造，还是学习者对未知的积极探索和对环境的主动改造。每个人的认识能力及其特征都具有差异性，主动作用需要的不仅仅是记忆和理解，更需要学习者在主动学习的过程中去想象、尝试、反思甚至创造，这对学生的发展无疑具有非常积极的意义；最后，将学生的经验作为课程资源，还有利于增强课程内容与学生社会生活和现实生活经验的联系，使课程真正具有生活意义和价值。

3. 经验资源的结构

学生经验的获得，与其生活环境包括自然环境和社会环境是密不可分的。在社会环境中，家庭、社区和学校对学生经验的形成有着非常重要的影响。体育课程所涉及的学生经验资源大致包括了学生的家庭生活经验资源、社区生活经验资源和学校生活经验资源三个方面。

（1）家庭生活经验资源

家庭是社会的“细胞”，其对学生的成长起着非常独特的作用。在家庭中，父母与子女关系，构成了家庭教育的逻辑起点，家庭生活的点点滴滴，无时无刻地影响着学生的人生观和价值观以及各种经验的形成。家庭生活经验是学校生活的重要基础，一方面儿童在入学前所受到的家庭教育是进入学校是必需的，另一方面，入学后的儿童仍然还是家庭成员，还必须继续接受家庭教育，家庭生活的经验将持续不断地对学生的学校生活产生影响。

（2）社区生活经验资源

社区是指“进行一定的社会活动，具有某种互动关系和共同文化维系力的人类群体及其活动区域。”（郑杭生，1999）社区为人们提供了社会交往的组织空间和地理的活动空间，人们的日常生活，大都是在一定的社区范围内进行的，社区对人的思想观念、行为规范、生存和发展等方面有着重要的影响。社区同时也是学生生活的重要空间，他们在社区的活动是丰富多彩的，社区生活经验构成了其经验的重要组成部分，具有非常重要的开发价值。在社区中，他们不断经历着体能的增强，运动技能的提高和心理品质的磨炼。而且，各个社区所开展的娱乐、游戏和运动活动，有着各自的特色，这使得不同社区的学生在参与社区游戏、娱乐和运动活动过程中所积累的经验也各具有特色。同时，在参与社区游戏、娱乐和运动活动中，学生与社区的其他成员之间是互动的，表现在：一方面，社区的其他成员在游戏、娱乐和运动活动中对学生起着指导作用；另一方面，学生在社区游戏、娱乐和运动活动中也起着骨干作用，有些学生甚至还充当了“小老师”的角色。这个互动的过程，对学生游戏、娱乐和运动经验的生成、积累无疑是非常有益的。

（3）学校生活经验资源

学校生活是人生必不可少的重要阶段，学校教育为个体的成长奠定了基础。学校环境和各项活动是按照教育活动的需要为实现育人目标而组织起来的，因此学校生活本身具有很强的教育意义。对于学生来说，由于学校生活的时间非常长，因此学校生活经验对他们的成长有着重要的意义。

三、体育课程内容的身体练习资源

1. 身体练习的概念、特点与分类

（1）身体练习的概念

动作是人体进行身体活动最基本的结构单位，各种各样的动作构成了人类日常生活的各种活动。通常，人们把为了实现体育目的而采取的各种身体活动的内容和方法称为体育手段（鲍冠文，1995）。在相关的文献中，身体练习也叫“运动动作”“体育动作”或“动

作”（周西宽等，1988；鲍冠文，1995；体育院校成人教育协作组《体育概论》教材编写组，1999）一般认为，身体练习是体育手段的各种具体动作，它是人们为了增强体质、娱乐身心或提高运动水平而采用的身体活动内容（曹湘君，1985）。身体练习与体育手段有着非常密切的关系：第一，身体练习是体育手段的基本结构要素，即体育手段本质上是由各种具体的身体练习（或运动动作）组成的；第二，某些身体练习的具体动作本身就可以构成一项体育手段，如慢跑，俯卧撑等。所以，身体练习又可以作为狭义的体育手段概念来理解。

身体练习是体育课程的主要内容。与其他文化课不同的是，体育课程学习的结果主要表现在体能的增强、运动技能的掌握和行为态度的改变等方面，而这必须要通过学生亲身参与各种运动实践才能实现，这也就决定了体育课程各种教和学的内容，主要由各种形式的身体练习所组成。同样地，身体练习资源在体育课程内容资源体系中亦占有非常重要的地位，是我们重点要开发的体育课程内容资源。

（2）**身体练习的特点**

从宏观的角度而言，身体练习具有四个基本特点：首先，它是由骨作为运动的杠杆、以关节作为运动枢纽、以肌肉（骨骼肌）收缩为运动动力的身体活动；其次，进行身体练习的过程中，伴随着能量消耗由低向高变化；再次，它对体质健康有积极影响；最后，有明确的目的性，只有那些为了实现体育的目的任务而采用的运动动作才能称作身体练习，这也是身体练习区别于生活动作、劳动动作、艺术动作以及军事动作主要标志。

而从微观的角度来分析，身体练习又具有以下特征：第一，所有的身体练习都是在一定时间、空间中按照一定的节奏进行的，其运动学和动力学以及综合性特征具体又通过身体姿势、练习轨迹、练习时间、练习速度、练习速率、练习力量和练习节奏等要素表现出来；第二，它需要一定的自然环境和物质环境如体育场、体育馆、各种运动器材和设备、空地、大海、沙滩等；第三，身体练习有多种表现形态，其既可以由单一运动动作构成，也可以由多个运动动作组合而成，还可以将运动动作与一定的情节、规则、场地等要素相结合构成各种活动性游戏和运动项目等；第四，身体练习中的人员关系也是多种多样的，如单人的身体练习、双人的身体练习、集体的身体练习、同步的身体练习、非同步的身体练习等。

值得指出的是，每个身体练习所具备的要素特征是不同的，这意味着不管什么样的身体练习，只要我们变化其中任意一个要素的特征就可以形成一种新的身体练习内容或手段，这为我们开发体育课程的身体练习资源提供了一个全新的思路。

2. 身体练习资源的结构

根据本文所采用的身体练习分类方法，相应地，体育课程内容的身体练习资源大致由单一动作结构的身体练习资源、组合动作结构的身体练习资源、活动性游戏资源和运动项目资源四个方面构成。

四、体育课程内容资源开发的主体

1. 体育学科专家

体育学科专家一般具有较高的学历和职称，他们主要在高校或科研所从事学校体育或体育课程方面的教学及研究工作，其经过严格的专业训练，具有丰富的专业知识和经验，有较强的创新精神和较宏观的理论视野。体育学科专家的优势是有比较高的教育学和体育学科方面的理论水平和科学研究水平，对国家的宏观教育政策理解得比较透彻，劣势是缺乏体育课程教学的实际操作经验。体育学科专家虽然不像体育教师那样亲临课程实施的第一线，但他们在体育课程内容资源开发中却起着非常重要的作用。

2. 体育教师

教师是课程实践的核心人物，他们在课程实施中扮演着主要角色（霍秉坤，2001）。同样，体育教师在体育课程资源开发过程中也起着核心作用，这不仅因为体育教师是体育课程的具体实施和操作者，还在于体育教师本身所具有的知识与技能、过程与方法、情感态度与价值观等都是最宝贵的体育课程资源。与体育学科专家不同的是，体育教师虽然受过专门的教育与培训，但由于自身知识结构、综合素质等条件的局限性，其教育及体育方面的理论水平远不及体育学科专家，但他们却具有体育学科专家没有的优势：首先，他们与学生接触更广泛，熟悉学生的个性差异和日常交往行为，也最了解学生的想法和感受；其次，他们掌握有体育课程实践的第一手资料，而这正是体育学科专家所非常缺乏的。体育课程内容资源开发的效果，在很大程度上是由体育教师所决定的。

3. 学生

学生是教育的对象，更是一种重要的教育资源（郭思乐，2001）。学生成为特殊的课程资源开发者，其根本原因在于学生是课程的主体。

4. 其他人员

其他体育课程内容资源开发主体还有：学校其他课程的教师、学校行政管理人员、教育行政部门管理人员、学生家长、社区居民、其他专业人士如业余体校的教练员、运动员等。在开发体育课程内容资源的过程中，我们应该根据需要充分发挥他们的作用。

第五节　体育课程内容资源开发的方法

在体育课程实践中，体育学科专家、体育教师和学生在进行体育课程内容开发中所采用的方法是多种多样的。访谈调查的结果表明，中小学体育教师在开发体育课程内容资源的实践中，常采用改造、整合、拓展等方法。在本文的行动研究中也主要采用了改造和整合的方法来开发体育课程内容资源。

体育学科专家常用的开发方法主要是筛选、改造和整合等。综合问卷调查、访谈调查和行动研究的结果，本文认为最主要的体育课程内容资源开发方法有五个，分别是：筛选、改造、整合、拓展和总结。

一、筛选

1. 筛选的定义

所谓筛选，就是按照一定的标准从大量的体育课程内容资源中，选择出合适的体育课程内容的方法。例如，体育学科专家从球类运动项目中选择篮球、乒乓球作为体育教材内容等。

2. 筛选的特点

（1）确定选择标准是运用筛选方法的关键

不同的开发主体，由于各自的经验背景、开发的层次、开发的目的及看问题的角度等方面的差异，其筛选课程内容资源的标准在具体操作上可能会有所侧重：体育学科专家在运用筛选方法时可能会更多地考虑到一些宏观方面的标准，如国家的教育政策、学校体育的指导思想、体育课程标准的要求；体育教师在运用筛选方法时除了要考虑体育课程标准的要求外，会更多地考虑一些微观方面的标准，如学校的体育场地、器材方面的条件、学生的实际等；而学生在筛选课程内容资源时则会更多地考虑体育教师的要求和自己的兴趣、爱好和特长。

（2）筛选可以在一定程度上解决体育课程实践中“教不完”“教不会”的问题

“教不完”和“教不会”是体育课程实施过程中常见的问题，筛选通常是解决该问题的主要手段。筛选通常表现为两个层次：一是面对大量的体育课程内容资源，在体育教材中不可能全部反映出来，因此体育学科专家在编写体育教材时必须要对各种体育课程内容资源进行筛选；二是体育教材中所呈现的内容，由于场地器材、教学时间等方面的原因，在任何一所学校都不可能全部教给学生。而且在实践中，体育教师还需要面临这样的难题，即选择多少体育课程内容才是合适的，因为体育课程教学的总时数是有限的，选择的内容数量越多，每个内容平均的学时数就会相对减少，反之亦然。所以上什么、不上什么，对体育教师而言同样也涉及如何筛选的问题。

（3）筛选的结果一般表现为数量上的变化，而非质量上的变化

运用筛选方法是为了从大量的体育课程内容资源中选出少量的体育课程内容，而每个

所筛选出的体育课程内容在具体性质上基本上没有发生改变。例如，我们选择乒乓球为高中生体育课程内容，在具体的乒乓球技术、战术、比赛规则、场地器材等方面基本上与社会上所开展的乒乓球运动是一样的，没有什么差别。

筛选方法的优点是运用起来简单、便捷；缺点是灵活性和适应性较差，表现在，体育学科专家和体育教师所选择的体育课程内容有时可能会与学生的身心发展特点不相一致。如小学生学习篮球也用标准的场地和器材，就有可能造成他们学习上的困难。

3. 筛选的适用范围

就使用的对象来说，体育学科专家、体育教师和学生在体育课程内容资源开发中都可以运用这种方法。但相对来说，体育学科专家在编写体育教材时、体育教师在确定体育课程内容时运用这种方法比较普遍，而学生则使用得比较少。由于筛选法的特点，其主要用于体育课程的知识资源和身体练习资源的开发。

4. 筛选的一般步骤

（1）开列内容清单

尽可能将所要开发的体育课程内容的相关资源列出来，以供选择。例如，野外运动项目的开发，首先要搞清楚野外运动项目总共有哪些，并将其一一罗列出来。

（2）确定选择标准

选择标准因开发主体不同、开发目的不同而在具体内容上会有所差异，但一般要考虑的因素有：国家的教育和体育政策、学校体育的指导思想和目标、体育课程标准、学校的体育环境、师资、体育教材、学生的特点、具体的课堂教学目标等。

（3）按照选择标准筛选出合适的体育课程内容

值得注意的是，为了避免筛选法的缺陷，在实际的体育课程内容资源开发过程中，还要尽可能地将筛选法和其他方法结合起来运用。

二、改造

1. 改造的定义

改造是指根据体育课程具体实施的不同对象和条件等特点对原有体育课程内容资源的某个构成要素进行加工、变化、修改的方法。改造是体育课程内容资源转化为体育课程内容的基本途径。特别是身体练习资源，其要成为体育课程内容，必须要经过教育学意义上的加工处理。例如，将排球作为小学体育课程内容时，可以考虑在器材、场地等方面对其进行改造，如采用软式排球，采用适合于小学生的球网高度等。

其实，很多专家、学者以及第一线的体育教师们很早就注意到了对竞技运动项目进行加工改造，使之能够进入体育课堂、成为体育课程内容的问题，尽管他们在提法上有一些不同，如有的叫“竞技运动项目的教材化”（杨文轩等，1995；王翠英，1995；曲宗湖等，1999；毛振明，1999；崔景安，1999；张建宁等，2000），有的叫“竞技运动项目的软式化”（李杰凯，2001），还有的叫体育教材的加工与改造等，但主要观点却是基本一致的，即都认为竞技运动项目在本质上与体育课程内容或体育教材是不同的，必须要经过改造才能成为体育教材或体育课程内容。

季浏（2002）将“运动项目改造”作为体育课程内容资源的开发的主要方法，这是一个新的视角。本文所讨论的改造方法，也是从体育课程内容资源开发这个视角切入的，但是本文所指的“改造”在内涵上已大大超过了上述专家和学者们所探讨的范围。

2. 改造的特点

（1）“变化”和创新是改造的核心

经过改造后的体育课程内容，虽然保留了原来的一些元素和特征，但是在性质上已经发生了变化，其已经“面貌一新”。因此，改造的过程实际上是一个对原有体育课程内容资源的创新和重构的过程。

（2）改造的具体方式是多种多样的

在运用改造法进行体育课程内容资源开发时，具体的方式是很多的，每一种方式运用的条件和效果都有所不同。

（3）改造的具体内容具有多元性

改造既可以是功能性的，也可以是结构性的；既可以针对原有体育课程内容资源个别要素，也可以针对多个要素；既可以是整体、系统的改造，也可以是局部、部分的变化；既可以是民族、民间文化如民间歌舞或民族传统运动项目的推陈出新，也可以是国外新兴运动项目的本土化改造和引进；既可以是对单一动作结构和组合动作结构的身体练习的变形，也可以是对活动性游戏或运动项目的改造等。

改造是建立在个体经验的基础上的，因此改造方法的运用有一定的难度改造方法对使用者的能力要求比较高，如果使用者不具备一定的改造体育课程内容资源的知识、方法、能力以及技巧，是很难对各种体育课程内容资源进行有效改造的。

3. 改造的适用范围

改造方法的主要使用对象是体育学科专家、体育教师以及具有一定改造体育课程内容资源能力的学生。从各个体育课程内容资源开发主体的不同特点来看，使用改造法最频繁的是体育教师，因为为了提高体育课程内容的适应性和可操作性，他们时刻要根据学校条件、自身特点、学生的兴趣、爱好及身心发展特点等对各种体育课程内容资源进行改造以适应具体的体育课堂情景。

改造方法主要用于身体练习资源的开发，尤其是活动性游戏资源和运动项目资源的开发。改造方法也可用于学生经验资源以及体育课程内容其他资源的开发，如对民族、民间歌舞的改造等。

4. 改造的一般步骤

（1）分析学生的特点和学校的条件

如分析学生的年龄、性别、兴趣、爱好、生理发育特点、心理发育特点、生活经验基础、学校的场地、器材设备条件等，通过分析，以确定改造的具体内容和方式。

（2）分析体育课程内容资源的构成要素

体育课程内容资源，都是由一定的基本要素所构成，例如身体练习就是由练习方法要素、环境要素、人与人及人与环境关系要素、比赛规则要素等构成的，改造实际上就是对这些要素的不断变化、加工和修改。对某个具体的体育课程内容资源而言，从中提取一些要素，改变一些要素，增加一些要素、舍弃一些要素就可以形成一个新的体育课程内容。

（3）按照一定的目的和原则对体育课程内容资源的各构成要素进行改造

改造不是随意进行的，必须有明确的目的，必须遵循一定的原则。毛振明（1999）提出，在竞技运动项目教材化的过程中，应考虑从以下几个方向进行：一是向动作教育方向教材化；二是向游戏方向教材化；三是向理性方向教材化；四是向文化方向教材化；五是向生活、实用方向教材化；六是向简化方向教材化；七是向变形方向教材化；八是向运动处方方向教材化等。季浏等（2003）认为在竞技运动项目改造中要遵循主体性、主动性、实效性、可接受性、全面性、选择性、教育性、趣味性以及安全性等。本文认为，在体育课程内容资源的改造过程中需要考虑四个基本原则，即趣味性与游戏性原则、教育性与文化性原则、适应性与可行性原则以及生活性与实用性原则。

（4）重构与修改

即对改造后的体育课程内容资源进行重新构建，运用于体育课程的课堂实施，以了解其效果和存在的主要问题，并进行适当修改，为下一轮实施提供参考。

三、整合

1. 整合的定义

所谓整合是指将各种体育课程内容资源的某些要素通过一定的方式有机地结合在一起，从而形成新的体育课程内容的方法。例如，把乒乓球运动和羽毛球运动整合在一起，利用木制乒乓球拍、羽毛球的球和球网以及乒乓球的基本比赛规则，就可以组合成一项新的运动项目——“搭搭球”等。

2. 整合的特点

（1）整合的范围非常广泛

从理论上来说，整合的范围是没有边界的，其涉及所有体育课程内容资源，既有与体育课程联系非常紧密的知识、身体练习资源，也有与体育课程联系不太紧密的知识、技能或其他资源，如数学、语文、艺术等课程中的某些知识和技能等。

（2）整合的层次和方式多种多样

整合既可以是空间上的整合，也可以是功能上的整合，还可以是结构和要素上的整合。整合既可以发生在同一类型的体育课程内容资源之间，如知识资源与知识资源的整合，也可以发生在不同类型的体育课程内容资源之间，如知识资源与身体练习资源的整合；整合既可以发生在体育课程内部，也可以发生在体育课程与其他课程之间；整合还可以是跨领域、跨学科的，如体育与军事、体育与舞蹈、体育与医学等。整合的方式也是多样的，既可以是单一性的如两个身体练习之间的整合，也可以是综合性的如多个运动项目的整合等。

（3）整合的关键环节是提炼

整合的效果主要取决于对不同体育课程内容资源要素的提炼，也就是要尽可能把各个要素的最“精彩”之处结合在一起。

3. 整合的适用范围

就开发主体而言，使用整合方法的主要是体育学科专家和体育教师，学生在体育教师的指导下，也可以采用这种方法进行体育课程内容资源的开发。整合的方法可以用于各种体育课程内容资源的开发。

4. 整合的一般步骤

确定整合的主要目的采用整合的方法进行体育课程内容资源开发，一般有以下几种目的：一是为了发挥体育课程内容的多种教育功能，如“电脑键盘操（体操 + 计算机）”“英语字母操（体操 + 英语）” “体育 + 安全教育” “体育 + 国防教育”等，使体育课程内容不仅具有健身娱乐的功能，还有开发智力、培养审美意识和能力等方面的作用；二是为了增加体育课程内容的趣味性，如上面的“羽毛球 + 乒乓球”的例子；三是为了提高体育课程内容的适应性，特别是对一些学生感觉到比较枯燥、难学的内容，可以通过整合使体育课程内容更加适合学生的特点，例如“游戏 + 健康知识”的整合等。不管是为了何种目的进行体育课程内容资源整合，必须要明确。

四、拓展

1. 拓展的定义

拓展是指对原有的体育课程内容资源在形式、具体内容及功能等方面进行扩展、补充，使体育课程内容在具体内容和形式上更加完整，在功能上更加全面的方法。例如足球，除了体育教材上的内容外，还可以根据学生的特点，进行一定扩充，如增加有关足球运动的发展历史、足球动作的图片、足球赛的录像（或电影）、报纸、期刊关于足球明星的报道等。

2. 拓展的特点

（1）拓展大都是围绕着一个具体的体育课程内容资源来进行的

由于拓展的主要目的是为了使原有的体育课程内容更加丰满、完整，因此拓展主要是围绕着某一个具体的体育知识或身体练习等来进行的。例如，投掷内容可以从单一的右上手投，延伸到左上手投，拓展到单手下投、飘投、抛投、双手向前、向后、向上抛投等。

拓展的方式主要有内容上的拓展、形式上的拓展和功能上的拓展三种内容上的拓展主要是围绕某个知识资源或身体练习资源补充一些相关的材料，例如“吸烟与健康”的课题，就可以补充诸如“吸烟与寿命”“吸烟与疾病”“吸烟与智力”“吸烟与环境”等方面的材料。形式上的拓展是扩展课程内容呈现的形式，如对以文字形式呈现的体育课程内容，可以补充以电影、图画、照片、图表、光盘、模型等其他形式的内容。功能上的拓展主要是尽可能挖掘体育课程内容多方面的功能，例如攀爬练习，其主要功能是发展基本活动能力，为了实现不同的课程目标，可以将其功能向改善心理品质、提高社会适应能力等方面扩展等。

（2）活动是拓展的重要途径

特别是以学生为主体进行体育课程内容资源的拓展时，体育教师可以通过组织各种活动来进行，例如对奥运知识的拓展，就可以通过组织奥运知识竞赛、象征性奥运火炬接力、奥运演讲比赛、奥运戏剧表演、奥运物品收藏展示等多种活动来进行。

（3）拓展方法总是与筛选和改造方法结合在一起运用

由于拓展后的内容非常丰富，有些可能并不适合学生或学校的特点，因此必须对这些内容进行相应的筛选和改造。

3. 拓展的适用范围

体育学科专家、体育教师、学生皆可以使用拓展方法进行课程内容资源开发。但这一方法通常在学校层面运用更为普遍，因此使用对象主要是体育教师和学生。

拓展方法主要用于知识资源和身体练习资源的开发，也可以用于学生经验资源的开发。

4. 拓展的一般步骤

分析体育课程内容资源的性质和特点，即分析各体育课程内容资源的内容结构、呈现方式、主要功能等方面的特点，以便为如何对该内容进行拓展提供依据。

五、总结

1. 总结的定义

所谓总结，是指对体育课程内容开发实践中的各种经验、成果等进行回顾、分析和反思，以归纳出具有典型意义的体育课程内容的方法。例如体育学科专家对中小学体育教师开发体育课程内容资源的经验进行分析与归纳等。在体育课程内容资源的开发中，总结既是一种开发方法，也是开发过程中的一个重要环节。

2. 总结的特点

（1）总结的目的是多元的

一般来说，运用总结方法开发体育课程内容资源的目的有三个：一是为了反思体育课程内容资源开发的得与失，以便为下一阶段的体育课程实施提供依据；二是对体育课程内容资源开发中各种经验和成果进行推广，以便能为广大中小学体育教师进行体育课程内容资源开发提供可以借鉴的范例，不断促进体育课程的发展；三是对学生来说，总结是为了与其他同学分享学习经验，进一步巩固学习效果。

（2）总结贯穿于整个体育课程实施的全过程

总结一般发生在体育课程内容资源开发活动结束后，它既可以针对有目的、有计划的体育课程内容资源开发活动，也可以针对课程实践中随意的、不经意之间的偶然收获。例如，体育教学过程中的“灵机一动”。而针对后一种情形的总结，对体育课程内容资源的开发、对体育教师的发展有着不同一般的意义。新课程理念所提倡的反思型教师，实际上就是要求教师应该随时将教学过程中的点滴经验与教训、成功与失败总结出来。

（3）总结的方式主要有一般性文字报告和学术论文两种

一般性的文字总结或报告，是我们大多数体育教师以及大部分学生所采用的主要方式，比较规范的学术论文则在体育学科专家和少部分体育教师中运用得比较多。在有些学校，体育教师还十分强调学生用小论文的形式来总结其在体育课堂上的主要收获（卢青，2003），这种做法在新课程改革提倡研究性学习的背景下，显得极有意义。

3. 总结的适用范围

体育学科专家、体育老师、学生皆可以运用总结方法进行体育课程内容资源开发。

总结方法适用于对知识资源、身体练习资源、学生的经验资源及其他体育课程内容资源的开发。

4. 总结的一般步骤

反思开发过程即对体育课程开发过程中的各种经验，以便能从中发现一些有价值的经验，形成文字材料。在反思的基础上，把反思的结果用报告心得、教训等进行反思和回顾。反思尽可能要详细，以小论文、学术论文及专著等形式反映出来。

第六节　体育课程内容资源开发的程序

一、开发阶段的划分

从对体育课程内容资源开发各具体案例的调查以及行动研究的结果来看，某项体育课程内容资源的开发活动，一般都有准备、实施和总结三个主要环节。因此，本文将体育课程内容资源开发的过程大致划分为三个基本阶段，即开发的准备阶段、开发的实施阶段和开发的总结阶段。上述三个基本阶段，构成了体育课程内容资源开发的基本程序。

三个阶段由于各自的活动任务不同，每个阶段的相应的活动内容也是不同的。需要明确的是，每个开发阶段的结束意味着下一个阶段的开始，它们之间没有明显的界线，在体育课程内容资源的开发过程中，不要人为地将之割裂开来。

二、各开发阶段主要活动内容分析

1. 开发的准备

准备阶段是开发具体实施前的预备阶段，从管理的角度而言，准备是进行任何活动必不可少的首要环节。在体育课程内容资源开发中，精心的准备工作不仅关系到整个开发活动是否能够顺利进行，而且还决定着最终的开发质量和效果。

在体育课程内容资源开发的准备阶段，其主要任务是为开发的实施提供人员保障以及切实可行的开发方案，其必须确定三个问题：即为什么开发、由谁来开发和开发什么。

为什么开发，即开发的直接目的是什么。不同的开发目的决定了不同的开发内容与方法。由谁来开发，即谁是开发活动的主体。体育课程内容资源的开发主体，既可以是单一性的，如以体育学科专家或体育教师为主体进行开发，也可以是综合性的，如体育学科专家与体育教师或体育教师与学生联合进行开发等。开发什么，即开发的具体对象与内容。

由谁来开发和开发什么构成了体育课程内容资源开发准备阶段的两个实质性的工作：组织准备与方案准备。

（1）**组织准备**

组织准备主要是开发人员的准备，主要工作包括成立专门的体育课程内容资源开发工作小组；确定参与的主要人员及小组成员之间的分工；设置一定形式的开发办事机构；聘请有关专家、顾问组成专家组等。

不同性质的体育课程内容资源开发活动，组织准备的规模、结构等都是不同的。例如，国家层面的体育教材开发活动，不仅参与人员众多，涉及范围广，而且组织结构也非常完整。又如体育教师在体育课堂上进行的体育课程内容资源开发活动，所参与的人员则主要是体育教师和某个班级的学生等。

组织准备一定要围绕着开发的具体目标来进行，要讲究效率。如有可能，还应该对参与开发的人员进行一定的培训。

（2）**方案准备**

方案准备是整个开发过程中技术性最强的工作，其又包括了以下工作环节：第一，明确开发目标。即确定开发体育课程内容资源所要完成和达到的目的或标准，一般应以解决实践中的某个问题为重点，如开发适合学生在室内开展的身体练习；改变学生学习体育基本理论知识的学习方式或编写地方特色的体育教材等。

第二，收集相关信息。这是开发体育课程内容资源非常重要的环节，其所涉及的范围也极为广泛。在体育课程资源开发中，收集和获取信息的方法也是多种多样的，主要有：开展调查研究、查阅文献资料、利用教育技术手段等。

值得提出的是，在获取相关的体育课程内容资源开发信息中，要特别注意发挥网络的重要作用。网络是一个信息的海洋，通过它我们可以找到自己需要的各种信息：教育的，体育的，娱乐的，休闲的，历史的或现实的，文字的或影像的，等等。网络还有一种最宝贵的却容易被人们忽视的资源——人的资源（杨平等，2002）。在因特网上可以找到各种各样的人，如教育专家、体育专家、运动员、体育教师、教练员、民间艺人以及有各种有专长的人士等，我们所需要解决的问题都可以得到他们的帮助。

第三，编制开发方案。在确定开发目标和收集的相关信息的基础上，方案准备的最后一个环节就是设计出具体的开发方案。不同性质的体育课程内容资源的开发，在方案的结构以及具体内容的详细程度以及侧重点等方面都有一定的区别。一般来说，一份较为完整的体育课程内容资源开发方案大致应该包括以下要点：开发主题与背景；开发目标；开发的组织 / 参与人员；开发的主要方法，包括一些具体的手段如怎样获取相关信息等；开发的具体步骤与时间安排；开发的成果形式等。

在实践中，有些体育课程内容资源的开发活动是通过体育课程实施的主要环节——体育教学来完成的，例如对学生经验资源的开发等。对这一类体育课程内容资源开发方案的编制既可以单独进行，也可以与具体的体育课堂教学设计和教案相结合，在体育教学设计和教案中体现出来。

2. 开发的实施

实施阶段是将准备阶段所制定的方案付诸行动的过程，它是整个体育课程内容资源开发过程的核心。实施阶段所面临的主要任务是如何开发、怎样开发才有效这样一系列的问题。体育课程内容资源开发的实施不仅需要考虑如何配备人员以及协调人员之间的关系，而且需要考虑有可能影响实施过程的外部因素，如时间、经费、场地器材、学校领导的态度等，因为每个影响因素都有可能最终导致整个开发过程的流产和失败。

在体育课程内容资源开发实施阶段，往往可能会暴露出一些出乎意料的棘手问题，如教师与专家的沟通问题，开发内容与开发条件的矛盾问题、开发内容与学生的可接受性之间的冲突等，这些都需要进行特别处理和解决。

（1）开发实施的途径和形式

对于不同的体育课程内容资源开发主体和开发内容，实施开发的途径和形式是多种多样的，主要有：

体育课堂教学。这是体育教师和学生进行体育课程内容资源开发的主要途径，特别是对学生经验资源的开发。体育课堂教学通常是体育教师和体育学科专家实施体育课程内容资源开发方案的主要场所，其同样也可以作为验证开发效果的重要途径。

课外作业。课外作业是以学生为主体进行体育课程内容资源开发的主要形式之一，通常在体育教师的指导和家长等的帮助下进行。例如，让学生通过网络、图书馆和书店开发心理健康方面的知识资源等。

理论研究。这种形式通常为体育学科专家和体育教师采用。如体育学科专家在编写体育教材时，可以运用文献资料法及归纳、演绎等逻辑方法，通过理论研究对体育教材的结构、体系、内容等进行建构。

（2）行动研究

教育实验。教育实验是一种比较规范、有效的开发实施形式，通常为体育学科专家和体育教师所采用，当然这个过程少不了学生作为实验的对象。一般来说，教育实验也可以分为多种类型，如小规模教育实验和大规模教育实验，预备实验和正式实验等。

（3）开发实施需考虑的因素

在体育课程内容资源开发的实施阶段，为了提高实施的效率，还应该考虑以下几个因素：

第一，人员因素。其包括了两层含义：一是指在体育课程内容资源开发的实施过程中，要合理确定每个参与人员的主要工作职责，即工作范围的划分；二是指人员之间的协作，包括怎样协作以及以什么样的方式进行协作等问题。对于一个规模比较大的体育课程内容资源开发活动，如国家级的体育教材的编写、体育校本课程的开发等，参与的人员会来自不同的地方和部门，要顺利地实施开发方案，对这些人员的有效组织往往是开发实施的关键环节。

第二，时间因素。时间是决定开发实施效果的另一个重要因素，在开发的实施阶段，不仅要考虑整个开发活动的时间安排，还要考虑开发实施各个环节的具体时间如何安排，例如体育教师在安排开发实施的时间时，必须要考虑学校的课时表，以避免其与开发实施活动时间安排的冲突。再如，以学生为主体的体育课程内容开发的实施，体育教师应该根据他们的实际情况来确定其完成的时间等。

第三，条件因素。条件因素包括开发实施所需要的场地、器材设备以及经费等，其是开发实施的重要保证。在实践中，往往会出现开发方案与开发条件之间的矛盾，这时解决的方法只有一个——调适：要么修改开发方案，使方案适应现实条件；要么创造条件，尽量使现实条件与开发方案相适应。

体育课程内容资源的开发实施过程具有反复性的特点，也就是说，整个实施过程不可能一次完成，需要反复进行尝试、改进、再尝试，才能取得较好的效果。

3. 开发的总结

总结阶段是体育课程内容资源开发的结束阶段，其主要任务是对开发准备阶段和开发实施阶段所有活动进行回顾和评价。总结既意味着上一个阶段的终止，也意味着下一个阶段的开始，也就是说，总结阶段所提供的各种信息，往往成为下一轮开发活动准备阶段编制开发方案的重要依据。此阶段的活动内容主要有整理开发成果、了解相关信息、评价、撰写总结报告和推广开发成果等。

第四章　体育教学设计理论体系的构建

第一节　体育教学设计理论体系构建的环境

一、《体育（与健康）》新课程实施的要求

在《体育（与健康）》新课程的实施推广过程中，一线的中小学体育教师普遍反映最为强烈的一个问题是“我究竟该如何上课？”。在与上海、浙江、江苏、山东、安徽等省市近500名中小学体育教师的座谈中发现，他们当中不管是副校长、教导主任、教研组长，还是普通教师，都接受过不同层次、不同形式的“新课程标准”的培训，对新课程理念和教学理论也都有不同程度的理解和把握。但是，问题的焦点主要集中在如何在体育教学实践中贯彻新课程、新理念，在课程标准的指导下，究竟该教什么，怎么教，为何教。在体育教学实践中，具体该如何制定课程实施方案、制定教学计划？怎样确定并陈述具体的教学目标？选择什么教学内容并如何选择？学习任务该如何分析？具体教学过程该怎样设计？怎样去评价一堂体育课？等等，对这些在体育教学实践中具体碰到的实际问题，教师还感到一片迷茫，还缺乏一定的理论和专业技能，但有一点值得庆幸的是，我们已隐约看到了广大体育教师的专业觉醒和专业自觉。

在体育教学理论、新课程理念与学校体育教学实践之间，似乎还缺些什么，架构些什么来联结体育理论与体育教学的实践，用什么来填补它们之间的空白呢？我们的思维在理论与实践的断裂处穿行……

二、体育教师专业发展内涵的要求

教师专业发展问题在20世纪七八十年代成为欧美国家教育界一个蓬勃发展的研究领域，不仅“师资培育”已经逐渐发展成为“专业教育”的形态，在职教师的持续专业发展也已变成一种“常态性”的期望，教师专业发展成为传统的“师范教育”与“教师在职进修”概念的整合与延伸。教师的专业发展这一概念把教学工作视为一种专门职业，把教师

视为一个履行教育教学工作的专业人员。要成为一个成熟的教育专业人员，教师需要通过不断的学习与探究历程来拓展其专业内涵，提高专业水平，从而达致专业成熟的境界。

从教师专业发展的内涵来看，根据教师所从事的工作特点，一般认为教师的基本素质要求应涵盖三个基本范畴：即教师专业知识的发展（普通文化知识、任教学科知识、教育学科知识）、专业技能的娴熟、专业情意的健全。

教师必须具备从事教学工作的基本技能和能力，教师专业发展的过程也是一个专业技能不断形成、娴熟，专业能力不断提高的过程，这是体现“教师教学行为专业性”的重要方面。那么，教师专业发展过程中应关注哪些基本技能和能力呢?

1994年，原国家教委颁布的《高等师范学校学生的教师职业技能训练大纲（施行）》，要求师范生在教育学、心理学和学校教育理论指导下，以专业知识为基础，掌握从事学科教学的基本要求，形成独立从事学科教学工作的技能。这些技能包括：

（1）教学设计技能；

（2）应用教学媒体技能；

（3）课堂教学技能；

（4）组织指导学科课外活动技能；

（5）教学研究技能。

在上述有关教师的职业技能要求中，第一条就要求教师具备“教学设计技能”，而教学媒体的应用、课堂教学技能、课外活动的组织指导、教学研究的技能等也都属于教学设计研究的范畴。体育教师是一个履行体育教学工作的专业人员，体育教学设计技能也是体育教师专业发展的要求。

《体育（与健康）》新课程，在课程功能、结构、内容、实施、评价和管理等方面都较以往有了重大创新和突破。它要求广大体育教师改变多年来习以为常的教育观念、教学行为和工作方式，重塑自我，重构课堂，重建教学，对教师专业发展提出了严峻挑战，促使我们必须在新课程背景下重新认识教师专业发展。

然而，纵观我国体育教师的教育培养，在体育教师专业发展的整个过程中，不管是职前的师范教育还是职后的体育教师在职进修、培训，都缺乏对体育教师专业技能——“体育教学设计”的培养，具体表现在理论的匮乏和课程的缺失上。

所以，构建体育教学设计课程的理论体系，使体育教师掌握体育教学设计方面的理论知识和实践技能，是体育教师培养和发展的专业理论结构的自我完善，是体育教师专业发展的要求，更是实施《体育（与健康）》课程标准过程中急需解决的一个重要问题。

第二节　教学设计理论研究综述

一、教学设计理论研究概述

教学设计是在教育哲学、教育心理学理论指导下，从教育技术领域中发展起来的一种教学系统方法，其特征是通过技术的手段使教学更加卓有成效。

教师在掌握了各种专业知识（普通文化知识、任教学科知识、教育学科知识）、媒体的设计和使用方法后，关键在于能否运用系统理论和方法对各种学习资源及整个学习过程进行优化处理，促使有效学习发生在每个学生身上。从传统的教学观点来看，教学过程涉及教师、学生和教材。学习的内容包括在教材中，将这些内容“教”给学生就是教师的责任。教学被看成是将教材中的内容装入学生的头脑中且在考试时再次被提取出来。这样，改进教学的方法就是提高教师的水平，或者说，教师将拥有更多的知识以及掌握将知识传递给学生的多种方法。教学过程的现代视野则将教学的过程看成为一个系统的过程，这一过程中的每一个部分对成功的学习而言都是至关重要的。因此，优化教学过程是十分重要的。要实现这一目标，就必须掌握教学设计的理论和方法。从这一方面来说，教学设计是现代教育技术的核心内容。

1. 教学设计的思想萌芽

由于教学设计学是融合了许多不同学科的重要理论概念而形成的一个新的知识体系，因此它的出现与发展同其他学科的发展有着密不可分的联系，其中教育学、心理学、传播理论发挥了重要的作用。

建立教学设计学的构想最初来源于美国哲学家、教育家杜威（John Dewey），他提出应建立一门所谓的“桥梁科学”（Linking Science），以便将学习理论与教学实践连接起来，目的是建立一套系统的与教学活动有关的理论知识体系，以实现教学的优化设计。但由于当时条件的限制，教学设计学还仅仅是处于萌芽状态，并未形成系统的理论体系。

2. 行为主义学习理论对教学设计的影响

教学设计理论体系的建立和发展主要取决于两方面的因素，即教育心理学的发展和社会的需求。在教育心理学研究领域，斯金纳（B.F.Skinner）、加涅（R.Gagne）和奥苏伯尔（D.Ausubel）等人发挥了重要的作用，正是他们真正创立了这门学科。

教学设计概念的产生可以追溯到第二次世界大战。由于战争的需要，美国军队必须对士兵进行一定的培训以掌握先进武器中的技术。大量的从事心理学和教学研究的专家被应征入伍以便完成培训和提高教学质量。他们将研究中所得出的学习规律应用于教学，形成一整套系统分析的方法。例如，行为分析，为特定学习目标而进行的教学设计等，就是应用教学设计理论的最初尝试。但是当时的大部分教学尝试都以失败告终。曾参与这些培训计划的学习心理学家加涅在总结经验教训的基础上提出了自己的教学设计思想。其基本观点是：按知识学习从简单到复杂、从低级到高级的顺序，等级化地安排教学步骤，从而促进知识的获得。他的学习任务（特别是智力技能学习任务）分析的思想对现代教学设计学的发展做出了重要的贡献。

至 20 世纪中叶，行为主义迅速发展，行为主义学习理论代表人物斯金纳提出了刺激—反应（S-R）理论并将它应用于教学实践，出现了程序教学和教学机器。

其基本思想是：将学习内容分成一系列小步子，后一步的学习必须建立在前一步知识掌握的基础上。学习者主动从事这些小步子的学习，自控学习的进度，就能获得好的学习效果。如果学习取得成功，则应立即给予学习者以“报偿”。在这一理论的指导下，美国于 20 世纪 60 年代兴起了一场“程序教学运动”。程序教学以其精确组织的个别化、自定步骤的学习，确立了许多有益的指导原则。它建立的一系列学习原则和开发程序教材的系统方法，对教学设计理论模式的发展具有重要的影响。此外，在这一时期中，奥苏伯尔的渐进分化的思想，如运用先行组织者，然后呈现一系列具体的下位概念和例子；布鲁纳（J.Bruner）依学生成绩而逐渐提高学习复杂性的思想；马克勒（S.Markle）和墨里（J.W.Moore）等运用教学理论促进概念获得的思想，都对教学设计的发展做出了较大的贡献。

在 20 世纪中期，除了教育与心理学对教学设计的发展起较大作用外，有两个社会事件同样促进这一研究领域的发展。一是二战后婴儿的出生率大幅度提高，对当时的教育体制提出一个难题，学校被迫吸收大量的学生，为了保证教学质量，必须进一步改进教学方法。二是苏联于 1957 年发射人造卫星，美国教育与技术方面的优势感荡然无存，当时的教学方法与手段再一次受到挑战。正是这两件事促使美国政府下定决心，投入大批资金对课程与教学方法进行改革。而在欧洲，战后经济的恢复与发展要求教育的投入比重加大，如德国的教育发展目标是扩大办学规模，提高受高等教育的人口比率，但这对学校所能提供的教育系统与课程提出挑战。要解决这一问题就要求学校能够提供足够的教育资源。

在教学设计的早期发展阶段，教学设计明显地带有行为主义色彩。研究者都倾向于形成一种理想的基于系统理论的教学方法，其目标在于形成一个教学方案，从行为层面明确教学目标，帮助大多数学生完成学习任务。如在《准备教学目标》（Preparing Instructional Objectives）一书中，马杰（R.Mager，1962）详细阐述了可观察、可测量的行为目标。这一时期的教学设计依据行为主义总结出来的一些学习规律，主要进行任务分析和确定学习的行为目标。任务分析的目的是确定学习者将要完成任务的子能力或任务的构成，设计一些子目标来促使学习者获得这些子能力。安排这些子能力的教学步骤可以导致一个学习者学习任务的完成或教学目标的实现。

3. 认知学习理论对教学设计的影响

从教学设计发展的第一阶段可以看出，程序教学是教学设计的方法学上的依据。但是在 20 世纪 60 年代末，这一依据受到来自理论与实践的双重困难：在理论上，斯金纳及其他行为主义者提出的学习理论过于简单化，忽略了学习者主体因素和教学情境的变化，尤其对于课堂中复杂的学习任务不能解释，而一些强化、奖励、行为目标的观点或结论也被后来的研究者所否认或修正。同样，在教学实践中：程序教学中的一些材料往往没有传统的教学材料有效。于是，教师开始对这一教学设计的有效性产生怀疑。

在 20 世纪 60 年代末以及整个 70 年代，认知学习理论逐渐代替行为主义，成为教学设计的指导思想。教学设计研究者开始从教学的行为模式转向以学习者心理过程为基础的教学理论。这一时期，研究者重新考虑学习理论，以及如何将这些理论与教学设计相联系。他们试图详尽阐述学习者学习的内部过程和内外条件并据此进行教学分析。行为目标式的任务分析开始转向注重教育情境中的不同知识与技能领域内的能力发展过程设计。研究者运用任务分析的方法来区分某一特殊领域内的新手和专家，并确定各自的专业知识与技能的特点，特别是专家的认知结构与信息加工方式，例如注意与记忆的特征以及知识贮存的方式等（Glaser，1978）。他们希望通过此类研究确定学习的规律和特点，并通过教学促进有效的学习。加涅等人（1992）也将自己的教学设计与认知理论相结合。他将学习结果分为五类：言语信息，智慧技能，认知策略，动作技能和态度。除了学习过程中的一般因素，如联系和强化等，这一理论还强调依据不同的学习结果类型确定学习的内外条件，教学应与学习者先前学习行为相联系。梅里尔（M.D.Merrill，1983）提出教学设计的成分呈现理论。这一理论虽来源于加涅的思想，但更注重教学的实效。他在概念学习研究的基础上，设计了一套用于呈现教学内容的教学呈现分类技术，用以传达学习信息和向学生提问，并将学习结果的分类进一步扩展，即将学习内容和学习行为表现分离开来。

此外，认知心理学中关于知识生成的研究结论也被应用到教学设计中，这些研究产生了许多针对学习过程的策略，如问题解决策略、信息组织策略、降低焦虑策略、自我监控策略、元认知与执行性策略等。而这些研究使得研究者更新了原先的一些教学设计观点，例如，熟练的自动化技能与认知策略具有不同的学习特点与教学特点；复杂学习任务必须建立在低一级子能力或任务的掌握基础之上等等。

4. 教学设计理论的整合

到了 20 世纪 80 年代，教学设计研究者开始倾向将不同的教学设计理论综合成一个行之有效的总体模式。

赖格卢特（C.Reigeluth）的精加工理论就是这样一个整合的教学设计理论。

这个理论要求教学设计者通过分析，将概念按照其重要性、复杂性和特殊性进行排列。教学先从大的、一般的内容开始，逐步集中于任务成分的细节和难点，然后又整合成一个较大的观念。通过这样的反复过程，学习者可以获得对这一知识的细致化的理解。这一理论综合了多种不同的理论观点，包括加涅和奥苏伯尔等人的思想。另外一个教学设计整合理论是藤尼森（Tennyson）等人提出的概念教学理论。他们强调概念教学包含三类知识（陈述性知识、程序性知识和策略性知识）的教学，每一类知识需要不同的教学策略。而教学策略的选择则需要对学习内容和学习者的需求进行分析。这一理论的任务分析强调的是学习情境而不是学习行为的特征。

在20世纪90年代，建构主义理论对教学设计理论起了较大的作用。在这一时期，学习者与教学媒体、教学情境的结合是教学设计发展的一个重要特征。根据建构主义的观点，学习者具有积极的自我控制、目标导向和反思性特点，通过在学习情景中的发现过程和精加工行为，学习者能建构自己的知识。因此，可以利用灵活、智能化的处理来满足变化着的学习需求。建构主义这种强调教学整体性、变化性的思想导致教学设计理论中一个重要的思想变化：学生学习的内容应该是知识与技能的整合体，而不是各种子能力或任务的分解：教学设计的内容应该是与特定教学情境相联系的学生整体知识的获得与运用。

20世纪80年代末、90年代初，教学设计的理论与实际工作者仍继续关注具体领域的能力结构及学习过程，并设计教学方案来促进这种能力的形成。在不同教学方法中，无论是强调成分技能获得的掌握学习模式，还是强调整体能力提高的结构化学习模式，它们都蕴涵着这样两个思想：（1）学习是情境化的，是一个积极运用原有知识来完成特定问题解决任务的过程；（2）问题解决策略的运用具有十分重要的作用。因此，在行为主义者眼中，学习者为情境所塑造；而在认知心理学研究者眼中，学习者积极地塑造情境来促进自己的学习。

第三节　教育教学设计理论的研究方法

一、研究方法综述

1. 文献法

在书店、图书馆、因特网搜集、查阅有关教学设计、教育心理学、教育社会学、教育技术学、学校体育学等方面的与本研究有关的大量文献资料和研究成果，并对资料进行整理和归纳，为建立体育教学设计理论奠定基础。

2. 调查、访谈法

专家调查法：主要通过专家访谈和专家问卷调查来获得本研究基本论点的验证。

以实地调查研究和参与观察为主，同时也包括访谈法、问卷法和案例分析法，来获得体育教学设计的现状，是本论文资料收集的关键方法。

3. 逻辑学方法

运用逻辑学方法，在分析、比较诸如教学、学习、教学设计、体育教学论、体育教学法等概念、本质和有关理论观点的基础上，提出体育教学设计的基本概念和理论体系，并提出了一些具有创造性的设想。

4. 统计分析法

对调查所获得的资料和数据的处理，运用 Excel 制作调查统计表，并进行数据统计。

第四节　体育教学设计理论体系的构筑

体育教学设计是一项系统设计体育教学过程的教学技术，它揭示了体育教学设计工作的规律，并运用这些规律来指导体育教学实践，提出设计体育教学的实际建议，包括工作步骤和具体做法，以便广大体育教师和体育教学设计人员使用。

作为一名体育教师，几乎无时无刻不在做教学计划，包括年度计划、学期计划、单元计划、每周计划及课时计划等，而且这些不同水平的计划必须协调一致，并与整个教学的目标相一致，这就要求教师具有较高的教学设计水平。体育教学设计是一项复杂的技术，需要心理学、教育学及其他相关的学科知识作指导。只有掌握了这些基础的理论与技术，才能更有效地组织体育教学。

就体育教学活动进行设计，对广大体育教师来说并不陌生。在正式开始一堂体育课的教学之前，教师需要考虑学生现阶段的学习情况、下一步的教学目标和实现该目标的教学步骤；在教学过程中，教师需要考察学生的理解和掌握情况，并在教学完成后对教学目标的达成情况进行评价。所有这些都是体育教学设计的重要内容。

一、体育教学设计的概念

体育教学设计，亦称体育教学系统设计，是面向体育教学系统、解决体育教学问题的一种特殊的设计活动。它既具有设计的一般性质，又必须遵循体育教学的基本规律。

1. 体育教学的概念

教学是通过信息传播促进学生达到预期的特定学习目标的活动。教学的目的在于使学生掌握原先不知道的知识，获得原先不具备的技能，形成原先所没有的态度，进而在原有基础上发展学生的智力。教学与教育的概念既有区别又有联系。教育一词的覆盖面较广，它代表了一切与人们学习有关的活动，既包括学校中系统的信息传递活动，也包括家庭教育、个人自学等。但要使学生能尽快掌握知识和技能，就必须对学习活动进行精心设计与安排，提供有利的学习条件。我们称这种有组织、有计划的教与学的活动为教学。目标指向性、组织性和计划性是教学活动的重要特点。

体育教学包括体育科学理论知识的教学和体育运动技术、技能的实践课教学，并且以后一种教学为主。体育教学作为一个教育过程，同其他学科的教学有相同之处，即都是教与学的双边活动，都是在教师的指导下，有目的、有计划、有组织地实现教育、教养、发展任务的过程。但体育实践课教学又有自己的特点：以身体活动为主要手段来传授和掌握知识、技术、技能。

体育教学是教与学的统一活动，是学生在教师有目的、有计划、有组织的指导下，积极主动地学习体育、卫生保健知识和基本技术、技能，锻炼身体、增强体质、促进健康、发展运动能力、培养思想品德的教育过程。

2. 设计的概念

建筑有建筑设计、室内装潢设计，服装有服装设计，出版有封面设计、版式设计，教育也有教学设计。许多领域都把设计作为自己工作的一个有机组成部分。设计这个术语指的是：为了解决一个问题，在开发某些事物和实施某种方案之前所采取的系统化计划过程。设计与其他形式的计划的区别在于，它在计划过程中所要求的精确性、仔细性和科学性的程度不一样。设计者在系统地计划项目时必须非常精细和科学。因为他们知道，粗劣的行动方案会导致不良的后果，如造成时间、人力、物力和其他资源的浪费，甚至危及生命。教学设计者也特别担心不好的教学设计方案会产生乏味、无效的学习，其后果有时会非常严重。在体育教育方面，其后果便突出地表现在“学生喜欢体育，而大部分学生不喜欢上体育课。”

设计要科学、合理，要遵循一些基本标准，如大楼设计要服从安全第一这个原则。须考虑许多因素，这些因素会影响计划的实施。教学设计者也要考虑能影响教学取得成功的各种因素。我们将逐一指出并阐述体育教学设计者在制定体育教学设计方案时应该考虑哪些因素，并将它们纳入一个系统化的体育教学设计过程模式。

设计追求创造性。若由几个建筑设计师分别设计同样的项目，虽然人、财、物和环境等条件相仿，但提出的结构方案可能会极其不同，有些方案可能是富有想象力和创造性的，而有些则可能比较呆板和陈式化。那些富有想象力和创造性的建筑会给人留下深刻印象，而那些平庸之作马上会被人完全忘记。正像建筑设计得益于创造性和想象力那样，教学设计的工作也是如此。虽然有关的体育教学设计理论会讨论到一些教学设计时需要操作的规则，但使用这些规则时必须赋以想象和独创，使设计出来的教学方案不仅切实有效，而且别具一格。

总之，设计几乎涉及人类社会的方方面面。人们为了达到某一目的就要精心构造达标的方案。同时，任何有目的的活动领域都离不开人的思考、判断、决策和创新。因此，设计的本质在于决策、问题求解和创造，设计活动具有科学的、艺术的和技术的多重性质。

3. 体育教学设计的含义

体育教学是体育教师引起、维持、促进学生体育学习的所有行为方式。体育教师的主要行为包括教师的示范、师生对话与指导，辅助行为包括激发动机、期望效应、课堂交流和课堂管理等；体育教师通过这些行为活动，在课堂上有计划、有组织、有目的地使学生获得体育知识、技能，形成道德品质和世界观，发展智力和个性。为了提高体育教学的质量，在实施教学前，体育教师要对教学行为进行周密地思考和安排，考虑教什么、如何教、要达到什么要求等，也就是必须对体育教学活动进行设计。

综合上述体育教学和设计两个概念，我们大致可以认为，体育教学设计是指以体育专业理论（运动人体科学的基础理论、体育心理学、体育教学论等）以及学习理论、传播理论、教学媒体论等相关的理论与技术为基础，运用系统方法分析体育教学问题、确定体育教学目标、设计解决体育教学问题的策略方案、试行方案、评价试行结果和修改方案的系统化计划过程。它不是力求发现客观存在的尚不为人知的体育教学规律，而是运用已知的体育教学规律去创造性地解决体育教学中的问题。

“教师是人类灵魂的工程师。”一个体育教学设计者就是一个工程师，他们要根据过去已经获得的成功的体育教学原理来计划自己的工作，帮助学习者改变自己的思想、知识、行为、体能，力图使自己设计的成果不仅有实用价值，而且能吸引和感染他们的“用户”。

事实上，有事业心的体育教师为了追求教学的效果和效率，都在自觉不自觉地进行着体育教学设计工作，但这种设计往往受到教师自身教学经验、知识水平、传统习惯、工作环境等因素的限制，所以它是一种经验式的体育教学设计。现代教育技术意义上的体育教学设计本质上是一个分析体育教学问题、构建解决方案，并对该方案进行预试、评价和修改，为体育教学最优化创造条件的过程；形式上是一套进行系统化计划的具体工作步骤和程序；实际成果是经过验证的各个层次的体育教学系统实施方案，包括体育教学目标、教学计划、教学大纲、教学进度、教学方案和为实现一定体育教学目标所需的整套教材（印刷的或视听的）、学习指导、教师用书等。

二、体育教学设计的特点

体育教学设计与体育教学论、体育教学法、教师的教案，既有区别又相互联系。

体育教学论是研究体育教学一般规律的科学。它的研究对象包括体育教学在整个体育教学活动中的地位和作用、体育教学的目的和任务、体育教学过程、体育教学原则、体育教学内容、体育教学手段和方法、体育教学组织形式，以及教学效果或学习成绩的检查和评定等。对上述内容，体育教学论注重理论探讨。因此，它是应用性的理论科学，对体育教学设计具有直接的指导作用。

体育教学法包括一般教学法和专项教学法。一般教学法研究各门术科共同的教学任务、过程、原则、方法、组织形式等；专项教学法则分术科专项进行研究，突出各术科自身专项教学的特点。体育教学法的主要特点是对体育教学的方法展开细致和深入的研究；而专项教学法为各门具体术科的教学设计提供了理论依据。体育课教案是以课时为单位设计的实际教学实施方案，是体育课堂教学活动的重要依据。通常包括班级、术科项目、上课时间、课的类型、教学目标、教学方法、教学内容、时间分配、教学媒体的使用等。教案是体育教学设计的具体产物之一，是体育教学设计指导体育教学过程的具体体现。教案主要考虑的是“教”的方案，而不是“学”的方案。体育教学设计则也关注“学”的方案，它并不仅仅局限于得出一套针对某一体育教学内容的教案，它需要对教与学的各个方面进行系统分析，提出教学方案，并不断修正方案，是一个连续的、不断改进和提高的过程。

就体育教学设计工作本身来说，它具有系统性、灵活性、科学性和艺术性等特点。

1. 体育教学设计的系统性

体育教学设计过程是一个科学逻辑的过程，体现了体育教学设计工作的系统性。在进行体育教学设计时，需要在分析论证所存在的教学问题的基础上设定目标，然后密切围绕既定目标设计教学的各个环节，从而保证了“目标、策略、评价”三者的一致性。体育教学设计从体育教学系统的整体功能出发，在工作程序上，往往不是先完成一步再开始下一步的，而是不断往复、相互补充，综合考虑教师、学生、教材、媒体、评价等各个方面在体育教学中的地位与作用，使之相辅相成，互相促进，产生整体效应，保证了体育教学设计整体上的系统性，达到体育教学效果的最优化。

2. 体育教学设计的灵活性

虽然体育教学设计过程具有一定的模式，需要按照既定的流程进行，但体育教学设计的实际工作往往不一定按照流程图所表现的线性程序开展。有时候，没有必要或不可能完成所有的工作步骤。例如，学习需要分析是体育教学设计过程模式中一个重要的教学设计环节。但我国中小学体育教学属于基础教育，由国家教育决策部门统一制定《体育（与健康）》课程标准，因此，中小学体育与健康课的教学设计，就不需要再到社会上去进行对学习需要的分析论证工作。所以，在进行体育教学设计时，我们应根据不同的情况和要求，灵活地决定从何处着手工作，重点解决哪些环节的问题，略去一些不必要开展或无法开展的工作步骤，因地制宜地进行体育教学设计。

3. 体育教学设计的科学性

体育教学设计是一门科学。科学的真谛在于求真，体育教学设计是在人体解剖学、人体生理学、体育保健学、运动生物化学、体育心理学、体育教学论等体育专业理论以及教育传播理论、教学媒体理论和教学评价理论的指导下，根据学和教的基本规律，尊重学生的兴趣爱好，尊重学生的个性特征，建立起合理的体育教学目标、内容、方法的策略体系，科学地运用系统方法对各个体育教学要素及其联系进行分析和策划。

4. 体育教学设计的艺术性

体育教学设计是一门艺术。艺术的生命在于创造，体育教师在进行体育教学设计的过程中，要根据教材、学生的不同特点、不同的教学环境条件，发挥个人的智慧，进行创造性的劳动。艺术具有丰富的审美价值，一份好的体育教学设计方案，既新颖独特、别具匠心，又层次清晰、富有成效，会给人以美的享受。

由此可见，体育教学设计是系统性、灵活性、科学性和艺术性的高度统一和完美结合，我们既要以科学的理论指导体育教学设计，不断提高体育教学设计的科学化水平，又要发挥体育教学设计的艺术特色，不断进行体育教学艺术的创造，力争使体育教学设计达到完美的境界。

三、体育教学设计的意义

体育教学设计既是体育教学中的一个重要环节，也是一项复杂的体育教学技术。学习体育教学设计具有十分重要的意义。

1. 有利于体育教学工作的科学化

传统体育教学中也有体育教学设计活动，但大都以课堂、书本及教师为中心，有的却又片面地强调体育教学中学生的主体作用，以儿童（学生）为中心，教学上的许多决策都是凭教师个人的经验和意向做出的。例如，在制订体育教学计划时，教师往往根据本人认为某内容是否重要，对有关内容是否熟悉，有无现成教学大纲可用等来决定教学内容。有经验的教师凭借这种途径也能取得较好的效果，这正是体育教学艺术性的表现。但对于绝大多数教师来说，能掌握这门艺术的人毕竟有限，而且教学艺术难以传授。体育教学设计则克服了这种局限，将体育教学活动建立在系统方法的科学基础之上，使体育教学手段、过程成为可复制、可传授的技术和程序。只要懂得相关的理论，掌握科学的方法，一般教师都可较迅速地实际操作。因此，学习和运用体育教学设计的理论与技术，是促使体育教学工作科学化的有效途径。

2. 有利于体育教学理论与体育教学实践的结合

为了使体育教学活动有序地进行，提高体育教学效果，广大体育教育工作者一直致力于探讨体育教学的机制，对体育教学过程、影响体育教学的因素及其相互关系进行研究，并形成了一套独立的知识体系——体育教学理论。但长期以来，体育教学研究偏重于理论上的描述和完善，脱离体育教学实际，使体育教学理论成为纸上谈兵，对改进体育教学工作帮助不大。这固然同理论研究不够深入有关，而更多的原因是忽视应用研究，致使在实践上无法操作造成的。而广大工作在体育教学一线的体育教师，则感到体育教学理论离他们的实际工作太远而把它们置于脑后，在体育教学实践中茫然地摸索。在这种情况下，被称之为“桥梁学科”的体育教学设计学起到了沟通体育教学理论与体育教学实践的作用。一方面，通过体育教学设计，可以把已有的体育教学理论和研究成果运用于实际的体育教学中，指导体育教学工作的进行；另一方面，也可以把在一线工作的广大体育教师的教学经验升华为教学科学，充实和完善体育教学理论，这样就把体育教学理论与体育教学实践紧密地结合起来了。

3. 有利于科学思维习惯和能力的培养

体育教学设计是系统地解决体育教学问题的过程，它提出的一整套确定、分析、解决教学问题的理论和方法也可用于其他领域和其他性质的问题情境中，具有一定的迁移性。例如，在学习任务分析中，需要将总的教学目标分解为一系列子目标（单元教学目标和更具体的使能目标），建立一个教学目标群，然后根据每一个子目标制定教学策略，并确定实现总目标的教学步骤。这与很多实际问题的解决思路（如现代管理学中的目标管理的思路）是相同的。另外，像教学设计的前期分析、试行评价等理论与方法，在现实的生活、工作实践中也经常运用。因此，通过体育教学设计原理与方法的学习、运用，可以培养科学思维的习惯，提高人们科学地分析问题、解决问题的能力。它不仅仅服务于体育课堂教学实践，也能运用在课程设置和教学计划的制定、专业培养方案的设计、学科的建设，甚至更广泛的其他领域之中。

4. 有利于加速对青年教师的培养

体育教学既是一门科学也是一门艺术。虽然体育教学的艺术很难通过教学来传授，但科学的教学理论和方法则是可以习得的。我国普通高校体育教育专业对师资培养的传统做法是注重于专业知识的教学，却忽视了体育专业基础知识的具体运用、体育基本教学技能和能力的培养，年轻教师大多通过模仿和自身的经验积累来计划和组织体育教学，前辈们用 10 年时间摸索出来的经验，年轻教师也得花上 10 年时间才能积累到前辈们相同的水平，这严重地延缓了青年教师教学水平的迅速提高，影响了体育教学效果。体育教学设计为师资队伍的培养提供了一条有效的途径，教师通过学习可以迅速掌握体育教学的基本原理与方法，并在实际运用中不断熟练和提高，最终成为一名体育教学专家。

5. 有利于体育媒体教材的开发和质量的提高

近年来，随着财政投入的增加、通信技术的飞速发展，体育现代教育技术与设施也在不断开拓、建设和发展，各级各类学校的电教器材有了较大的增长。目前所面临的重要任务之一是建设相应的体育教学节目和体育媒体教材，如体育教学电视节目、体育计算机课件等，体育媒体教材融体育教学内容和体育教学方法于一体，只有通过精心设计，才能保证质量。通过学习和掌握体育教学设计的理论与方法，可以帮助教师有效地使用现代化教学媒体，编制相应的媒体教材，在提高体育教学质量、普及各级体育教育和职业培训等各方面发挥积极作用。

四、体育教学设计的内容、分类

在了解了体育教学设计的概念、特点和意义以后，我们更想知道体育教学设计到底有些什么内容，我们学习以后能做些什么事情呢?

科学以其不同的对象而被划分为不同的学科门类。每门学科的知识体系都有自己专门的内容和分类体系，体育教学设计也不例外。

1. 体育教学设计的内容

美国学者马杰（R.F.Maget，1968）曾比喻过教学设计的三个基本课题：我要去哪里？我如何去那里？我怎么来判断自己已经到达了那里？这就是教学设计中经典的目标、策略和评价三项基本内容。

围绕这三项基本内容，在体育教学设计时，还有一些前提性和展开性的课题。如为了明确体育教学目标，我们先要分析体育学习的需要、体育教学内容和教学对象；在制定体育教学策略的时候，我们要对体育教学媒体的选择和编制赋予必要的重视和特殊的处置；而教学评价总体上属于体育教学设计的后期工作，但它实际上贯穿在整个设计的全过程。而且，整个体育教学设计的过程又都离不开对体育教学系统的了解，离不开传播理论、体育基础理论和体育教学理论等的指导，离不开系统方法的运用。

概括地讲，体育教学设计的内容大致可以分为四大部分。

第一部分是基本概念和基础理论。它要回答什么是体育教学设计；体育教学设计与邻近概念（如体育教学论、体育教学法、体育课教案等）的联系和区别；体育教学设计有哪些特点和作用；体育教学设计涉及哪些课题内容和方法论。它要探讨体育教学系统的构成和特性：系统方法在体育教学中的应用；体育教学设计的形成过程、应用范围和层次。它要阐述体育教学设计的理论基础：总结对体育教学设计工作有较大影响的理论流派。

第二部分是体育教学设计过程。它要说明体育教学设计前期阶段的学习需要分析、体育教学内容分析和体育教学对象分析的重要性；探讨怎样来做好这些前期分析工作。它要引用或借鉴教育目标的分类学说，依据《体育（与健康）》课程标准或“体育教学指导纲要”等法规文件，探讨体育教学目标的具体编写方法。它要验明体育教学策略的构成要素，探讨各种不同类型体育课的具体教学策略，编制体育教学方案。

第三部分是体育媒体开发。它要阐释体育教学媒体的特性；说明选用体育教学媒体的依据、程序和原理。它要探讨如何运用体育教学设计原理和方法来编制体育教学电视节目、体育网络课程、体育类计算机教学辅助软件（CAI）和学习辅助软件（CAL）等媒体教材和课件。

第四部分是体育教学评价。它要说明体育教学评价的功能和原则，及其对体育教学设计的意义。它要制定体育教学设计成果（即体育教学方案和体育媒体教材）的评价指标。它要研讨体育教学设计成果的形成性评价程序和方法，以及评价工具的编制和使用。

上述内容所反映的体育教学设计原理和方法对解决体育教学问题有普遍指导意义，但它们不是一成不变的。况且没有哪一种固定的体育教学设计模式能用以有效地解决所有体育教学问题。广大教师应该在体育教学设计实践中做到因地制宜、因人制宜，不断总结和创造新的经验，并将它们提高到理论的高度。同时，体育教学设计是应用学科，它赖以解决问题的基本前提是应用相关体育学科的理论和方法，而其本源又是体育教学实践中积累的丰富经验。因此，广大教师还要关心体育学科中运动人体科学、体育教育学、体育心理学、体育教学论以及传播学、设计学、管理学、媒体学等领域的理论发展，及时将其中最新研究成果应用到体育教学设计的实际工作中去。经过实践检验后，再把这些理论丰富和补充到体育教学设计的内容中去，将它们转化为实际工作的指南和原则，使体育教学设计知识体系不断得到充实和完善。

2. 体育教学设计的分类

体育教学设计是一项多因素、多层次的系统工程，它是系统地解决体育教学问题的过程，它提出的一整套确定、分析、解决体育教学问题的理论和方法也可用于学校体育的其他领域（如业余运动训练或课外体育活动）和其他性质的问题解决过程中（如设计一长期的、年度的、学期的、一周的、一次训练课的训练计划或设计运动处方等）。

体育教学设计通常有两种类型：

（1）一类是体育课程设计，包括：①制定体育课程标准；②制定体育教学大纲；③编选体育教材；④编制体育多媒体课件。

（2）另一类是体育课堂教学设计，包括：①学期教学计划设计；②单元教学计划设计；③课时教学计划设计。

第五节　体育教学事项设计

上述的两类体育教学设计又都涉及体育教学目标设计、体育教学内容设计、体育教学方法设计、体育教学手段设计、体育教学媒体设计、体育教学策略设计等。

一、体育教学设计方法论

作为连接体育教学理论和体育教学实践的中介，体育教学设计具有方法论的性质。方法论问题对体育教学设计的发展和推广应用具有十分重要的意义。科学方法按其抽象的程度可分为三个层次。最高层次为哲学方法，它是以哲学的原理、范畴和规律为基础的研究方法。中间层次为一般方法，它是人类创造活动中带有普遍意义的方法。最低层次为专门方法，它是各个学科所采用的具体方法。体育教学设计同样也有三个层次的方法。

1. 体育教学设计的哲学方法

哲学方法是从对自然、社会、思维的研究中概括出来的，同时又广泛地应用于自然、社会和思维领域的研究方法。它虽然不解决体育教学设计的具体问题，但为体育教学设计提供了理论基础和思想指导。

体育教学设计是针对体育学习需要，从体育教学过程的整体性出发，制定体育教学方案的系统决策过程。它涉及对体育的价值观念，体育教学的本质论等一系列认识问题。对于事物的认识科学与否直接影响到决策的正确性。研究体育教学设计的认识论问题属于哲学的范畴。

我们应从辩证唯物主义和历史唯物主义的高度，来探讨体育教学与自然、体育教学与社会、体育教学与思想的关系，为科学的体育教学设计奠定理论和思想基础。马克思主义的教学观提倡教学促进人的全面发展；主张学用结合，理论联系实际；要求人们自觉运用唯物辩证法的武器，在改造客观世界的同时，改造自己的主观世界。运用马克思主义的观点从认识论上解决体育教学理论与体育教学实践的关系，正确处理体育教学与发展、理论与实践、借鉴与创新等问题，这是做好体育教学设计研究和实践的根本保证。在体育教学设计中运用辩证唯物主义的认识论，主要解决下面三个问题：

（1）不断更新体育教学观念

体育教学观念不同，体育教学设计的指导思想不同，体育教学设计的重点和结果也不同。体育教学设计作为系统决策过程，它的每一步都受一定的体育教学观念所支配。例如，应试教育与素质教育、集体授课与个别化学习、以“教”为中心与以“学”为中心等。为了做好体育教学设计，教师必须树立现代体育教学观念，改变过去那些片面强调的“自然体育教学观”“体质教学观”“竞技体育教学观”“能力培养教学观”“快乐体育教学观”，摒弃那些体育课堂教学“满堂灌”、从中等学生水平出发集体授课、以教师为中心的教学观念，代之以让学生学会生存、学会学习，重视发展学生个性，以“健康第一”为指导思想，促进学生的素质全面发展，通过体育教学完成学生的教养、教育、发展三大任务。

（2）正确处理借鉴与创新的关系

20 世纪 80 年代初，教学设计作为教育技术的重要内容介绍到我国，引起了我国教育界的普遍关注，而体育教学设计作为现代体育教育技术的重要内容提出，本文始作开创性的尝试，其自身要完善和发展的路途还相当遥远。我们在学习外国的经验、其他学科的研究成果时应该和本国的、体育学科的实践相结合。充分吸纳西方的教学设计理论和方法、教育学理论、心理学理论、传播理论、系统科学方法等在体育教学设计中的应用，但必须认真地加以消化和吸收，取其精华，弃其糟粕：深入地挖掘我国传统的体育教育中许多行之有效的教学思想、理论和方法，结合体育专业基础理论，形成具有本专业特色的体育教学设计的知识体系。只有这样，才能在借鉴的基础上，创立适合我国国情的、凸现体育学科特色的体育教学设计的理论和方法体系。

（3）重视体育教学实践研究

任何理论的发展都离不开实践，只有通过扎扎实实的实践研究，获得第一手资料，才能够深化对体育教学设计理论和方法体系的认识。从体育教学设计的特点和意义来看，其本身就是一门联系体育教学理论与体育教学实践的“桥梁学科”，它注重理论联系实际，将一些体育领域中的基础理论研究的成果运用于体育教学实践。按照科学认识论的要求，应积极开展体育教学设计及其教学应用的实践活动，从中取得科学的认识或理论，再把它们运用于指导体育教学设计的实践中去，从“实践—理论—实践”的往复中，完善体育教学设计方案，发展对体育教学设计理论和方法体系的认识。

2. 体育教学设计的系统科学方法

系统方法是运用系统科学的观点，研究和处理复杂的系统问题而形成的方法，即按照事物本身的系统性，把对象放在系统形式中加以考察的方法。体育教学设计中的系统方法，是在系统科学和体育教学实践的基础上产生的，是指导体育教学实践和体育教学设计活动的一般方法。

系统科学方法为体育教学设计提供了具体的分析和决策的操作过程和操作方法。它大体上分为三个阶段，即系统分析、系统决策和系统评价。在系统分析阶段，通过系统分析技术，确定问题的需求和系统的功能、目标：在系统决策阶段，通过方案优选技术，考虑环境等约束条件，优选解决问题的策略；在系统评价阶段，通过评价调试技术，实行方案，鉴定方案的有效性，进而完善已有方案。运用系统方法进行体育教学设计，应遵循下面三个原则：

（1）整体性原则

它要求把体育教学设计作为一个整体加以考虑，不能只着眼于各个要素的分析和设计，或各个要素形式上的结合，应从整体与要素、要素与要素的相互联系，相互作用中，以及从系统与外部环境的制约关系中，去揭示体育教学设计的特征与规律。例如，处理好学习需要与学生特征、体育教学内容与体育教学策略、体育教学目标与体育教学评价、体育教学环境与体育教学媒体等要素和要素的相关性、制约性，使系统的整体功能大于系统中各要素的功能之和。

（2）动态性原则

体育教学设计的对象是体育教学系统，这是一个有序的动态系统。体育教学系统的有序性表现为体育教学过程各要素之间相互联系、相互制约的关系是有序的；体育教学系统的动态性表现为体育教学过程处于不断的运动和发展之中。体育教学系统设计应充分考虑体育教学系统的有序性、动态性的特点，在体育教学设计和体育教学过程中引入评价和反馈机制，对过程实施有效的调控，是有效完成体育教学任务的重要保证。

（3）最优化原则

最优化是指系统功能的最优化，它是体育教学系统设计的基本目标。为此，在进行体育教学设计时，应从整体最优化的目标出发，使体育教学过程的每一个要素、每一局部过程和每一环节都置于系统的整体设计之中，以协同实现体育教学设计整体功能的最优化，而且要特别注意要素之间结构和功能的相互匹配。这样才能设计出最优的体育教学方案，使体育教学达到预期效果。

3. 体育教学设计的模式化方法

在运用体育教学理论和实践经验，通过分析和综合，创造最优化的体育教学系统的过程中，可以形成一个体育教学设计模式。由此产生的模式化方法作为与一定的设计任务相联系的体育教学设计程序和方法体系，是体育教学设计的专门方法。借助体育教学设计模式这种简化而具体的表现方式，可以了解体育教学设计的结构和过程，了解体育教学系统内各要素之间的相互关系，从而便于人们更加有效地进行体育教学系统的设计。

模式化方法中的模式分析和模式综合是逻辑思维的基本方法。事实上，模式分析是以客观事物的整体与部分的关系为基础，为了便于进一步认识事物而把相互联系的因素暂时割裂开来，个别加以研究，弄清各部分的特殊规定，以加深对事物本质的认识。模式综合是在对个别因素进行分析的基础上，综合各个因素相互关联、相互作用、相互转化的关系，以帮助人们从整体的系统结构中把握体育教学设计的本质和规律。可见，模式分析的重点是考虑各个部分的特征，模式综合的重点是考虑各个部分相互间的关系。这是统一认识过程中的两个阶段。

体育教学系统设计的模式化方法从总体上规定了体育教学设计的过程和步骤。由于体育教学设计是个复杂的系统决策过程，体现了知识的综合性、方法的实用性、结果的不确定性，因此要求教师必须有较强的分析技能、创新意识和决策水平，以便把对体育教学的设想转化为实际的体育教学成果。

总之，体育教学设计的基本任务是设计和开发经过验证的，能实现预期教学功能的体育教学系统方案。体育教师就是综合运用哲学的、系统科学的和模式化的方法开展体育教学设计工作。首先从调查研究入手，明确体育教学系统设计所要解决的问题，然后从理论和实践的结合上设计出解决体育教学问题的方案，最后经过对方案进行验证和完善，优选出最佳的体育教学方案。

二、体育教学设计过程模式

前面我们讨论了体育教学设计三个层次的方法论的问题，在科学方法的指导下，如何进行具体操作，怎样进行体育教学设计？为了解决这个问题，根据系统论的观点，我们先来认识一些一般教学设计的过程模式，然后讨论体育教学设计过程的基本要素，最后具体阐述体育教学设计的过程。

1. 一般教学设计过程模式

采用文字或图解的模式对教学设计过程进行描述是教学设计研究中体现系统论思想的一个特色。当代关心教学实践的心理学家、教育学家、教育技术学家都常用这样的模式来简化自己对教学设计过程的看法。

格拉泽（R.Glaser）认为，教学设计的意义在于改变现存的进行状况，根据决策理论、管理科学等找出最有效的法则，以决定课程单元的教学活动。他设想的教学设计步骤为：①分析预期的能力目标；②诊断学习前的状态；③安排促进学习的程序和条件；④评价学习的结果。

加涅（R.M.Gagne）认为，为了达到比较理想的学习结果，必须讲求教学环境的计划，而有计划的教学必须采取科学的设计原理。

他设想的教学设计步骤为：

（1）以行为的方式叙述所界定的表现目标；

（2）以学习阶层和任务分析为依据构建教学的进程；

（3）筹划教学的事项，拟定教学活动，为特定学习结果准备学习的条件。

2. 体育教学设计过程的基本要素

通过对一般教学设计过程模式的分析，结合体育教学的特点以及作者十多年体育教学设计应用实践，我们认为体育教学设计包含以下四个要素：

（1）体育教学目标

要进行体育教学活动和过程的设计，必须首先明确为什么要教这些内容，通过体育教学要达到什么目标。这样进行体育教学设计，才有明确的方向和要求。

（2）体育教学对象与任务分析

由于体育教学设计的一切活动都是为了学生学好体育，因此，要使体育教学设计取得好的效果，必须重视对学生情况的分析，并分析从学生的原有水平到达教学目标之间所需要的从属的知识和技能，确定它们之间的层次关系。

（3）体育教学策略

这是解决如何进行体育教学的问题，是体育教学设计的重点。它包括体育教学模式、体育教学方法、体育教学形式、体育教学活动和教学媒体等的选择和设计。

（4）体育教学设计方案评价

为了知道设计的体育教学方案是否能取得理想的教学效果，必须对体育教学设计方案进行评价，并在此基础上对方案进行修改。

3. 体育教学设计过程模式

体育教学设计过程可以形成各种模式，根据体育教学理论的要求，以及体育教学的实践需要，在分析体育教学设计过程基本要素的基础上，我们通常采用以下的设计过程模式

（1）体育教学设计前期分析

在设计体育教学之前，我们必须思考三个问题：为什么教、教什么和怎么教。为了解决这三个问题，体育教学设计前期分析需要考虑如下三个方面。

①体育学习需要分析。

学习需要分析是解决“为什么教”的问题，它近似于我们习惯上所谓的教学目的，或教学活动预期达到的结果，但实际上在使用时它要比后者宽泛。而且，教学目的常常是相对教师的“教”而言的，学习需要则主要是相对学生的“学”而言的。

②体育教学内容的分析。

体育教学内容的分析是解决“教什么”的问题。体育教师在进行体育教学设计时，要了解教师教什么，学生学什么，也就是先要知道教学内容，并对它进行详细的分析。体育教学内容，是指为了实现体育教学目标，要求学生学习的体育知识和技能的总和。分析体育教学内容是对学生起始能力变化为终点能力所需要的从属知识和技能，及其上下、左右关系进行详细剖析的过程。

运用系统论的观点对体育教学内容进行分析，主要包括以下几个方面：

背景分析。主要分析这一部分体育知识发生、发展的过程，它与其他体育知识之间的联系以及它在社会生活与锻炼实践中的应用。

功能分析。主要分析这一部分体育内容在整个体育教学内容中的地位、作用以及它的功能和价值，包括智力价值、教育价值和健身价值等。

结构分析。主要分析体育知识、概念、原理、技术、战术等的系统、层次，它们之间的关系，以及这种关系的性质、特点，从而确定这些体育知识、概念、原理、技术、战术的掌握程度和练习要求。

③学生特征分析。

学生特征的分析是解决“怎么教”的问题。为了使体育教学设计能符合学生的实际情况，取得更好的教学效果，必须对学生的情况进行客观地分析。学生情况分析包括以下两个方面：

学习准备情况分析。学生的学习准备情况分成如下两类：

第一，学生的起点能力。学生的起点能力是学生对从事特定的内容和任务的学习已经具备的知识与技能的基础，以及对有关学习内容的认识水平与态度。第二，学生学习体育的心理特征分析。学生学习体育的心理特征分析是指对学生学习有关体育内容产生影响的年龄、性别、认知成熟度、学习动机、情感、意志和气质等因素进行分析。这些因素影响

教师对教学内容、教学模式、教学方法和教学媒体的选择和运用。

学习风格分析。学习风格是指学生学习时感知不同刺激，并对不同刺激做出反应这两个方面产生影响的所有心理特征。学生学习有不同的风格，学习风格的差异对学生的学习和教师的教学都会产生一定的影响，通过对学生学习风格的分析，使我们能更好地针对学生的实际情况进行教学。

学生情况分析为教学内容的选择和组织、教学目标的编制、教学活动的设计、教学方法与教学媒体的使用提供可靠的依据。

（2）编制体育教学目标

通过体育教学内容分析，知道要教给学生哪些体育知识和技能。在此基础上，要求对学生通过体育学习和锻炼应达到的行为状态做出具体的、明确的说明，这就是编制体育教学目标。

依据《体育与健康（体育）课程标准》，我们把体育教学目标分为：运动参与、运动技能、身体健康、心理健康、社会适应五大领域，这五大领域的具体目标又可归为认知、情感和动作技能三类。

体育教学目标编制的步骤如下：

①学习体育与健康课程标准（或普通高校体育与健康课程指导纲要）、体育教学大纲。

②明确单元教学目标。

③了解本课时教学的具体内容和要求。

④了解学生的基础和学习特点。

⑤按照内容和水平分类确定教学目标并加以陈述。

（3）学习任务分析

体育教学目标只是规定了一定体育教学活动完成之后，学生应习得的终点能力及其类型，而没有具体说明这些能力或行为倾向形成或获得的过程与条件。要使体育教学目标真正起到指导体育教学的作用，接下来还要对体育教学内容进行学习任务分析。主要包括：

①学习结果类型分析。

根据加涅的学习结果分类理论，结合体育学习的实际情况，体育学习结果有以下几种类型：体育事实、术语、概念、原理等言语信息、体育动作技能、体育动作操作程序等智慧技能、体育认知策略和态度。将体育教学内容按这几种类型进行分类，并分别加以分析。

②学习形式类型分析。

根据奥苏伯尔同化理论，体育概念和原理的学习可以分为上位学习、下位学习和并列学习。将教学内容中体育概念和原理按这三种类型进行分类，并加以分析。

③学习任务分析。

在学习新的知识技能之前，学生原有的知识技能的准备水平称为起点能力。通过一定的教学活动，学生获得的知识技能称为终点能力。介于起点能力到终点能力之间的这些知识技能称为先决技能。学习任务的分析就是对学生的起点能力转化为终点能力所需要的先决技能及其上下左右的关系进行详细剖析的过程。通过学习任务的分析，为教学顺序的安排和教学条件的创设提供心理学的依据。学习任务分析的方法有：归类分析法、层次分析法和信息加工分析法等。

（4）设计体育教学方案

这是体育教学设计的中心环节。包括确定课的类型、设计教学顺序、选择教学模式、教学活动设计、教学环境设计和教学媒体设计等。

①确定课的类型。

由于体育课有各种不同的类型，有理论课、实践课、新授课、练习课、综合课、复习课和测验课等。不同类型的课有不同的功能，要采取不同的教学方法，有不同的教学过程。因此在设计体育教学过程时，首先必须确定体育课的类型。

②设计教学顺序。

教学顺序是教学过程的前后次序，也就是先做什么，后做什么，它包括以下三个方面：

体育教学内容呈现顺序。指的是体育知识和技能出现的前后次序，先教什么内容，后教什么内容。

教师活动顺序。指的是教师进行教学活动的前后次序，教师先进行什么教学活动，后进行什么教学活动。

学生活动顺序。指的是学生进行学习活动的前后次序，学生先进行什么学习活动，后进行什么学习活动。

这三个方面是同步进行的，必须进行整体设计。

（5）选择教学模式

课的类型确定以后，在设计教学顺序的同时，进一步根据不同的教学内容和目标选择不同的教学模式，再具体设计整个体育教学过程的各个环节。

（6）设计教学活动

在教学顺序设计的基础上，还要对每一项教学活动进行设计。包括导入设计、情境设计、提问设计、练习设计、讲解设计、演示设计、强化反馈设计和结束设计等。

（7）选择和设计教学媒体

为了进一步激发学生学习的兴趣，提高体育教学的效率，在体育教学设计过程中，必须注意教学媒体的选择和设计。根据学习任务的要求、教学媒体的功能和教学条件等因素，选用适当的教学媒体。

（8）设计体育课堂教学环境

为了使体育教学取得良好的效果，还必须合理地设计课堂教学环境（包括硬环境和软环境），选择适当的教学形式，营造和谐的课堂心理气氛。体育课堂教学形式有全班学习、分组学习和个人学习等。要根据不同的教学目标、学生特点选择不同的教学形式。

第五章 体育教学原则

第一节 体育教学原则概述

一、国内外教学原则体系的发展

中国古代、古希腊时代，尽管都有一些关于教学原则的实际见解，但是作为一个体系来构建教学原则，一般认为始于捷克教育家夸美纽斯（1592—1670），他在《大教学论》中以四章占全书四分之一的篇幅来论述教学原则这一主题，其主要的教学原则有教与学的便易性原则、教与学的彻底性原则、教学的简明性与迅速性原则。当代国内外学者、专家对教学原则的概括和表述多种多样，笔者从师生作用，传授知识和发展能力的角度考察，将他们提出的教学原则体系分为：

①强调教师的主导作用，以向学生传授知识和技能为主的教学原。

②强调学生的主动性，以培养能力、发展个性为主的教学原则。

③重视师生配合，试图把传授知识与发展能力统一起来的教学原则。

1. 强调教师的主导作用，以向学生传授知识和技能为主的教学原则

苏联凯洛夫为总主编的《教育学》(1956年)所提出的教学原则体系由七条原则组成:

①在掌握知识的过程中，学生的自觉性和积极性原则。

②教学的直观性原则。

③教学上的理论与实际相结合原则。

④教学的系统性和连贯性原则。

⑤掌握知识的巩固性原则。

⑥教学的可接受性原则。

⑦在教师对班级进行集体工作的条件下，对学生进行个别指导的原则。

凯洛夫认为，这些原则是互相联系的整体，不可分割。该原则体系较之1948年版本，在学生主动性和能力培养方面有所重视，但强调的仍然是教师的作用，偏重于知识技能的

传授。

美国奥苏贝尔运用现代认知心理学观点，研究夸美纽斯和赫尔巴特以来的传统教学理论，于20世纪60年代提出“有意义接受学习”的教学思想。从他的理论中可概括出两条一般性的教学原则：

①知识的逻辑意义转化为知识的心理意义原则，强调新旧知识的联系与转化。

②知识的不断分化与综合贯通相结合原则，强调从一般到具体的教学路线，要求提供“先行组织者”，以“同化”知识，同时，要加强知识间纵向和横向联系。

美国学者科尔·P. 乔治从教师的角度出发，提出“三类九种”原则体系。第一类是有效传递原则。有效的传递是有效教学的基础，教师作用的发挥很大程度上是依赖于高超的传递技能。第二类是信息组织和控制原则，包括准备原则、讲解和演示原则、提高原则、布置作业原则、反馈和矫正原则、评估与评价原则。这些原则旨在组织和传递信息，以保证学生的有效学习。第三类是动机和课堂管理原则，包括动机与强化原则、课堂管理原则。此类原则旨在保证学生集中注意力，保持学习动机，以使他们积极参与学习过程。这三类原则相互联系、相互影响。

2. 强调学生的主动性，以培养能力、发展个性为主的教学原则

苏联赞科夫在“以尽可能大的教学效果促进学生的一般发展”的思想指导下，经过长期实验研究，提出了新的教学原则体系：

①以高难度进行教学的原则。

②以高速度进行教学的原则。

③理论知识起主导作用的原则。

④使学生理解学习过程的原则。

⑤使全班学生（包括差生）都得到一般发展的原则。

美国教育家布鲁纳从认知结构主义观点出发，重视学生思维能力，特别是直观思维能力和探究发现能力的培养，提出了四条教学原则：

①动机原则。要求学生要有学习的心理准备，引导他们在探索和解答问题过程中充分获得内，合的满足，把外来动机转化为内在动机。

②结构原则。强调应掌握学科的基本结构，它表现为概念、原理和法则等形式。

③程序原则。要求教师要根据学生认知发展顺序，合理考虑教材呈现的顺序。

④强化原则。即知道学习结果原则。

日本筑坡大学教育学研究会编的《现代教育学基础》中着重介绍兴趣和直观两个原则，并列举了文化价值原则、主动性原则、自我活动原则、作业原则、个别化原则·个性化原则·社会化原则、练习原则等。书中还介绍筱原助市的见解，该学者指出：在动机上有兴趣原则；在活动方面有注意和自我活动原则；在结果上有练习原则；在促成方面有权威与自由的权利原则；而原则的原则则是爱的原则。

我国的教育学、教学论所确定的一些教学原则基本上来自苏联教育学，从20世纪90年代以后，已开始从根本上摆脱凯洛夫教学原则框架。对旧教学原则体系的不合理发难批评，研究者已开始提出构建新的教学原则体系，这一阶段具有代表性权威性的研究成果是张楚廷的著作《教学原则新论》（1993年），他提出的教学原则体系是：

①智力培养与心力发展相结合的原则。

②知识传授与能力培养相结合的原则。

③思维训练与操作训练相结合原则。

④收敛思维训练与发散思维训练相结合的原则。

⑤深入浅出相结合的原则。

⑥教师的主导作用与学生主体作用相结合原则。

3. 重视师生配合，试图把传授知识与发展能力统一起来的教学原则

美国学者布卢姆在长期的教育研究，特别在“教育目标分类学”的研究基础上，于20世纪60年代末提出了“掌握学习”的教学理论，试图最大可能地发挥师生教与学的积极性，全面提高教学质量。根据他的理论，我们概括出八条教学原则：

①面向全体学生的原则。

②教师目标主导性原则。

③教学目标体系完整性原则。

④知识系统性原则。

⑤措施与目标紧密对应原则。

⑥教学的针对性原则。

⑦教学评价的教学性原则。

⑧及时反馈矫正原则。

巴班斯基从系统观点和最优化方法论出发，在20世纪70年代末和80年代初，提出他的教学原则体系：

①相互联系的解决学生的教养、共产主义教育和一般发展的任务教学目的性原则。

②教学的科学性原则。

③教学同生活、同共产主义建设实践联系原则。

④教学的系统性和循序性原则。

⑤可接受性原则。

⑥在教师发挥指导作用下，学生在教学中的自觉性和积极性原则。

⑦教学的直观性原则。

⑧依据任务和内容配合运用各种教学方法和手段原则。

⑨依据教学任务、内容和方法，配合运用各种教学组织形式原则。

⑩为教学创造必要条件原则。

⑪教养、教育和发展效果的巩固性、理解性和实效性原则。上述诸原则虽然是一个相互联系的整体，但可根据教学的基本成分和教学条件，有侧重的加以选用。根据教学任务，主要选用第 1 条；根据教学内容，主要选用第 2-5 条；根据教学方法和相应手段，主要选用第 6-8 条；根据教学组织形式主要选用第 9 条；根据教学条件，主要选用第 10 条；最后根据教学效果，主要选用第 11 条。

我国教学论专家王策三在《中国大百科全书》（教育卷）中提出我国中小学的主要教学原则；

①科学性与思想性统一原则。

②理论联系实际原则。

③教师主导作用与学生主动性结合原则。

④传授知识和发展智力统一原则。

⑤系统性原则。

⑥直观性原则。

⑦巩固性原则。

⑧量力性原则。

⑨统一要求与因材施教结合原则。该原则体系基本反映了我国多数教育学版本的体系。

我国台湾孙邦正、郭为蕾、黄中等学者所持看法是一致的，都认为教学原则有八条：准备原则、类化原则、自动原则、兴趣原则、个别适应原则、社会化原则、熟练原则，同时学习原则。黄中还把八条原则分为三类；就教学的起点言；有准备类化原则；就教学的过程言，有自动原则、兴趣原则、个性适应原则、社会化原则；就教学的结果言，则有熟练原则和同时学习原则。

唐文中主编的《教学论》（1990 年）认为，构成教学原则体系由三部分组成：第一部分是从宏观上、较高层次上提出的，对第二、第三部分的教学原则的指导作用，它们是目的性原则、积极性原则、整体性原则。第二部分是从教学过程作为特殊认识过程提出的，有理论联系实际原则、科学性原则、直观性原则、循序渐进原则。第三部分是从教学过程作为社会的人际关系现象提出的，有情境性原则和民主性原则。

从上述的介绍中可以看出，各种原则内容和体系既有差异之处，也有相同点。

差异之处：①条目不同。②概括表述不同。③体系结构不同。有的区分层次和类别，但多数原则体系是不分层次和类别。④理论依据不同，在上述列举的原则体系中，凯洛夫的主要是从认识论出发；巴班斯基的是以系统方法论为基础；赞科夫的主要建立在心理学家维果茨基的“最近发展区”理论基础上；合作教育学是从人道主义（属社会学范畴）出发；布鲁纳和奥苏贝尔的是以现代认识理论作基础，都强调“结构”在教学中的作用。还有的是把现代系统理论（信息论、控制论、系统论的总称）和生物系统论作为理论基础。此外还应看到，有的原则体系主要是继承和借鉴而来，有的主要是理论思维的产物，还有的主要是通过现实的实验概括出来的。可见主要理论依据和来源的不同，是造成各原则内容和体系在本质上差别的主要原因。

相同之处：

①在教学过程中师生作用授受知识与发展能力问题上的差别只是相对的，而不是绝对的，并且发展趋势是既重视教的主导作用，又重视学的主体地位，日益强调教与学的协同合作，强调掌握知识与发展能力的辩证统一，这种趋势在各个原则体系中都不同程度地得到体现。

②有些原则只是名称不同，其含义和实质均相同或基本相同。一甚至有的原则在名称上完全对立，而实质是基本相同的。

③上述的所有原则体系都服务于特定的教学目的，也符合或基本符合教学规律，都以一定的科学作为理论基础，都有一定的科学价值。

通过比较分析，笔者认为教学原则内容和体系的千姿百态是件好事，反映了教学理论研究“百花齐放、百花争鸣”的民主风气。究竟教学原则如何概括（定义）？数量应多少（定量）？解决这些问题是一项长期而艰巨的任务。在我看来，制定原则要符合科学性和效用性两条最基本的标准。科学性是指要全面反映教学目的和教学过程的规律；既能指导教又能指导学。实用性是指所定原则要能指导教学活动，便于运用，讲求实效。因此，名称尽量简明扼要，原则数量要适当，还要处理好继承与创新的关系。

二、教学原则的概念

从我国教学论发展看，教学原则的概念引进始于西方教学论。教学原则的概念问题是属于教学原则本体论范畴的根本问题，它直接影响人们对教学原则的深化和一发展。“原则”一词在汉语中通常指“观察问题，处理问题的准绳”，在西语中（Principle）含有指导原理、基本要求的意思。因而在教学论中，通常把教学原则定义为对教学的基本要求和指导原理。笔者在对现行的教材、参考书和主要论文中关于教学原则的概念进行审视后，发现其观点和说法不尽相同。

关于教学原则概念的学说主要有如下五种：

（1）“要求”说

把教学原则界定为教学的一般（或基本）要求，典型表述为“根据教育教学目的，反映教学规律而指导教学工作的基本要求”。论者直接指出“在我国教学论界，这种理解差不多是大家公认的”支持和同意这种观点的是大有人在的。

“要求”说之所以在我国教学论界颇有影响，是有其深刻而长远历史渊源的。作为具有相对独立形态的教育学诞生的标志——夸美纽斯的《大教学论》产生之始就已明确提出来了。赫尔巴特虽然没有直接提“教学原则为教学要求”，但从他以“管理”为主要教学方法的思想中推断出他也持此观点。与之一脉相承的凯洛夫等也是此说的拥护者和发展者。解放初，我国又全面学习苏联的教育学，这种影响是显而易见的。

这种“要求”说，其实反映了我国教学论界当时对教学原则的研究水平和认识程度，还处在一个经验归纳和主观制定教学原则的知性思维阶段。“要求”说在教学论的形成与发展过程中，在规范和监督具体的教学活动，保证系统知识传授和提高教学质量方面曾发挥了巨大的作用，这是历史已经证明了的。但这种指令性十足的说法也越来越暴露出它的弊端和局限。第一，过分强调教学原则的形式方面，缺乏对原则本身内涵的深刻揭示和整体把握，因此，从概念中映射出明显的片面性和空泛性。第二，教学原则的提出和制定侧重于主观经验总结，而且其所指主要在教师或教的方面，忽视学生或学的方面；只重视知识的传授，忽视能力、情感、意志、审美的养成，成为长期以来滋长和形成“注入式”教学模式的温床。第三，抽象概括程度低，经验主义的指令痕迹明显，主观随意性大。如果把教学原则看作“基本要求”、推下去，那么教学过程中的“基本要求”实在太多、太泛了。举例来说，“上课不许大声喧哗”的要求，“注意听讲，不要搞小动作”的要求等等，而且这些是最“基本的要求”，难道这能算作教学原则吗？可见，教学原则作为一个科学概念，从外延上讲，把“要求”作为它的“属概念”失之过宽；从抽象概括的角度讲，又失之过“浅”。

（2）“规则”说

我国论者持“教学原则为指导教学活动的规则”之观点的人较持“要求”说的人要少得多。因为人们已认识到，“规则”说虽然在规范具体教学活动中师生的实际操作方面有一定的作用，但却把上述的“要求”说更加具体化、操作化，有着明显的狭隘性和肤浅性的局限，许多研究者对教学原则与教学规则作了区分。“规则”说的首创是德国教育家第斯多惠，他把教学原则看成“一种规则”，并分别论述了有关学生和教学主体、有关教材和教学客体以及适应外在条件、时间、地点、情况等的三类教学规则。这可能是我国部分研究者的理论靠山。

（3）“策略”说

把教学原则界定为一种教学策略或学习策略的观点，在我国教学理论界并不多见。有论者虽然把教学原则看作对教学过程中教与学双方活动提出的“行动策略”，但采取了折中的“策略”，即认为“行动策略”和“概括性要求”可以互相替换，把教学原则与教学的行动策略等同似乎不妥，因为教学策略是较教学原则低一层次的东西，教学策略的设计与制定同样应遵循教学原则。

（4）“原理”说

把教学原则的属概念界定为“原理”较为合理。持这种观点的人不少，有的论者从“原则”与“原理”的语义分析，《辞海》对原则的解释为“说话或行事所依据的法则或准则（观察问题的准绳）”。对“原理”解释为“科学的某一领域或部门中有普通意义的基本原则”。在英文中，Principle 为“原则”即“Basic truth；general law of cause and effect”（原理，准则）。以上可知“原则”与“原理”的意义相同。有的论者从“教学原则”与“教学原理”的关系辨析中论述了“原理”说的合理性。论者还驳斥了把“教学原则”排除在“教学原理”之外的观点，并指出，教学原理包含教学原则，教学原则是教学原理中应用原理部分。

（5）“要求—原理”说

这种观点把教学原则界定为教学的一般（基本）要求和指导教学活动的原理结合。这可能是一种避开“两极”，恢复“中道”的折中观点，也可能反映了论者强烈地想把有主观倾向的“要求”上升为“原理”，却又瞻前顾后的良好愿望。“要求—原理”说较早地出现在原上海师范大学编写组编写的《教育学》中。这种观点在一种程度上反映和揭示了教学原则的本质和特点，如它揭示了教学原则形式上的上观性和在内容上的客观性统一的属性，有其合理的成分，但在表述上将经验性的“要求”和理性的“原理”并列在一起，是欠科学的。此外，还有论者认为教学原则是一种权威性的理性规范，即以一定的价值原理为指导，在总结教育实践经验基础上形成的教育工作应当遵循的权威性的理性规范。

三、教学原则的性质及特点、地位及作用

1. 教学原则的性质及特点

（1）关于教学原则的性质

从教学原则的归属性上来说，教学原则的性质有以下几点：①规范性。教学原则是规范性知识，即有关教学行为的标准、准则方面的知识。②理论性。教学原则虽具有规范性，但它并非具体的方法，虽指导实践但并非实践本身，它仍是观念形态的东西，仍具有理论的色彩。③时代性。因为教学原则受制于教学目的，而教学目的是与所处的时代和社会背景有关的；又因为教学原则与我们对教学规律的认识有关，与所处时代的认识水平有关，还因为教学原则虽指导教学实践，反过来也与所处时代人们的教学实践水平有关，所以教学原则具有时代性。④多样性。理论的东西本应具有一定的稳定性，但由于时代性所致，其稳定性是相对的，其多样性的存在是与其稳定相对的表现，多样性还来源于人们认识的角度不同，甚至于描述的方式的不同。

（2）关于教学原则的特点

对教学原则特点的认识有助于进一步全面认识它的性质，但专门对教学原则的特点做出详尽论证的人并不多，这里举两个有代表性的观点：有的论者归纳概括出教学原则的六个特点，即历史具体性（时代性）、历史继承性、主客观统一性、理论和实践的统一性、多样性和互补性（各教学原则与教学原则体系之间相互独立、补充），也有论者着眼于现代教学原则体系的科学构建，总结出现代教学原则的七大特点，即周全辩证性、系统完全

性、抽象概括性、普遍实用性、扩充发展性、时代超越性和科学构建性。上述两种观点是从不同着眼点对教学原则的特点做出的探讨，相比较而言，前者着重指明了教学原则的本体属性，对教学原则性质的认识较为深刻；后者着重描述了教学原则及其体系的现代性特征，突出了教学原则的全面系统性。前者可视做教学原则的经典性认识，后者可视做教学原则的发展性认识。

2. 教学原则的地位与作用

教学原则的地位及作用是由其概念及属性决定的，对教学原则概念及属性的不同认识直接关系着人们对其地位及作用的认识。关于教学原则的地位与作用，总体有两种不同的观点。第一种观点认为教学原则的存在没有必要。其理由是认为教学原则是“赘瘤”，应“大刀阔斧地砍掉”，只需要按教学过程和教学方法两个层次来组织教材。因为，教学原则除了重复教学过程、教学方法、教学组织形式的内容外，本身并没有独特的教学内容，这种观点也确实指出了教学原则内容中某些前后重复雷同和条目林立混乱的缺陷，但把已经存在几百年并在教学实践中发挥过和发挥着重要作用的教学原则“统统枪毙”的极端作法，我们却不敢苟同。

第二种观点，也是绝大多数人的观点，认为教学原则的存在很必要，其主要理由有如下几点；

（1）教学原则是教学论的重要范畴。从历史上讲，自夸美纽斯的《大教学论》问世确立教学原则在教学论中的重要地位一直至今的三百多年时间里，教学原则在教学实践中发挥的作用是巨大的。从教学论的体系结构上讲，教学原则一直处于教学基本理论向教学方法和教学组织实施的过渡性关键位置，成为教学论体系重要组成部分。

（2）教学原则是沟通教学理论与教学实践的桥梁或中介。因为它是主观性与客观性的统一，成为人们有效地开展教学活动和设计教学方案的根本依据和完整蓝图。

（3）教学原则还是进一步深化和发展教学理论的环节。论者从教学本质（或规律）与教学原则的辩证递进关系中，探明了教学原则对教学理论深化和发展的作用，提出“初级本质（或规律）—初级原则（实践）—二级本质（规律）—二级原则—……”的理论演进路线。

（4）教学原则能促使教学矛盾向积极方面转化。即理论形态条件向现实条件转化，一般条件向具体条件转化、静态无序向动态有序的转化。

根据第二种观点，人们认为教学原则作为教学工作的基本要求和教学规律的具体体现，对教学工作具的指导作用。教学原则带有很强的实践性，而且具有坚实的理论依据。它从对教学规律的认识中得出指导教学实际工作的结论，提出有效行动的要求。在整个教学活动中，教学原则既是教学活动的出发点，又是教学过程的总调节器。它在一定程度上具体决定着教学内容的安排、教学方法的选择和教学组织的运用。无论从纵的方面还是横的方面来看，教学原则涉及的面都很宽。因此，学习和掌握教学原则，能使我们按照教学的客观规律组织教学活动，正确解决教学内容、教学方法和教学组织形式等一系列理论与实践问题。遵循教学原则进行教学工作，就能提高教学质量；反之，违背了教学原则，就会降低教学效果，甚至劳而无功。

四、教学原则与教学规律、教学规则的关系

许多论者在认识教学原则的性质和特点时，均对教学原则与同它相关的概念术语进行了区分。关于教学原则与教学规律、教学规则的关系，多数论者认为，教学原则是根据教学规律制定的，是属于规范性和应用性知识。教学规律则反映教学中诸要素、环节之间的实体关系，属于本体性的存在知识。教学规律是客观的，存在于我们意识之外的，但人们在认识它的时候是必定会有主观参与作用的，因此实际呈现在人们面前的具体论述又是主客观的某种结合。

教学原则是主观制订的，但如果在制订时又正确地依据了对教学规律的客观认识，那么它在某种程度上也是主客观的结合。困难在于我们还不能说我们已穷尽了对教学规律的认识，尽管从理论上说它应当是客观的，但实际上是否客观地认识了它却是另外一回事，人们又总是根据自己对教学规律的某种认识（不一定正确反映了客观的认识）来考虑和制订教学原则的。这样，如果人们对于教学规律的认识偏离了客观实际，那么，所制订的教学原则大半会有这样那样的毛病；然而，即令对于教学规律的认识比较符合客观实际，所制定的教学原则未必就一定是正确的。关于教学原则与教学规律、教学规则的关系，从表中我们可以看出，教学规律是人们对教学过程本质的认识，而教学原则是根据教学规律制定的，教学规则是根据教学规律和教学原则制定的。教学规律是客观存在的，而教学原则和教学规则都带有主观性。教学规则较教学原则更具体更具可操作性。

第二节　体育教学原则意义

一、体育教学原则的概念与意义

在探讨体育教学原则前，首先应明确与体育教学原则有关的几个概念。所谓原则，就是指人们说话办事依据的准则和标准。教学原则，就是依据教学过程的客观规律制定的教学工作必须遵循的基本准则和基本要求。教学原则来源于人们在教学实践中对教学客观规律的认识，它体现了人们对教与学的发展过程中反映出来的客观规律认识的深刻程度。

教学规律是第一性的东西，是不以人们意志为转移的客观存在，是教学过程中固有的、本质的、必然的、内在的联系。人们只能发现它、掌握它、利用它，不能违背它、改变它或人为地创造它，只能在教学的实践中不断地认识它。教学原则是第二性的东西，它是人

们根据对教学过程规律而制定的，为搞好教学工作必须遵循的基本要求，是主观对客观的反映，因而有正确与错误之分，但也不一定属于正误之分；有的有可能比较全面，有的则有片面性；有的比较积极，有的则比较保守。它可以随着教学实践的发展变化而变化。教学原则是根据教学规律而制定的教学基本准则，只有教学原则正确地反映了教学规律，教师在教学中又很好好贯彻了教学原则教学才能取得好成效。从这个意义上讲，教学原则和教学规律是一致的，它们对教学实践具有指导意义。教学规律提示教学过程中的“必然”；教学原则是回答教学工作的“必然”，两者都很重要。

体育教学原则是体育教学工作必须遵循的基本要求和准则，是长期体育教学实践经验的概括和总结，是体育教学过程客观规律的反映。体育教学原则反映了体育教学客观规律，它是建立在人们认识规律的基础上，对长期体育教学经验进行的概括和总结。体育教学原则反映了体育教学过程中教与学双边活动的规律，使体育教学规律在教与学的具体活动中得到体现。体育教学原则作为体育教学工作的指导原理和要求，对体育教学工作具有指导作用。它在一定程度上具体决定着教学内容的安排、教学方法的选择和教学组织形式的运用。所以，正确地理解和贯彻体育教学原则，能使教师进一步掌握和运用体育教学过程中的客观规律，对明确教学目的、选择与安排好教学内容、正确地运用教学方法、提高教学效果、加速体育教学进程、完成体育教学任务具有重要意义。

实践证明，一名体育教师的教学质量高，总是自觉或不自觉地符合正确的体育教学原则。反之，教学质量差，也总是在不同程度上违反了正确的体育教学原则，即教学质量的高低总是与在教学中能否正确地运用体育教学原则有密切的关系。

二、我国体育教学原则发展的历史轨迹

1. 我国 20 世纪 30 ~ 40 年代对体育教学原则的提法

陈泳声先生所著《体育概论》（1934）中，曾阐述了体育教学原则。提出在体育教学中要有兴趣，要适应年龄，要适应学校环境，要适合国情，应多采用自然活动。要适应气候，切合实际，应分别等级。可见，早期的体育教学原则受“自然适应性”的教学观影响很大。

王学政编著的《体育概论》（1944）所提出的教学原则，基本依据美国心理学家、教育家桑代克的“学习与教学方面的根本规律”，即准备律—练习律—效果律。在这本书中作者对体育教学原则作了如下阐述：（1）按照准备律；首先引起动机，启发学生之意向。（2）按照练习律；练习不可间断，勿敷衍行事。（3）根据效果律；引起满足之感，而欲引起满足兴趣则更重要。

20 世纪三四十年代，我国体育教学受到资产阶级教育家、心理学家提出的“自然适应性”“实用主义教学观”影响较大，能够引证或借助于当时自然科学、心理学研究的发展成果对体育教学原则进行论证，这无疑是教学原则研究的一大进步。同时我们可以看出，这种认识实质上仍然没有超出经验总结或经验结晶的水平，对教学客观规律的概括水平还

比较落后，这些教学理论与观点，因阶级与历史的局限，还不能全面提示体育教学的基本规律，提出正确的体育教学原则。它从一个侧面反映了近代体育教学研究中，人们对教学规律、教学原则、教学要求之间的界限尚不很清晰，从而导致对教学过程中基本矛盾划分的基础或采取的标准多种多样，提出或建立体育教学原则的着眼点各不相同，但是其中也有许多可以借鉴和继承的，对研究和发展我国体育教学原则有重要的参考价值。

2. 我国 20 世纪五六十年代对体育教学原则的提法

我国 20 世纪 50 年代以来，学习与借鉴苏联的体育教育理论。苏联体育理论家依·格·凯里舍夫、格·依·库库什金、科里亚科索夫斯基的体育教育理论在体育界与学术界影响深远，体育教学原则基本形成了完整的体系。

苏联依·格·凯里舍夫主编的《苏联体育教育理论》（1955）提出的体育教学原则体系由五项原则组成：（1）自觉积极性原则；（2）直观性原则；（3）系统性和连贯性原则；（4）可接受性原则；（5）巩固性原则。格·依·库库什金在其主编的《体育教学理论》（1955）中他提出了七项体育教学原则：（1）教育性原则；（2）系统性原则；（3）直观性原则；（4）自觉性原则；（5）积极性原则；（6）可接性原则；（7）巩固性原则。

科里亚科索夫斯主编的《体育理论》（1958）提出苏联教学的基本原则包括：（1）自觉性和积极性原则；（2）直观性原则；（3）系统性原则；（4）可接受性原则；（5）巩固性原则。

苏联体育教学原则理论体系主要受凯洛夫教育理论的影响，是通过对教学过程的实质、因素以及教学对象的分析提出的，比较注重教师在教学中的作用，偏重于教学过程中对学生的知识和技能的传授要求。苏联体育教学原则思想和体系对中国 20 世纪五六十年代的体育教学产生过极大影响。

我国 20 世纪 60 年代自编了《体育理论》教材。由教育部编审的体育学院本科教材，提出了教学与训练原则，具体内容如下：（1）从对象的具体情况（特别是身体条件）出发原则；（2）直观与思维相结合原则；（3）身体全面训练原则；（4）系统性原则；（5）合理运用运动量原则；（6）训练的长期性和周期性原则。

1963 年教育部编审的体育中专《体育理论》教材中，提出了七项教学原则：（1）自觉积极性原则；（2）直观性原则；（3）从学生实际出发原则；（4）循序渐进原则；（5）身体全面锻炼原则；（6）合理运用运动量原则；（7）巩固提高原则。

上述这些原则较之 20 世纪 50 年代的体育教学原则体系有了很大的发展，在学生的主动性和能力培养方面有所重视，对指导体育教学工作起到了重要的历史作用。但是，以上对体育教学原则的阐述、确立是根据体育教学实践经验以及教育学中的有关的原则中引出来的，因而这些体育教学原则难以全面，准确地反映体育教学的客观规律，对体育教学原则的论述往往带有一种比较片面和比较零散的特点。

3. 我国 20 世纪 80 年代以后体育教学原则的发展轨迹

20 世纪 80 年代以后，我国体育理论界开始致力于探索具有中国特色的体育教学原则体系，但至今没有形成统一认识。

金钦昌在《学校体育理论》（1987）中提出了中小学体育教学过程中的主要体育教学原则，整个体育教学原则体系共有七项教学原则：（1）自觉性积极性原则；（2）从实际出发原则；（3）身体全面发展原则；（4）合理安排生理负荷原则；（5）直观性原则；（6）循序渐进原则；（7）巩固与提高原则。

王伯英、曲宗湖所著的《体育教学论》（1988）把体育教学原则归纳为如下体系：教育性原则（社会主义方向性原则、自觉积极性原则、正面教育原则、集体力量教育原则）；科学性原则（直观性原则、系统性原则、因材施教原则、巩固提高原则）；锻炼性原则（全面锻炼原则、循序渐进原则、适宜的运动负荷原则、持续性原则）。如此对体育教学原则的论述，与以往体育教学理论比较，有一定的突破，试图把教育学中所确定的一些教育和教学原则与体育教学原则凑合在一起，而没有真正形成适用于体育教学过程的体育教学原则体系。

全国体育学院统编教材《学校体育学》（1990）指出，体育教学的应用，是通过执行教学原则来体现的。根据体育教学规律，在体育教学中应贯彻执行的教学原则有如下七项：（1）增强体质与促进学生全面发展相结合的原则；（2）教师主导作用与学生自觉性相结合的原则；（3）直观思维与实践相结合原则；（4）合理安排负荷与休息原则；（5）系统性与突出重点相结合的原则；（6）统一要求与区别对待相结合原则（7）巩固与提高相结合的原则。

于长镇在其主编的《体育教学论》（1991）中指出，学校体育是整个教育中的一个重要组成部分，因此，体育教学应全面贯彻一般教育学提出的教学原则。体育教学一般性原则有：（1）社会主义方向原则；（2）在教师指导下发挥学生自觉积极性、独立性原则；（3）直观性原则；（4）系统性和循序渐进的原则；（5）统一要求和因材施教相结合的原则；（6）巩固提高原则。体育教学特殊性原则有：（1）身体全面发展原则；（2）合理安排运动负荷原则；（3）掌握“三基”与发展体能相结合的原则。

吴锦毅、李祥主编的《学校体育学》（1995）认为，教学规律是确定教学原则的客观依据。教学规律对教学的指导作用是通过教学原则发挥的，从而，提出以下五项教学原则：（1）自觉性与协同性相统一的原则；（2）健康性与娱乐性相统一的原则；（3）体能发展与技能发展相统一的原则；（4）整体性与因材施教相统一的原则；（5）直观模仿与启发思维相统一的原则。

陈建中在《探究新时期体育教学原则》（2000）中，在现代教育理论的基础上，提出在体育教学工作中应贯彻：带生教学、科学健康、精教乐学、宽松有序、终身体育的原则。

从上述专家、学者对体育教学原则的研究可以看出，我国体育教学原则深受苏联凯洛夫教学原则的影响，总体上看这些体育教学原则的研究在体系和内容上还没有大的突破和全新。体育教学原则之所以没有形成科学的体系，我们认为原因是多方面的。体育教学原则是体育教学规律的反映，人们对体育教学规律的认识不一致，即使是同一条规律，由于理解不同，也可能提出不同的教学原则。

20世纪80年代以后，我国体育教学原则的研究体现了对时代精神和最新研究成果的反映和吸收，但在理论的依据、研究的出发点、研究的方法、原则体系及其表述等方面，还存在着很大的差异。这些差异，一方面说明体育教学原则内容和体系的多样化，反映了教学理论研究深化过程中的民主气氛；另一方面也说明了对体育教学原则的研究仍然还面临着艰巨的任务，现代体育教学原则体系还远未成熟和定型，或许还需要一定的时间和实践的检验。很显然，现代体育教学原则内容研究和体系的构建，将是一项长期艰巨的任务。如果体育教学理论研究就此作些探索和争鸣，会有益于这一问题的深入发展。

三、中国基础教育课程改革的背景

目前，中国正进行着前所未有的基础教育课程改革，2001年秋季，课程改革实验工作已在全国27个省（自治区、直辖市）的38个实验区全面展开，到2005年秋全国所有学校进入实验，新课程开始走进千万师生的真实生活。

1. 中国基础教育课程改革的背景与具体目标

21世纪是以知识的创新和应用为重要特征的知识经济时代，科学技术迅猛发展，国际竞争日趋激烈，国力强弱越来越取决于劳动者的素质。社会的信息化，经济的全球化使创新精神与实践能力成为影响整个民族生存状况的基本因素。因此，21世纪将是教育和学习起核心作用的时代。通过审视现行基础教育的课程，我们发现，确实有一些不容忽视的问题，导致这些问题的因素很复杂，一部分是课程系统本身不完善所造成的，还有一部分可能是课程系统以外的原因所致。本次课程改革着重针对我国基础教育课程体系，本身的问题是历次课程改革的一种延续，是课程完善的一个阶段。主要改革以下几个方面：

（1）基础教育课程改革重视调整培养目标，关注学生综合素质的全面发展，特别是创新能力、适应能力和实践能力的发展。（2）基础教育课程改革十分关注人才培养模式的变化和调整。强调要实现学生学习方式的根本变革，以培养具有终身学习的愿望与能力，具有国际竞争的未来公民。（3）基础教育课程改革重视对课程内容的调整，强调要精选适合学生发展需要、具有合理结构、符合时代要求的课程内容，改变以知识为本、学科的课程内容体系，强调课程内容面向学生、面向生活、面向未来。（4）课程评价改革也是基础教育课程改革的趋势之一，目标取向的评价正在被过程评价和主体取向的评价所超越，评价的方式进一步多样化，为学生提供致力于持续发展的评价体系，促进每个学生充分、多样化的发展成为评价的重要目标。

本次基础教育课程改革提出了六项具体目标：（1）改变课程过于注重知识传授的倾

向，强调形成积极主动的学习态度，使获得知识与技能的过程同时成为学会学习和形成正确价值观的过程；（2）改革课程结构过于强调学科本位、科目过多和缺乏周期整合的现状，改变九年一贯整体设计课程门类和课时比例、设置综合课程、适应不同地区和学生发展的需要，体现课程结构的均衡性、综合性和选择性；（3）改变课程内容“难、繁、偏、旧”和过于主张注重书本知识的现状，加强课程内容与学生生活以及现代社会、科技发展的联系，关注学生的学习兴趣和经验，精选终身学习必备的基础知识和技能；（4）改变课程实施过于强调接受学习、死记硬背、机械训练的现状、倡导学生主动参与、乐于探究、勤于动手、培养学生搜索和处理信息的能力、获取新知识的能力、分析和解决问题的能力，以及交流与合作的能力；（5）改变课程评价过于强调评价的甄别与选拔的功能，发挥评价促进学生发展、教师提高和改进教学实践的功能；（6）改变课程管理过于集中状况，实行国家、地方、学校三级课程管理，增强课程对地方、学校及学生的适应性。

2.《体育与健康课程标准》的基本理念、课程目标

体育是教育的重要手段，是学校课程体系的重要组成部分，体育课程也同样面临着艰巨的改革任务。中华人民共和国成立以来，体育课程已经经历了七次改革，每一次体育课程改革都取得了明显的成绩。特别是最近一次体育课程改革为当前的体育课程改革积累了经验，打下了基础。但是，随着时代的发展和社会的进步，现行体育课程中一些问题也日益明显地凸现出来：教育观念滞后，课程目标与教学内容、教学手段不完全一致，学生的健康教育和思想教育的任务落不到实处，教学内容存在“难、繁、偏、旧”的状况，教学方法单调枯燥，课程评价过于强调运动成绩，课程管理强调统一，适应性不强等等。这些问题的存在导致了体育课程的目的和任务不能很好完成，也不利于学生的全面发展和体育水平的提高，因此，体育课程改革势在必行。新的《体育与健康课程标准》的制定和实施遵循如下的基本理念：

（1）坚持“健康第一”的指导思想，促进学生健康成长。体育与健康课程以促进学生身体、心理和社会适应能力整体健康水平的提高为目标，构建了技能、认知、情感、行为等领域并行推进的课程结构，融合了体育、生理、心理、卫生保健、环境、社会、安全、营养等诸多学科领域的有关知识，真正关心学生的健康意识、锻炼习惯和卫生习惯的养成，将增进学生健康贯穿于课程实施的全过程，确保“健康第一”思想落到实处，使学生健康成长。

（2）激发运动兴趣，培养学生终身体育意识。学校体育是终身体育的基础，运动兴趣和习惯是促进学生自主学习和终身坚持锻炼的前提。无论是教学内容的选择还是教学方法的更新，都应十分关注学生的运动兴趣，只有激发和保持学生的运动兴趣，才能使学生自觉、积极地进行体育锻炼。因此，在体育教学中，重视学生的运动兴趣是实现体育与健康课程目标和价值的有效保证。

（3）以学生发展为中心，重视学生的主体地位。体育与健康课程关注的核心是满足

学生的需要和重视学生的情感体验，促进全面发展的社会主义新人的成长。从课程设计到评价的各个环节，始终把学生主动、全面的发展放在中心地位。在注意发挥教学活动中教师主导作用的同时，特别强调学生学习主体地位的体现，以充分发挥学生的学习积极性和学习潜能，提高学生的体育学习能力。

（4）关注个体差异与不同需求，确保每一个学生受益。体育课程充分注意到学生在身体条件、兴趣爱好和运动技能等方面的个体差异，根据这种差异性确定学习目标和评价方法，并提出相应的教学建议，从而保证绝大多数学生能完成课程学习目标，使每个学生都能体验到学习和成功的乐趣，以满足自我发展的需求。

通过体育健康课程的学习学生将实现如下课程目标：

（1）增强体能、掌握和应用基本体育与健康知识和运动技能；

（2）培养运动的兴趣和爱好，形成坚持锻炼的习惯；

（3）具有良好的心理品质、表现出交往的能力与合作精神；

（4）提高对个人健康和群体健康的责任感，形成健康的生活方式；

（5）发扬体育精神、形成积极进取、乐观开朗的生活态度。

四、我国传统体育教学原则的重新审视

我国传统体育教学原则体系概括为以下七条原则；增强体质与促进学生全面发展的原则（身体全面发展原则）；教师主导作用与学生自觉积极性相结合原则（自觉积极性原则）；直观思维与实践相结合原则（直观性原则）；负荷与休息原则（合理安排生理与心理的负荷原则）系统性与突出重点相结合的原则（循序渐进原则）；统一要求与区别对待相结合原则（因材施教原则）；巩固与提高原则。

我国传统体育教学原则主要是沿革了苏联体育教育原则体系的“模式”，与 1954 年苏联学者依·格·凯里舍夫来华讲学时提出的“五原则”大同小异，而苏联体育教学原则体系基本上是沿袭 20 世纪 50 年代苏联凯洛夫的教学原则体系（教学整体性原则；在掌握知识的过程中，学生的自觉性和积极性原则；教学的直观性原则；教学上理论与实际结合原则；教学的系统性与连续性原则；教学的可接受原则；对集体工作下，对个别指导原则；掌握知识的巩固性原则）。传统体育教学原则是在总结当时体育教学实践基础上，并移植传统教学论中教学原则的理论提炼出来的，但是，在移植过程中，却过多搬入教学论中教学原则的理论。在我国传统体育教学七条原则中有五条直接与之对应，其中更有几条连术语的运用都很相近，从表面上看，根本区分不出体育教学原则与母学科中教学原则。只有增强体质与促进学生全面发展的原则、负荷与休息原则算是体现了体育教学特点。而从体育教学原则的具体内容看，则是母学科教学原则在体育教学中运用的注意事项，也不是真正的体育教学原则。目前，在教育学、教学论等一些母学科中的教学原则理论更加丰富和科学，表述上也呈多样化趋势。其中李秉德和吴文侃主编的教学论著作中有详尽描述。母

学科教学原则理论已经有了较快发展，而传统体育教学原则还基本停留在20世纪80年代的水平上，这样势必造成与现代体育教学的发展不相协调滞后的理论，也必然对体育教学实践产生阻力作用，传统体育教学原则在保留其合理成分的基础上应对其进行更新和完善。素质教育、终身教育、创新教育、学会学习等这些现代的教育理念，给我国的教育带来了彻底的变革，教学论的一些范畴也因此而被赋予了新的内涵，同时也对学校体育的理论与实践提出了新的要求。近年来，由于体育学科的分化、综合和交叉的发展，特别是体育教学实践的不断深入及其经验积累，使人们对体育教学的认识从一维的生物观转向生物、社会、心理的三维观，对体育功能本质的认识也更加深刻。传统体育教学原则的认识偏重于生物观，教学重点指向学生身体发展。而对学生的心理发展与完善、学生身心协调健康的发展认识不够。现在要从心理的、社会的、生物的观念去全面认识体育教学。

随着人们对教学本质认识的深入，对传统体育教学原则的片面性提出了诸多批评，纷纷指责教学过程重教轻学，传统体育教学原则的提出也多局限与对教师的“教”作规定，而对学生“学”的指导不多。过分强调在教学过程中教师的主导作用，而对学生的主体性和主体地位重视不够。传统体育教学原则是以知识为主的教学体系的框架，强调接受学习、机械模仿，过于关注教师的教，忽视学生的现象普遍存在，这种偏重系统知识技能传授式教学助长了学生体育学习的依赖性，扼杀了学习的创造性，更谈不上关注学生的情感体验。只注重学生掌握知识、培养能力，对发展学生的非智力因素及个性品质重视不够，难以促进学生的全面和谐发展。

在传统的体育教学评价中过多强调评价的甄别与选拔功能，难以充分发挥评价在教学过程中的积极作用。在我国学校体育非常重视体育课终结成绩的评价，且明显带有功利性；在评价内容上偏重于身体素质和技能的评价，缺乏对学生体育态度和价值观的评价；在评价标准上强调绝对统一，没有考虑地区和学生的差异，在一定程度上影响了学生上体育课的兴趣和态度，这种评价与新课程所倡导的多元评价相冲突。

第三节 体育教学原则的补充与完善

一、补充与完善体育教学原则

其主要依据是：（1）坚持历史唯物主义，在继承传统体育教学原则的基础上，吸收精华，对其进行完善。（2）从现代体育教学实践经验中进行总结和提炼。新一轮基础教育课程改革和《体育与健康课程标准》的实施促进了体育教学思想的转变和教学实践的发展。（3）在母学科先进教学原则理论与体育教学特点和规律的结合中进行逻辑推理和演绎，尽可能提出的体育教学特点的“本体”教学原则。（4）在体育教学中体现新课程改革和《体育与健康课程标准》的要求和特征，要注意从学生的逻辑起点来补充与完善原则，在表述时抓住矛盾的主要方面，力求做到教学原则与教学思想、教学目标、教学方法的区分。

根据以上补充与完善体育教学原则的依据，根据健康第一、素质教育，《体育与健康课程标准》的理念和坚持长时间探索，与实现学校体育的功能等指导思想。应淡化“竞技运动”的教学模式、重视体育课程的功能开发、增强体育课程的综合性、增强身心的统一性、培养学生的运动兴趣、树立学生终身体育的观念、培养学生的意志品质提高学生的社会适应能力、以人为本重视学生的主体地位、评价应有利于全面发展学生的身体素质、有利于促进学生积极锻炼。针对传统体育教学原则的缺陷，依据现代教育理念和教学规律补充完善如下体育教学原则：健康性原则；主体性原则；兴趣性原则；创新性原则；为终身体育打基础原则；多元评价教学原则。

1. 健康性原则

健康性原则是指在体育教学中必须围绕增进学生健康这一目标来开展教学。从教学内容的确定到体育教材的选编，从教学方法的选择到教学手段的运用，都将渗透这一原则，在体育教学中，教学的重点不仅指向学生的身体的发展，而且更要指向学生的心理发展与完善，促进学生身心协调健康的发展，过去对体育教学偏重于生物观，现在更要从心理的、社会的、生物的观念去全面认识体育教学。

2. 健康性原则的依据

（1）健康的内涵是随着社会的发展、人们自身对健康认识逐步提高而不断地扩大的。最初在人的意识里，认为作为一个生物人的无非是生理方面的健康，即体质很好，生长发育正常，没有疾病，这就形成了单纯的生物健康观。后来人们认识到心理方面的健康也很重要，健康的人必须是智力发育正常，精神、情绪、意识方面处于良好的状态，于是就提倡身心健康全面发展。后来发现还不够，又加上了社会学的属性，如善于与人合作、集体观念、对社会的适应能力等，最后形成了生理、心理、社会三种属性为一体的三维健康观，三种属性相辅相成，相互促进，不可分割。世界卫生组织对健康的定义也是建立在三维健康观的基础上，健康不仅仅是指没有疾病或不虚弱，而是生理方面、心理方面、社会适应方面完全处于良好状态。笔者对健康的概念在中学生中进行了问卷调查，调查学校体育是教育的重要组成部分，是促进学生健康发展的重要手段，理所当然要坚决树立健康性原则，责无旁贷的对健康承担自己所应承担的那部分责任。这一点人们早有共识，然而自 1977 年我国恢复高考制度以来，随着时间的推移，基础教育领域的“应试教育”违背了教育教学规律与青少年身心发展规律，使体育教育、健康教育长期不被重视，而学校体育教育领域内一度占据重要位置的自然教育、技术教育、体质教育与竞技教育的思想观念指导下的体育教育工作也偏离了增强体质、增进身心健康的体育教育的核心方向。1995 年全国学生体质健康调研结果表明，我国中小学生的形态发育有明显提高，与 10 年前相比 7-8 岁的学生平均身高增长 3.09 厘米，平均体重增长 2.5 公斤，“豆芽型”得到改善，速度素质、力量素质与爆发力逐渐提高。部分常见病有所下降，城市学生保健水平有所提高，但还存在一些不容忽视的问题，如学生的耐力素质、柔韧性素质、肺活量趋于停滞甚至于有所下降，肥胖儿童或超体重比率增长较快，城市学生近视率居高不下，农村学生近视率呈上升趋势，农村地区学生的口腔保健水平亟待提高。另外，学生的心理品质也存在明显弱点，意志比较薄弱，缺乏抗挫折能力，缺乏竞争意识与危机意识等。造成上述情况的原因多种多样，但究其根本原因是，这些思想观念在特定的社会环境下对学校体育教育虽然产生了一定的积极作用，但其自身难以克服的局限性，使之不能适应现代教育的需要。因为，其归根结底是不同程度地忽略了体育教育必须以育人为出发点和归宿。所以，有必要对传统的体育教育观念，重新认识、批判继承、便于转变观念，从根本上进行学校体育改革。

（2）人与社会协调发展的客观要求，在《中共中央国务院关于深化教育改革全面推进素质教育的决定》中指出：“健康体魄是青少年为祖国和人民服务的基本前提，是中华民族旺盛生命力的体现。学校教育要树立健康第一的指导思想，切实加强体育工作。”这是教育整体改革的重要方向，更是学校体育工作的重心。尽管我国青少年的健康水平较新中国成立之时的了极大的提高，但在国家改革开放的新时期，对青少年的健康又提出了新的要求，同时赋予了健康新的内涵，身体、心理、社会的和谐统一的健康观。如果说，当时提出这些号召的是有社会现实使命的话，那么在现在提出健康性原则更是离不开当今社会发展需要。无论是社会主义现代化建设，还是改革开放，都离不开生产力中“最革命、最活跃的因素”——人。

社会进步是以科学技术发展为客观标志的，而科学技术的发展关键因素是需要掌握了一定科学技术的人。现代社会的高度发展对人的健康提出了严峻的挑战，生产的高度社会化，在很大程度是剥夺了人们从事体力劳动的机会；从交通工具的完善到现代通信手段的普及，从办公自动化到信息资源无限扩充，将人们从繁重体力劳动解脱出来的同时也诱发了“文明病”的蔓延。这一切反映出整个社会生产发展不再直接依附于人的体力因素，而转向智力因素的基本特征、社会所需要的人首先是健康的，而不是体力发达。

中小学生体质下降，肥胖、“豆芽”型学生的增多，给学校体育敲响了警钟，也给学校体育提出了新的要求，据报道，我国青少年身体形态、生理机能的许多指标开始出现低于日本人的趋势。2001 年开始的高校征兵，大学生的健康水平也令人担忧：南昌仅有 1/4 过关，广州仅有 1/7 通过初检，这与长期以来健康问题没有得到足够的重视不无关系。社会要求学校所提供的是全面发展的社会主义现代化建设者和保卫者，而学生的这种身体素质状况很难适应新世纪社会发展的客观要求。

（3）素质教育的基本要求，1985 年的《中共中央关于教育体制改革的决定》指出；教育要为我国的经济和社会发展培养各级各类合格人才，而合格人才的集中反映是全面发展，全面发展所包含的内容有体育、智育、德育、美育、劳动技术教育等。因此，作为教育重要内容，体育在教育中必将担负起发展学生身体，增强学生体质的任务，而强健的身体不仅是实现智育、德育、美育、劳动技术教育的手段，同时也是教育本身所追求的目标之一。素质教育是以促进人的身心和谐发展，提高人的综合素质为目的的。素质教育的提出，进一步肯定了学校体育的作用。身心素质是公认的基本素质之一，因此学校体育必然成为素质教育的重要内容。而健康的获得离不开身心基础，世界卫生组织对健康的描述正是构筑在身心这一基石上的，把健康性原则作为学校体育的教学原则，不仅是强化了素质教育在学校体育中的地位，也是对素质教育的重要补充。

（4）学校体育目的所在，健康性原则既是学校体育的出发点，也是学校体育的归宿，是衡量学校体育成败与否的基本标准。培养身体健康、体魄健壮的学生是学校体育各阶段的根本任务，要实现广大学生体质状况的明显好转，提高新世纪祖国建设者和保卫者的身体素质，健康性原则是实现这些目标的理论前提。健康性原则是对整个学校体育体系提出的一个基本要求，也是全体学生全面发展的基础，贯彻落实健康性原则也是对学校体育任务的一个高度概括。学校集中了数以亿计的未来社会的栋梁，他们所需要的健康体魄必须在学校里打下坚实的基础，而学校体育正是保证他们拥有强健身体的有效手段。同时，学校体育目标与健康性原则有必然的一致性，健康所包含的身心和谐发展，也是体育的根本目标。

（5）体育教学目标的要求，体育教学活动的展开要围绕体育教学目标进行。在新颁布的《体育与健康课程标准》中根据三维健康观体育本身的特点，以及国外体育课程发展趋势，将不同性质的学习内容划分为运动参与、运动技能、身体健康、心理健康和社会适应五个方面，规定了体育学习领域目标，这五个领域实际上由两条主线构成，一条是运动主线，包括运动参与和运动技能，另一条主线是健康主线，包括身体健康，心理健康和社会适应。

3. 贯彻健康性原则的基本要求

（1）重构学校体育内容。从客观上分析，学校体育包括体育教学、课外体育活动（包括早操、课间操、课外体育锻炼、运动训练和竞赛）等内容，其中体育教学是学校体育的重心，但在实际操作过程中，由于体育教学组织和评价的复杂性，使得学校体育的评价中突出的是运动训练和竞赛（特别是竞赛）这一在评价中最具客性的内容。因此，各类学校将重点转移到运动训练和竞赛方面来，与之相适应的各类竞赛活动呼之欲出，本是用来促进学校体育发展的运动会反而成了学校体育发展的阻碍因素，各级各类学校投入大量的人力、物力和财力来应付各类竞赛活动，而使学校体育的重心——体育教学和课外体育锻炼被忽视，作为学校体育组成部分（形式）体育课，这对贯彻健康性原则只能起一个引导作用。而运动训练和竞赛不可能照顾到绝大多数学生。因此，学校体育的重心应由体育教学或运动训练转向课外体育锻炼。各级教育（体育）行政主管部门应加大这方面引导和管理的力度，从教材选编、组织管理、评价等多方面加以指导。

（2）改变传统的教学模式。无论是哪种形式的体育教学改革，都没有从根本上改变过去那种“传习式”的教学方式。而改革的只是在教学手段、教学组织形式等方面。要使教学变成“学生要学什么，教师就教什么”这样一种教学模式，学校体育重心由课堂体育教学转向课外体育活动后，学生有更大的自由度，有更大的自由选择内容、方法、手段的空间，学生学会 1-2 项终身享用的体育项目就可以了。因此，体育教学应为课外体育活动服务，而不是相反，长期以来，课外体育活动成了课堂体育教学的补充和延伸，严重影响了学生积极参与课外体育活动的主动性。

健康性原则要求的对象是学生，而不是教师。贯彻健康性原则是体现在学校体育的整个体系中，而不是其中的某个方面。目前，我们的学校体育不管是教材选编、组织管理、评价等多方面考虑的大都是教师要求怎样，对学生只是满足达到怎样的一个身体评价指标和运动技能要求，这种追求客观的所谓的量化标准，在某种程度上起到了促进学生练习积极作用，但更多的是使学生产生一种以这个量化标准为目标的思想，这更多地影响了学生的发展。因此，要贯彻健康性原则，就必须促使学校体育重心由体育教学向课外体育活动的转变。学生的体质、身心健康应成为衡量学校体育卫生工作质量的最重要的指标。

（3）面向全体学生。作为被教育者，每一位学生都同样有接受教育的权利，作为学校教育一部分的学校体育也不例外，需要面向全体学生。健康性原则更是要求学校体育的对象是全体学生，长期以来，学校教育是以“应试教育”为主，应试教育的实质是一种“精英教育”，在教育过程中不断淘汰落后者，学校体育也不例外的受其影响。学校体育以竞技运动为主体内容，从教学内容的选择、教学方法的运用到学校体育工作的评价，都是以竞技运动为主要标志，特别是运动竞赛成绩在很大程度上作为衡量一个教师、一所学校体育工作成绩的主要评价指标，使得体育教师和学校将大量的精力投入到运动训练和竞赛方面来。对绝大多数学生而言，掌握相关的竞技运动技术固然必要，但事实上，他们并不都有要求掌握那些可望而不可即的运动技术的欲望，难度大、要求高，使学生对体育课有一种畏惧的心理，并且对学生的健康成长也不一定是有利的，面向全体学生，不是要求教师或学校对每一个学生用同样的要求或标准，而是要根据学生的实际健康水平和身体情况，有针对性的运用不同教学手段。与此相适应的竞技运动训练和竞赛也根据不同的运动水平来安排，使广大学生都能体验到运动竞赛的乐趣。同时，通过学校体育重心的转移，使学生们在课外体育活动中不仅体验到运动的乐趣，更能使他们得到健康的身体。

二、兴趣性原则

1. 兴趣性原则的概念

兴趣性原则是指在体育教学过程中，要充分激发和培养学生的体育兴趣，在体育实践中有意进行强化、引导，充分挖掘学生的体育潜能，使这种动力保持长久，形成坚持锻炼的习惯和终身体育的意识，以使体育教学得以顺利进行，圆满完成教学任务。

2. 兴趣性原则的依据

（1）兴趣是人们积极地接触、认识和探索某种事物的心理倾向。这种心理倾向表现为对某种事物的预先注意和积极、肯定的态度以及力求去认识，而体育兴趣就是积极认识体育运动或从事体育运动的心理倾向。法国教育家第斯多惠说过：“教学艺术的本质不在于传授本领而在于激励、唤醒、鼓舞。”兴趣是最好的老师，学生的学习兴趣直接影响着学生的学习行为和效果；学生能否通过体育与健康课程的学习形成体育锻炼的习惯、兴趣发挥着非常重要的作用。传统体育教学模式虽然也能完成教育的基本任务，但在激发学生的体育学习和活动的兴趣、促进学生主动参与体育活动方面却很难说有多少积极的作用。体育兴趣的培养作为我国体育课教学的主要目标之一，早在1956年颁布的第一部《中小学体育教学大纲（草案）》中就已作了明确规定。近些年来，随着终身体育思想和实践的发展，体育兴趣的培养问题更加引起学校体育界的高度重视，在新的《体育与健康课程标准》中，有专门论述和明确具体的要求与规定。

然而，谁曾真正意识到，现行的体育课教学与其说注重体育兴趣的培养，倒不如说在不断扼杀学生的体育兴趣，这或许有点危言耸听，但却是谁也无法否认的现实。据上海市的一个调查表明，在小学时，体育是学生最受欢迎的课程，有58.7%的学生对体育课程表示满意。但到了初中体育课降至第二位，表示满意的学生降至34.8%，而到了高中体育已降到最后一位，表示满意的学生只有11.9%。另有王晓刃（1988）对394名高中学生所进行的体育兴趣调查结果，对“体育课有兴趣”者仅占18.9%，就可以充分说明这一点。又据调查我国16岁以上居民中有66.74%的人不参加任何体育活动，其中相当多的人是因为对体育缺乏兴趣，占各种不参加体育活动原因的第三位。2000年的调查也表明，学生在回答“不愿参加体育锻炼的原因”时，将怕累（54.5%）、没有喜欢的项目（51.3%）和没有习惯（50.0%）列前三位。这些情况说明强调学生学习兴趣在体育课程改革中具有特别重要的意义。

（2）学习理论。现代学习理论认为，影响学生学习的因素不仅指智力因素，还包括非智力因素，而且非智力因素如动机、需要、兴趣、情感、态度等等在学习中的作用甚至超过智力因素，其根本意义在于它的动力作用，所以在体育学习中应把体育兴趣的培养放在首位。

（3）终身体育要求。运动兴趣是实施终身体育的基础，并对终身体育的实施具有巨大作用。兴趣在人的生活中起重大作用，它是获得知识，开阔眼界，丰富心理生活的巨大动力。运动兴趣是实施终身体育的基础，前者对后者具有准备性作用。幼儿及童年时期，对某种事物的兴趣可以转化为将来从事某种专业学习和研究的兴趣。同样，运动兴趣的形成也可以对今后终身主动参加体育运动起到准备作用。运动兴趣对正在进行学习的体育知识、技术和技能起推动作用，人们对于感兴趣的活动，可以持久而集中地注意，从而保持清晰的感知、周密的思考、牢固的记忆。也就是说，一旦对体育运动产生了兴趣，即使在当前或今后遇到困难，人们也会努力去克服，同时也还会产生愉快的情感体验，以致终身都能够积极主动的坚持体育锻炼，从而使得精力充沛、身心愉悦，乃至终身受益。运动兴趣对终身体育的实施具有促进性作用，运动兴趣可以使人在不断进行体育锻炼和接受体育教育的过程中开阔眼界，丰富自我，促进创造性运动能力的发展，在积极主动的进行体育运动时能达到自我锻炼、自我监督、自我评价、自我实现、自我发展的效果，从而能进一步从参加体育锻炼中，更大、更快、更好、更久的获益。

（4）运动兴趣是与社会需要和人们自身的需要密切相关的，并且还是在其基础上形成的。运动兴趣是与社会需要和人们自身的需要有密切关系，同时，它也是在社会和自身需要的基础上产生和发展起来的。只有人们对体育运动产生了需要，人们才会对体育产生兴趣。

3. 贯彻兴趣性原则的要求

（1）激发学生的直接、间接体育需要，需要是兴趣产生的基础。当学生对某种体育活动（项目）感到有学习或参与需要时，就会发生某种兴趣。学生的直接体育需要是指学生直接对某项体育活动的自身价值（如趣味、娱乐、竞技、健身、健美等）所产生的一种渴求趋势，即因某种体育活动本身的吸引力而想探究（学习）或参与的一种愿望（需要）。学生一旦有了这种体育需要，就会对其所渴求学习或参与的体育活动产生极其浓厚的学习与参与兴趣，表现出极大的学习与参与热情和意志努力。间接体育需要，目前人们主要通过让学生充分认识体育锻炼对健康、文化学习、升学、就业等方面的必要性，使学生感到参加体育锻炼的需要。这也是激发学生体育需要的有效方法之一。因此，在体育教学中，是否能充分满足学生的直接、间接体育需要，直接影响着学生体育兴趣的激发与培养。

（2）教师应广泛了解学生的兴趣，并在此基础上针对个体的不同兴趣，来选择和安排多样化的教学。由于长时间、单调的刺激容易引起超限抑制，单调、枯燥的练习容易使学生感到厌倦和乏味，教学手段的多样化对于提高学生的体育学习兴趣，具有十分重要的作用。因此，通过灵活变换教法手段和练习形式来激发学生的体育学习兴趣，也是目前较多采用的方法之一。使教材内容丰富多样，以便尽可能满足学生不同兴趣，进而培养学生的体育兴趣，是近年来体育课教学中培养体育兴趣的又一做法。笔者对惠州市男女生对各运动项目的兴趣选择进行了排序统计。男女感兴趣项目排序前 10 位的项目里面，男女都感兴趣的有：篮球、乒乓球、羽毛球：游泳和攀岩。男生感兴趣的有：足球、台球、散打、武术、围棋。女生感兴趣的有：排球、健美操、体育舞蹈、柔道、滑旱冰。